Agatha Christie®

O ADVERSÁRIO SECRETO

Tradução de Renato Marques de Oliveira

www.lpm.com.br

L&PM POCKET

Coleção **L&PM** POCKET, vol. 1326

Texto de acordo com a nova ortografia.
Título original: *The Secret Adversary*

Primeira edição na Coleção **L&PM** POCKET: novembro de 2019
Esta reimpressão: novembro de 2024

Tradução: Renato Marques de Oliveira
Capa: www.juliejenkinsdesign.com © HarperCollins/Agatha Christie Ltd 2008
Preparação: Mariana Donner da Costa
Revisão: Jó Saldanha

CIP-Brasil. Catalogação na publicação
Sindicato Nacional dos Editores de Livros, RJ.

C479a

Christie, Agatha, 1890-1976
O adversário secreto / Agatha Christie; tradução Renato Marques de Oliveira. – Porto Alegre [RS]: L&PM, 2024.
336 p. ; 18 cm. (Coleção L&PM POCKET, v. 1326)

Tradução de: *The Secret Adversary*
ISBN 978-85-254-3908-6

1. Ficção inglesa. I. Oliveira, Renato Marques de. II. Título. III. Série.

19-60202 CDD: 823
CDU: 82-31(410.1)

Meri Gleice Rodrigues de Souza - Bibliotecária CRB-7/6439

Rua Comendador Coruja, 314, loja 9 – Floresta – 90.220-180
Porto Alegre – RS – Brasil / Fone: 51.3225.5777

Pedidos & Depto. Comercial: vendas@lpm.com.br
Fale conosco: info@lpm.com.br
www.lpm.com.br

Impresso no Brasil
Primavera de 2024

Agatha Christie
(1890-1976)

Agatha Christie é a autora mais publicada de todos os tempos, superada apenas por Shakespeare e pela Bíblia. Em uma carreira que durou mais de cinquenta anos, escreveu 66 romances de mistério, 163 contos, dezenove peças, uma série de poemas, dois livros autobiográficos, além de seis romances sob o pseudônimo de Mary Westmacott. Dois dos personagens que criou, o engenhoso detetive belga Hercule Poirot e a irrepreensível e implacável Miss Jane Marple, tornaram-se mundialmente famosos. Os livros da autora venderam mais de 2 bilhões de exemplares em inglês, e sua obra foi traduzida para mais de cinquenta línguas. Grande parte da sua produção literária foi adaptada com sucesso para o teatro, o cinema e a tevê. *A ratoeira*, de sua autoria, é a peça que mais tempo ficou em cartaz, desde sua estreia, em Londres, em 1952. A autora colecionou diversos prêmios ainda em vida, e sua obra conquistou uma imensa legião de fãs. Ela é a única escritora de mistério a alcançar também fama internacional como dramaturga e foi a primeira pessoa a ser homenageada com o Grandmaster Award, em 1954, concedido pela prestigiosa associação Mystery Writers of America. Em 1971, recebeu o título de Dama da Ordem do Império Britânico.

Agatha Mary Clarissa Miller nasceu em 15 de setembro de 1890 em Torquay, Inglaterra. Seu pai, Frederick, era um americano extrovertido que trabalhava como corretor da Bolsa, e sua mãe, Clara, era uma inglesa tímida. Agatha, a caçula de três irmãos, estudou basicamente em casa, com tutores. Também teve aulas de canto e piano, mas devido ao temperamento introvertido não seguiu carreira artística. O pai de Agatha morreu quando ela tinha onze anos, o que a aproximou da mãe, com quem fez várias viagens. A paixão por conhecer o mundo acompanharia a escritora até o final da vida.

Em 1912, Agatha conheceu Archibald Christie, seu primeiro marido, um aviador. Eles se casaram na véspera do Natal de 1914 e tiveram uma única filha, Rosalind, em 1919. A carreira literária de Agatha – uma fã dos livros de suspense do escritor inglês Graham Greene – começou depois que sua irmã a desafiou a escrever um romance. Passaram-se alguns anos até que o primeiro livro da escritora fosse publicado. *O misterioso caso de Styles* (1920), escrito próximo ao fim da Primeira Guerra Mundial, teve uma boa acolhida da crítica. Nesse romance aconteceu a primeira aparição de Hercule Poirot, o detetive que estava destinado a se tornar o personagem mais popular da ficção policial desde Sherlock Holmes. Protagonista de 33 romances e mais de cinquenta contos da autora, o detetive belga foi o único personagem a ter o obituário publicado pelo *The New York Times.*

Em 1926, dois acontecimentos marcaram a vida de Agatha Christie: a sua mãe morreu, e Archie a deixou por outra mulher. É dessa época também um dos fatos mais nebulosos da biografia da autora: logo depois da separação, ela ficou desaparecida durante onze dias. Entre as hipóteses figuram um surto de amnésia, um choque nervoso e até uma grande jogada publicitária. Também em 1926, a autora escreveu sua obra-prima, *O assassinato de Roger Ackroyd.* Este foi seu primeiro livro a ser adaptado para o teatro – sob o nome *Álibi* – e a fazer um estrondoso sucesso nos teatros ingleses. Em 1927, Miss Marple estreou como personagem no conto "O Clube das Terças-Feiras".

Em uma de suas viagens ao Oriente Médio, Agatha conheceu o arqueólogo Max Mallowan, com quem se casou em 1930. A escritora passou a acompanhar o marido em expedições arqueológicas e nessas viagens colheu material para seus livros, muitas vezes ambientados em cenários exóticos. Após uma carreira de sucesso, Agatha Christie morreu em 12 de janeiro de 1976.

Para todos aqueles que levam uma vida monótona, na esperança de que possam viver em segunda mão os prazeres e perigos da aventura.

AGATHA CHRISTIE

Sumário

Prólogo

Eram duas da tarde do dia 7 de maio de 1915. O *Lusitania* tinha sido atingido por dois torpedos seguidos e afundava rapidamente, enquanto os botes salva-vidas iam sendo descidos com a maior velocidade possível. Organizadas em fila, as mulheres e as crianças aguardavam sua vez. Algumas ainda se agarravam, desesperadas, aos maridos e aos pais; as mães apertavam os filhos contra o peito. Um pouco afastada da aglomeração, uma moça estava sozinha. Era muito jovem, não devia ter mais de dezoito anos. Não parecia estar com medo e olhava fixamente para a frente, com expressão séria e imperturbável.

– Com licença...

Ao ouvir a voz masculina ao seu lado, a moça teve um sobressalto e se virou. Ela já tinha reparado mais de uma vez no dono da voz em meio aos passageiros da primeira classe. Pairava sobre esse homem uma sugestão de mistério que instigara sua imaginação. Ele nunca falava com ninguém. Se alguém lhe dirigia a palavra, ele logo recusava o convite para entabular conversa. Além disso, tinha uma maneira nervosa de espiar por cima do ombro, com um golpe de vista rápido e desconfiado.

A moça percebeu que agora o homem em questão estava extremamente agitado. Havia pingos de suor em sua testa. Era evidente que estava dominado por um pânico esmagador. Entretanto, ela não achou que parecia o tipo de homem que temeria um encontro com a morte.

– Pois não. – De modo inquiridor, os olhos sérios dela encontraram os dele.

Ele sustentou o olhar, numa espécie de indecisão desesperada.

– Tem de ser! – o homem murmurou para si mesmo. – Sim! É o único jeito. – Ato contínuo, levantando a voz, perguntou abruptamente: – A senhorita é norte-americana?

– Sou.

– É patriota?

A moça corou.

– Acho que o senhor não tem o direito de me perguntar uma coisa dessas! É claro que sou!

– Não se ofenda. A senhorita não se ofenderia se soubesse quanta coisa está em jogo. Mas eu preciso confiar em alguém – e tem de ser uma mulher.

– Por quê?

– Por causa do "mulheres e crianças primeiro". – O homem olhou ao redor e baixou a voz: – Estou em posse de alguns papéis – documentos de extrema importância – que podem fazer toda a diferença para os Aliados na guerra. A senhorita compreende? Estes papéis *têm* de ser salvos! Com a senhorita, as chances serão maiores. Aceita ficar com eles?

A moça estendeu a mão.

– Espere, devo alertá-la. Talvez a senhorita esteja em perigo, caso eu tenha sido seguido. Não creio que tenha sido, mas nunca se sabe. Se me seguiram, a senhorita corre risco. Tem a coragem para se incumbir dessa tarefa?

A moça sorriu.

– Sou perfeitamente capaz de cumprir essa missão. E estou orgulhosa de ter sido a escolhida! E depois, o que devo fazer com os documentos?

– Leia com atenção os jornais! Vou publicar um anúncio na seção de anúncios pessoais do *The Times* com o título "Companheiro de viagem". Se depois de três dias não sair nada, bem, aí a senhorita saberá que estou liquidado. Leve o pacote à embaixada norte-americana e entregue pessoalmente ao embaixador. Em mãos. Entendeu?

– Entendi perfeitamente.

– Então se prepare, despeço-me aqui – ele apertou a mão da moça. – Adeus. Boa sorte – o homem disse, levantando um pouco a voz.

A moça fechou os dedos em volta do pacote de lona que o homem depositara na palma de sua mão.

O *Lusitania* ia a pique, agora ainda mais inclinado para estibordo. Obedecendo a uma ordem sucinta de um oficial do navio, a moça deu alguns passos à frente a fim de ocupar seu lugar no bote salva-vidas.

Capítulo 1

Jovens Aventureiros Ltda.

– Tommy, meu velho!

– Tuppence, minha velha amiga!

Os dois jovens cumprimentaram-se com um abraço carinhoso e por alguns instantes bloquearam a saída da estação de Dover Street. O adjetivo "velho" era enganoso. Somadas, sem dúvida as idades dos dois jovens não chegaria a 45 anos.

– Simplesmente faz séculos que não vejo você – disse o rapaz. – Para onde está indo? Venha comer alguma coisa comigo. Já estamos começando a atrair olhares tortos aqui, atrapalhando o caminho desse jeito. Vamos embora.

A moça concordou, e a dupla começou a descer a Dover Street em direção a Piccadilly.

– Bem, e agora? Para onde iremos? – perguntou Tommy.

A leve ansiedade disfarçada na sua voz não escapou aos ouvidos astutos da srta. Prudence Cowley, que por alguma razão misteriosa era chamada pelos amigos íntimos de "Tuppence".* Sem rodeios, ela logo disparou:

– Tommy, você está falido!

– Nada disso – ele se defendeu, de maneira pouco convincente. – Estou nadando em dinheiro.

– Você sempre foi um péssimo mentiroso – respondeu Tuppence com severidade na voz –, embora certa

---

* Tuppence é uma variante de *twopence*, literalmente, "dois pence", ou seja, dois centavos de libra esterlina. A palavra figura em expressões como *they don't care a twopence for it*, "eles não dão a mínima para isso". (N.T.)

vez tenha conseguido convencer a irmã Greenbank de que o médico lhe havia receitado cerveja como tônico, mas tinha se esquecido de preencher a receita. Lembra?

Tommy tentou abafar uma risada.

– Acho que sim! A velha ficou furiosa quando descobriu, não é? Não que ela fosse má pessoa, a boa e velha freira Greenbank! Ótimo hospital aquele; deve ter sido desmobilizado, como tudo mais, não?

Tuppence suspirou.

– Sim. Você também?

Tommy fez que sim com a cabeça.

– Há dois meses.

– E a gratificação? – insinuou Tuppence.

– Já gastei.

– Ah, Tommy!

– Não, minha querida, não foi em farras nem em libertinagens! Não tive tanta sorte! Hoje em dia levar a vida, até mesmo a mais comum e medíocre, é, eu lhe asseguro, se é que você ainda não sabe...

– Minha querida criança – interrompeu Tuppence –, não há nada que eu *não* saiba a respeito do custo de vida. Aqui estamos nós na Lyons', e cada um pagará a sua parte da conta. Assunto encerrado! – Tuppence tomou a dianteira e começou a subir as escadas.

O lugar estava lotado, e a dupla zanzou a esmo à procura de uma mesa; enquanto caminhavam de um lado para o outro, os dois amigos iam escutando trechos e fragmentos de conversas.

"E aí – imagine você, ela se sentou e *chorou* quando eu disse que ela não poderia de jeito nenhum ficar com o apartamento."

"Era simplesmente uma *pechincha*, minha cara! Igualzinho àquele que Mabel Lewis trouxe de Paris..."

– A gente ouve sem querer cada coisa engraçada – murmurou Tommy. – Hoje na rua passei por dois sujeitos que estavam falando sobre uma mulher chamada Jane Finn. Já ouviu falar nesse nome?

Porém, como nesse exato momento duas senhoras idosas levantaram-se e recolheram seus pacotes, Tuppence habilmente aboletou-se numa das cadeiras vagas.

Tommy pediu chá e pãezinhos doces. Tuppence pediu chá e torradas com manteiga.

– E, por favor, tenha o cuidado de trazer o chá em bules separados – ela acrescentou ao garçom, em tom severo.

Tommy sentou-se de frente para a amiga. A cabeça descoberta do rapaz revelava uma cabeleira ruiva primorosamente alisada para trás. Seu rosto era de uma feiura agradável – indefinível, ainda que sem sombra de dúvida tivesse as feições de um cavalheiro e um esportista. Vestia um terno marrom bem cortado, mas que parecia estar, perigosamente, a ponto de desfiar.

Ali sentados, os dois amigos formavam essencialmente um casal de aparência moderna. Tuppence não tinha a pretensão de ser uma beldade, mas havia personalidade e charme nos traços pueris de seu rosto pequenino, com o queixo resoluto e olhos grandes, cinzentos, enevoados e bem separados um do outro, sob sobrancelhas retas e negras. Sobre os cabelos curtos e pretos ela usava um chapeuzinho verde-vivo de copa arredondada e sem aba, e sua saia extremamente curta e bastante surrada deixava entrever um par de belos e delicados tornozelos fora do comum. A aparência de Tuppence evidenciava um destemido esforço em nome da elegância.

Por fim chegou o chá; e despertando de um instante de meditação, Tuppence serviu-o na xícara.

– Bem, agora – disse Tommy, abocanhando um grande naco de pãozinho doce – vamos colocar as novidades em dia. Lembre-se de que não vejo você desde aquela ocasião no hospital, em 1916.

– Muito bem – Tuppence serviu-se de uma torrada com uma generosa porção de manteiga. – Biografia resumida da srta. Prudence Cowley, a quinta filha do arquidiácono Cowley de Little Missendell, Suffolk. Srta. Cowley abandonou as delícias (e a enfadonha labuta) de sua vida doméstica logo no começo da guerra e rumou para Londres, onde foi trabalhar num hospital para oficiais. Primeiro mês: lavou 648 pratos por dia. Segundo mês: promovida, passou a secar os supracitados pratos. Terceiro mês: novamente promovida, agora para descascar batatas. Quarto mês: promovida para fatiar os pães e passar manteiga. Quinto mês: promovida para o andar de cima, onde cuidou dos afazeres de criada da enfermaria, munida de esfregão e balde. Sexto mês: promovida para servir à mesa. Sétimo mês: graças à sua boa aparência e por conta de suas maneiras extraordinariamente refinadas, ganha a promoção para servir as irmãs! Oitavo mês: pequeno retrocesso na carreira: a irmã Bond comeu o ovo da irmã Westhaven! Tremendo alvoroço! É evidente que a culpa é da criada da enfermaria! Nunca é demais repreender com rigor a desatenção em assuntos de tamanha importância. Esfregão e balde outra vez! Como caem os poderosos! Nono mês: promovida para varrer as alas da enfermaria, onde encontra um amigo de infância, o tenente Thomas Beresford (faça uma reverência, Tommy!), a quem não encontrava havia cinco longos anos. O encontro foi comovente! Décimo mês: repreendida pela enfermeira-chefe por ir ao cinema na companhia de um dos doentes, a saber, o anteriormente mencionado tenente Thomas Beresford.

Décimo primeiro e décimo segundo meses: reintegrada às funções de copeira, com sucesso absoluto. No fim do ano deixa o hospital no fulgor da glória. Depois disso, a talentosa srta. Cowley dirigiu uma caminhonete de entrega de mercadorias e um caminhão e fez as vezes de motorista para um general. O último foi o mais agradável. Era um general tão jovem!

– Quem era esse sujeitinho inconveniente? – perguntou Tommy. – Absolutamente repugnante a maneira como esses militares de alta patente iam de carro do Gabinete de Guerra para o Savoy e do Savoy para o Gabinete de Guerra!

– Agora já me esqueci do nome dele – confessou Tuppence. – Retomando o assunto, esse período foi, em certo sentido, o ápice da minha carreira. Depois ingressei numa repartição do Governo. Lá dávamos inúmeras festas e agradáveis chás. Eu pretendia me tornar lavradora, motorista de ônibus e funcionária dos Correios e encerrar satisfatoriamente a minha carreira, mas aí veio o Armistício! Por meses a fio eu me aferrei com unhas e dentes ao emprego na repartição, mas, infelizmente, no fim das contas fui dispensada. Desde então estou procurando emprego. É isso – agora é a sua vez.

– Na minha história não há tantas promoções, e há muito menos variedade – disse Tommy, pesaroso. – Como você sabe, voltei para a França. Depois me mandaram para a Mesopotâmia, fui ferido pela segunda vez e hospitalizado lá mesmo. A seguir fiquei empacado no Egito até o Armistício; passei um bom tempo lá à toa e, como lhe disse, retornei à vida civil. Já faz dez longos e cansativos meses que venho procurando trabalho! Não há emprego algum! E mesmo se houvesse, quem me contrataria? De que eu sirvo? O que eu entendo de negócios? Nada.

Tuppence meneou a cabeça, tristemente.

– E quanto às colônias? – ela sugeriu.

Tommy balançou a cabeça.

– Creio que eu não gostaria das colônias – e tenho certeza absoluta de que elas não gostariam de mim!

– Tem parentes ricos?

Mais uma vez Tommy sacudiu a cabeça.

– Ah, Tommy, mas nem uma tia-avó?

– Tenho um velho tio que é mais ou menos endinheirado, mas de nada me adianta.

– Por que não?

– Uma vez ele quis me adotar. Recusei.

– Acho que me lembro de ter ouvido algo a respeito – disse Tuppence, pausadamente. – Você recusou por causa de sua mãe...

Tommy enrubesceu.

– Sim, teria sido uma deslealdade, uma brutal indelicadeza. Como você sabe, eu era tudo que ela tinha. O velho a odiava e queria me separar dela. Por puro rancor.

– Sua mãe já morreu, não? – indagou Tuppence, em tom suave.

Tommy fez que sim com a cabeça.

Os grandes olhos cinzentos de Tuppence pareciam ter ficado marejados.

– Você é um bom sujeito, Tommy. Eu sempre soube disso.

– Bobagem! – Tommy apressou-se em retrucar. – Bem, esta é a minha situação. Estou à beira do desespero.

– Eu também! Já aguentei o máximo que pude. Bati em muitas portas. Respondi a anúncios. Tentei todo tipo de coisa. Apertei o cinto e economizei e cortei gastos! Mas de nada adiantou. Vou voltar para a casa do meu pai!

– E você quer voltar?

– Claro que não quero! De que adianta ser sentimental? Gosto muito do meu pai, a quem sou tremendamente ligada, mas você não faz ideia da fonte de aborrecimento que sou para ele! Ele tem aquela encantadora e antiquada visão de mundo vitoriana em que usar saias curtas e fumar são coisas imorais. Você pode imaginar a pedra no sapato que eu sou para ele. Meu pai deu um suspiro de alívio quando a guerra me tirou de lá. Veja bem, somos sete em casa. É terrível! Todo o serviço doméstico e as reuniões da mamãe! Sempre fui a ovelha negra. Não, não quero voltar, mas, ah, Tommy, o que mais posso fazer?

Tommy meneou a cabeça, abatido. Houve uma pausa, e depois Tuppence vociferou:

– Dinheiro, dinheiro, dinheiro! Penso em dinheiro de manhã, à tarde e à noite! Talvez eu tenha um quê de mercenária, mas é a pura verdade!

– Comigo é a mesma coisa – concordou Tommy, amuado.

– Também já pensei em todas as maneiras imagináveis de obter dinheiro – continuou Tuppence. – Só existem três: herdar uma bela fortuna, casar com alguém podre de rico ou ganhar dinheiro. A primeira está fora de cogitação. Não tenho parentes velhos e ricos. Todos os parentes que tenho são velhotas recolhidas em asilos para senhoras distintas e decadentes. Pelo sim pelo não, costumo sempre ajudar as idosas a atravessar a rua e os cavalheiros anciãos a carregar suas compras, na esperança de descobrir que um deles é um milionário excêntrico. Mas até hoje nenhum deles perguntou meu nome – e muitos nem sequer disseram "Obrigado".

Houve uma pausa.

– É claro – prosseguiu Tuppence – que o casamento é a minha melhor chance. Quando eu era jovem, tomei a decisão de me casar por dinheiro. Qualquer garota capaz de pensar teria feito o mesmo plano! Não sou sentimental, você sabe – ela fez uma pausa. – Ora, você não pode dizer que sou sentimental – ela acrescentou, prontamente.

– Com certeza não posso – Tommy apressou-se em concordar. – Ninguém em sã consciência pensaria em associar você ao sentimentalismo.

– Não é muito gentil da sua parte – devolveu Tuppence. – Mas sem dúvida sua intenção foi boa. Bem, é isso! Estou pronta e disposta, mas nunca encontrei um ricaço. Todos os rapazes que conheço são mais ou menos tão pés-rapados quanto eu!

– E o tal general? – indagou Tommy.

– Creio que em tempos de paz ele é dono de uma loja de bicicletas – explicou Tuppence. – Não, nada disso! Ora, *você*, sim, poderia se casar com uma moça endinheirada.

– Estou no mesmo barco que você. Não conheço nenhuma.

– Isso não importa. Você sempre pode acabar conhecendo. Já eu, se vejo um homem de casaco de pele saindo do Ritz, não posso correr até ele e dizer: "Escute aqui, o senhor é rico. Eu gostaria de conhecê-lo".

– Você está sugerindo que eu faça isso com toda mulher igualmente emperiquitada?

– Não seja bobo. Você pode pisar de leve no pé dela, ou pegar o lenço dela do chão ou qualquer coisa parecida. Se ela perceber que você quer conhecê-la, ficará lisonjeada e aí tudo estará encaminhado.

– Você superestima os meus encantos masculinos – murmurou Tommy.

– Por outro lado – prosseguiu Tuppence –, o meu milionário provavelmente sairia correndo de mim! Não, o casamento é repleto de dificuldades. Resta-me apenas uma opção: *ganhar* dinheiro.

– Já tentamos fazer isso. E fracassamos – lembrou Tommy.

– Sim, tentamos todos os métodos ortodoxos. Mas imagine que agora experimentemos métodos não convencionais. Tommy, sejamos aventureiros!

– Claro – respondeu Tommy, animado. – Por onde a gente começa?

– Aí é que está a complicação. Se conseguíssemos algum renome, as pessoas nos contratariam para praticar crimes no lugar delas.

– Que maravilha – comentou Tommy. – Especialmente vindo da filha de um clérigo!

– A culpa moral seria de quem contratou o serviço, não nossa – observou Tuppence. – Você tem de admitir que existe uma diferença entre roubar um colar de diamantes para si mesmo e ser contratado por alguém para roubá-lo.

– Não haveria a menor diferença se você fosse presa!

– Talvez não. Mas eu não seria presa. Sou esperta demais.

– A modéstia sempre foi o seu pecado mais recorrente – observou Tommy.

– Não me critique. Olhe aqui, Tommy, falando sério: vamos arregaçar as mangas? Vamos formar uma parceria comercial?

– Fundar uma empresa de roubos de colares de diamantes?

– Isso foi só um exemplo. Vamos abrir uma... qual é a palavra que se usa na contabilidade?

– Não sei. Nunca trabalhei na contabilidade, tampouco tive um contador.

– Eu já tive alguma experiência na área, mas sempre enfiava os pés pelas mãos e anotava os lançamentos do "crédito" na coluna do "débito" e vice-versa. Por isso me mandaram para o olho da rua. Ah, já sei: uma *joint venture*, uma empresa conjunta. Parece-me uma expressão romântica a ser encontrada em meio a figuras mofadas e obsoletas. Tem um toque elisabetano: fará as pessoas pensarem em galeões e dobrões espanhóis. Uma aventura em conjunto!

– Fazer negócios sob o nome de Jovens Aventureiros Ltda.? É essa a sua ideia, Tuppence?

– Você tem o direito de rir à vontade, mas a minha impressão é de que pode valer a pena.

– Como você pretende entrar em contato com os seus supostos clientes?

– Anúncios – respondeu Tuppence prontamente. – Você tem um pedaço de papel e um lápis? Parece-me que todos os homens sempre carregam essas coisas. Assim como nós, mulheres, temos sempre à mão grampos de cabelo e esponjas para aplicar pó de arroz.

Tommy entregou-lhe uma surrada caderneta verde, e Tuppence começou a escrever freneticamente.

– Para começar: "Jovem oficial, duas vezes ferido na guerra...".

– Claro que não.

– Ah, tudo bem, meu caro amigo. Mas eu lhe asseguro que esse tipo de coisa poderia amolecer o coração de alguma velhota solteirona, que talvez decidisse adotá-lo, e então você nem sequer teria a necessidade de ser um jovem aventureiro.

– Não quero ser adotado.

– Eu me esqueci que você tem preconceito contra isso. Estava só pregando uma peça em você! Os jornais andam cheios até a borda desse tipo de coisa. Agora, ouça: que tal isto aqui? "Dois jovens aventureiros oferecem seus serviços. Dispostos a fazer qualquer coisa, prontos para ir de bom grado a qualquer lugar. A remuneração deve ser boa" (É melhor deixarmos isso bem claro desde o começo). Depois podemos acrescentar: "Nenhuma proposta sensata será recusada" – como nos anúncios de apartamentos e de mobília.

– Creio que qualquer proposta que nos oferecerem será bastante *in*sensata!

– Tommy! Você é um gênio! Assim é muito mais chique: "Nenhuma proposta insensata será recusada – se a remuneração for boa". Que tal?

– Eu não mencionaria o pagamento. Parece ansiedade ou ganância...

– Na situação em que me encontro, um anúncio seria incapaz de traduzir o grau da minha ansiedade! Mas talvez você tenha razão. Agora vou ler tudo: "Dois jovens aventureiros oferecem seus serviços. Dispostos a fazer qualquer coisa, prontos para ir de bom grado a qualquer lugar. A remuneração deve ser boa. Nenhuma proposta insensata será recusada". O que você pensaria se lesse um anúncio desses no jornal?

– Que se trata de um embuste, ou de uma brincadeira de mau gosto escrita por um lunático.

– Não é nem de longe tão insano quanto o que li esta manhã, que começava com o título de "Petúnia" e era assinado por um certo "Garotão". – Ela arrancou a página da caderneta e entregou-a a Tommy. – Aqui está. *The Times*, creio eu. Respostas para a Caixa Postal número tal e tal. Calculo que vai custar cinco xelins. Tome aqui, meia coroa para cobrir a minha parte.

Pensativo, Tommy segurou nas mãos o pedaço de papel. Seu rosto estava afogueado, de um vermelho mais intenso.

– A coisa é séria? Vamos tentar de verdade? – ele perguntou, por fim. – Hein, Tuppence? Só pela diversão?

– Tommy, você é um bom companheiro, tem espírito esportivo! Eu sabia que você toparia. Vamos fazer um brinde ao nosso sucesso. – Ela serviu o resto de chá frio nas duas xícaras.

– À nossa aventura conjunta, e que prospere!

– À "Jovens Aventureiros Ltda."! – brindou Tommy.

Pousaram as xícaras sobre a mesa e riram, hesitantes. Tuppence levantou-se.

– Tenho de voltar à minha suntuosa suíte na pensão.

– Talvez seja uma boa hora para eu passear perto do Ritz – disse Tommy, com um sorrisinho malicioso. – Onde nos encontraremos? E quando?

– Amanhã ao meio-dia. Na estação de metrô Piccadilly. O horário é adequado para você?

– Sou senhor do meu próprio tempo – respondeu o sr. Beresford, pomposamente.

– Até mais, então.

– Até mais, minha querida.

Os dois jovens partiram em rumos opostos. A pensão de Tuppence situava-se numa área benevolamente chamada de Southern Belgravia. Para economizar, ela não quis pegar o ônibus.

Quando a moça estava a meio caminho, cruzando o parque St. James, uma voz de homem atrás dela provocou-lhe um sobressalto.

– Com licença – disse o homem. – Posso conversar um instante com a senhorita?

Capítulo 2

A oferta do sr. Whittington

Tuppence virou-se rapidamente, mas as palavras que pairavam na ponta de sua língua foram contidas, porque a aparência e as maneiras do homem não confirmavam sua primeira e mais natural suposição. Ela hesitou. Como se lesse os pensamentos da moça, o homem apressou-se em dizer:

– Posso assegurar que não tenho a intenção de desrespeitá-la.

Tuppence acreditou nele. Ainda que, guiada pelo instinto, desconfiasse e antipatizasse com o homem, ela estava inclinada a eximi-lo do propósito particular que a princípio lhe atribuíra. Fitou-o da cabeça aos pés. Era um homem grandalhão, sem barba, com um queixo pesado. Tinha olhos pequenos e astutos, que teimavam em fugir do olhar direto de Tuppence.

– Bem, o que o senhor deseja? – perguntou ela.

O homem sorriu.

– Ouvi por acaso parte da sua conversa com aquele jovem cavalheiro na Lyons'.

– Muito bem. E daí?

– Nada, a não ser pelo fato de que estou convencido de que talvez possa ser-lhe útil.

Outra conclusão abriu caminho à força na mente de Tuppence.

– O senhor me seguiu até aqui?

– Tomei essa liberdade.

– E de que maneira o senhor julga que possa ser útil para mim?

Com uma mesura, o homem tirou um cartão do bolso e passou-o às mãos da moça.

Tuppence segurou o cartão e examinou-o cuidadosamente. Leu a inscrição: "Sr. Edward Whittington". Abaixo do nome, as palavras "Estônia, Companhia de Artigos de Vidro" e o endereço de um escritório na cidade. O sr. Whittington retomou a palavra:

– Se a senhorita puder me fazer uma visita amanhã às onze horas da manhã, explicarei os detalhes da minha proposta.

– Às onze horas? – perguntou Tuppence, indecisa.

– Às onze horas.

Tuppence se decidiu.

– Muito bem. Estarei lá.

– Obrigado. Boa noite.

Com um floreio, o homem ergueu o chapéu, virou as costas e se afastou. Durante alguns minutos Tuppence ficou lá parada, fitando-o demoradamente. Depois deu de ombros com um movimento curioso, como o de um cãozinho *terrier* se sacudindo.

"As aventuras começaram", ela murmurou para si mesma. "O que será que esse homem quer que eu faça? Sr. Whittington, há no senhor algo que não me agrada. Mas, por outro lado, não tenho medo algum do senhor. E como eu já disse antes, e sem dúvida voltarei a dizer, a pequena Tuppence sabe muito bem cuidar de si, obrigada!"

E, com um breve e ágil meneio de cabeça, Tuppence retomou seu caminho com passadas largas e vigorosas. Entretanto, como resultado de novas reflexões, desviou de rota e entrou numa agência dos correios. Lá dentro ponderou por alguns instantes, segurando na mão um formulário de telegrama. O pensamento de possíveis cinco xelins gastos desnecessariamente impeliu-a à ação e ela resolveu correr o risco de desperdiçar nove pence.

Desprezando a caneta pontuda e a tinta preta parecida com melaço fornecida por um Governo caridoso, Tuppence sacou o lápis de Tommy, que tinha ficado com ela, e rapidamente rabiscou: "Não publique o anúncio. Explicarei amanhã". Endereçou o telegrama para Tommy ao clube de que ele era sócio, e do qual dentro de um mês seria obrigado a se desligar a menos que um afortunado golpe de sorte lhe permitisse pagar o que devia e ficar em dia com a tesouraria.

– Talvez o telegrama chegue a tempo – murmurou Tuppence. – Em todo caso, vale a pena tentar.

Depois de entregar o telegrama ao funcionário do outro lado do balcão, ela se dirigiu às pressas para casa, parando apenas numa padaria para gastar três *pence* em pãezinhos.

Mais tarde, em seu minúsculo cubículo no pavimento superior da pensão, Tuppence mastigava os pãezinhos e refletia sobre o futuro. O que seria a tal "Estônia, Companhia de Artigos de Vidro", e por que diabos necessitaria dos seus serviços? Um agradável arrepio de emoção fez Tuppence formigar. Em todo caso, a paróquia rural tinha mais uma vez ficado em segundo plano. O amanhã estava pleno de possibilidades.

Nessa noite, Tuppence demorou a pegar no sono e, horas depois, quando por fim conseguiu dormir, sonhou que o sr. Whittington a instruía a lavar uma pilha de peças de vidro da marca "Estônia", que eram inexplicavelmente parecidas com pratos de hospital!

Faltavam cinco minutos para as onze quando Tuppence chegou ao conjunto de edifícios em que se situavam os escritórios da Estônia, Companhia de Artigos de Vidro. Chegar antes da hora marcada teria parecido excesso de ansiedade. Por isso Tuppence resolveu caminhar até o fim da rua e voltar. E assim fez. Às onze em ponto, irrompeu no edifício. A "Estônia" ficava no último andar. Havia um elevador, mas Tuppence preferiu subir as escadas.

Já quase sem fôlego, parou diante de uma porta de vidro com um letreiro pintado: "Estônia, Companhia de Artigos de Vidro".

Tuppence bateu. Obedecendo a uma voz vinda de dentro, ela girou a maçaneta e adentrou uma antessala pequena e bastante suja.

Um senhor de meia-idade levantou-se de um banco alto atrás de uma escrivaninha perto da janela e caminhou com expressão curiosa na direção de Tuppence.

– Tenho uma reunião marcada com o sr. Whittington – disse Tuppence.

– Venha por aqui, por favor. – Ele se dirigiu até uma porta divisória com a inscrição "Particular", bateu, depois abriu a porta e se pôs de lado, abrindo caminho para que a moça passasse.

O sr. Whittington estava sentado atrás de uma mesa enorme e abarrotada de papéis. Tuppence sentiu que sua primeira impressão acerca do homem se confirmava. Havia algo de errado no sr. Whittington. A combinação de sua vistosa prosperidade e seus olhos volúveis não era nada agradável.

Ele levantou os olhos e meneou a cabeça.

– Então a senhorita resolveu vir? Que bom. Sente-se, por favor.

Tuppence instalou-se numa cadeira de frente para ele. Nessa manhã ela parecia especialmente pequena e acanhada. Sentou-se numa postura humilde, de olhos baixos, enquanto o sr. Whittington não parava de remexer e fuçar seus papéis. Por fim ele colocou-os de lado e inclinou-se sobre a escrivaninha.

– Agora, minha cara, vamos falar de negócios. – Seu rosto grande alargou-se num sorriso. – A senhorita quer trabalhar? Bem, tenho um trabalho para lhe oferecer. O que me diz de receber agora cem libras de adiantamento, além de todas as despesas pagas? – O sr. Whittington recostou-se na cadeira e enfiou os polegares nas cavas do colete.

Tuppence encarou-o cautelosamente.

– Qual é a natureza do serviço? – ela quis saber.

– Trivial, puramente trivial. Uma viagem agradável, só isso.

– Para onde?

O sr. Whittington abriu outro sorriso.

– Paris.

– Oh! – exclamou Tuppence, pensativa. Ela disse para si mesma: "É claro que se meu pai ouvisse isso teria um ataque do coração! Mas de qualquer maneira não vejo o sr. Whittington no papel de um impostor".

– Sim – continuou Whittington. – O que poderia ser mais aprazível? Fazer o relógio voltar no tempo alguns anos, não muitos, estou certo, e voltar a estudar num daqueles encantadores *pensionnats de jeunes filles* que existem em abundância em Paris...

Tuppence o interrompeu.

– Um *pensionnat*?

– Exatamente. O de madame Colombier, na Avenue de Neuilly.

Tuppence conhecia muito bem aquele nome. Nada poderia ser mais distinto e seleto. Ela tinha diversas amigas norte-americanas matriculadas naquele internato. Tuppence nunca havia estado tão intrigada.

– O senhor quer que eu me matricule no colégio interno de madame Colombier? Por quanto tempo?

– Isso depende. Três meses, talvez.

– E isso é tudo? Não há outras condições?

– Absolutamente nenhuma outra. É claro que a senhorita iria para lá no papel de minha pupila e não poderia manter qualquer tipo de comunicação com as suas amigas. Devo pedir sigilo total durante esse período. A propósito, a senhorita é inglesa, não é?

– Sim.

– Mas fala com um ligeiro sotaque norte-americano?

– A minha melhor amiga no hospital era norte-americana. Creio que peguei dela esse sotaque. Mas logo posso me livrar dele.

– Pelo contrário, talvez seja mais simples a senhorita passar por norte-americana. O mais difícil será elaborar os detalhes da sua vida pregressa na Inglaterra. Sim, estou convicto de que isso seria muito melhor. Depois...

– Um momento, sr. Whittington! O senhor parece estar convencido de que já aceitei sem pestanejar a sua proposta.

Whittington pareceu ter ficado surpreso.

– Certamente a senhorita não está pensando em recusar, está? Posso assegurar que o internato de madame Colombier é um estabelecimento tradicionalíssimo, de primeira qualidade. E os termos são os mais generosos.

– Exatamente – concordou Tuppence. – É por isso mesmo. Os termos são quase generosos demais, sr. Whittington. Não consigo entender por que razão valeria a pena gastar tanto dinheiro comigo.

– Não? – perguntou Whittington, com voz suave. – Bem, eu lhe direi. Eu poderia, sem dúvida, conseguir outra pessoa por muito menos. Mas estou disposto a pagar pelos serviços de uma moça com inteligência e presença de espírito suficientes para desempenhar bem o seu papel, e que também seja discreta o bastante para não fazer muitas perguntas.

Tuppence esboçou um sorriso. Sentiu que Whittington apresentara um argumento irrefutável.

– Há outra coisa. Até agora o senhor não fez menção alguma ao sr. Beresford. Onde é que ele entra?

– O sr. Beresford?

– Meu sócio – explicou Tuppence, com dignidade. – O senhor nos viu juntos ontem.

– Ah, sim. Lamento, mas infelizmente não precisaremos dos serviços dele.

– Então, assunto encerrado! – Tuppence levantou-se. – Ou somos nós dois ou nenhum dos dois. Sinto muito, mas é assim que as coisas funcionam. Tenha um bom dia, sr. Whittington.

– Espere um momento. Vamos ver se é possível chegarmos a um acordo. Sente-se, senhorita... – fez uma pausa, olhando-a com ar interrogativo.

Tuppence sentiu uma pontada de remorso ao se lembrar do arquidiácono. Precipitadamente, agarrou o primeiro nome que lhe passou pela cabeça.

– Jane Finn – ela respondeu às pressas; depois ficou em silêncio, boquiaberta com o efeito dessas duas simples palavras.

Toda a simpatia havia sumido do rosto de Whittington, que agora estava vermelho de fúria, as veias da testa saltadas. E por trás disso tudo havia, à espreita, uma espécie de desalento incrédulo. Ele se debruçou sobre a mesa e sibilou, encolerizado:

– Então esse é o seu joguinho?

Embora visivelmente perplexa, Tuppence não perdeu a cabeça. Ainda que não fizesse a menor ideia do que Whittington queria dizer com aquilo, ela era uma moça naturalmente perspicaz e julgou ser imprescindível "segurar as pontas", como ela mesma costumava dizer.

Whittington prosseguiu:

– A senhorita estava brincando comigo o tempo todo, feito gato e rato? Sabia desde o começo o que eu queria que a senhorita fizesse, mas mesmo assim levou adiante a comédia. É isso, não é? – Whittington já estava se acalmando. A vermelhidão desbotava e sumia do seu rosto. Com olhar penetrante, ele encarou a moça. – Quem é que andou dando com a língua nos dentes? Rita?

Tuppence fez que não com a cabeça. Não sabia ao certo até que ponto seria capaz de sustentar aquela ilusão, mas percebeu a importância de não arrastar para a história uma Rita desconhecida.

– Não – ela respondeu com a verdade pura e simples. – Rita não sabe coisa alguma a meu respeito.

Os olhinhos de Whittington ainda fuzilavam Tuppence.

– O quanto a senhorita sabe? – ele disparou.

– Sei muito pouco – respondeu Tuppence, contente por notar que a inquietação de Whittington tinha aumentado em vez de diminuir. Gabar-se de saber muita coisa talvez tivesse suscitado dúvidas na mente dele.

– Mesmo assim – rosnou Whittington –, a senhorita sabia o bastante para vir aqui e soltar esse nome.

– Talvez seja o meu nome verdadeiro – alegou Tuppence.

– Qual é a probabilidade de que existam duas jovens com um nome como esse?

– Ou pode ser que eu tenha encontrado esse nome por acaso – continuou Tuppence, inebriada com o sucesso de dizer a verdade.

O sr. Whittington deu um violento soco na mesa.

– Pare de brincadeiras! O quanto a senhorita sabe? E quanto dinheiro a senhorita quer?

As seis últimas palavras mexeram muitíssimo com a imaginação de Tuppence, especialmente depois do magro café da manhã e do jantar à base de pãezinhos da noite da véspera. No momento ela fazia o papel de aventureira autônoma e independente e não de aventureira contratada a serviço das ordens alheias, mas não negava que essa era uma possibilidade. Empertigou-se na cadeira e sorriu com ar de quem tinha a situação sob controle.

– Meu caro sr. Whittington, vamos colocar todas as cartas na mesa. E, por favor, não se enfureça tanto. Ontem o senhor me ouviu dizer que eu tinha a intenção de viver da minha sagacidade. Parece-me que agora acabo de provar que possuo alguma sagacidade às custas da qual posso viver! Admito ter conhecimento de um certo nome, mas talvez o meu conhecimento termine aí.

– Sim, e talvez não – vociferou Whittington.

– O senhor insiste em me julgar mal – disse Tuppence, com um leve suspiro.

– Como eu disse antes, pare de brincadeiras e vamos direto ao assunto! – berrou Whittington, furioso. – A senhorita não pode bancar a inocente comigo. Sabe muito mais do que está disposta a admitir.

Por um momento Tuppence ficou em silêncio, a fim de admirar a própria astúcia; depois falou com voz suave:

– Eu não gostaria de contradizê-lo, sr. Whittington.

– Voltamos à mesma pergunta de sempre: quanto?

Tuppence estava num dilema. Até aqui havia conseguido enganar Whittington com pleno êxito; contudo, mencionar uma soma evidentemente impossível poderia levantar suspeitas. Uma ideia passou como um raio por seu cérebro.

– O que o senhor acha de me pagar um pequeno adiantamento agora, e mais tarde voltamos a discutir o assunto?

Whittington cravou nela um olhar medonho.

– Ah, chantagem, é?

Tuppence abriu o mais doce sorriso.

– Oh, não! É melhor dizermos "pagamento adiantado por serviços prestados", não é?

Whittington grunhiu.

– Veja bem – explicou Tuppence, com doçura. – Não sou tão louca assim por dinheiro!

– A senhorita quase passa dos limites, isso sim – resmungou Whittington, com uma espécie de admiração involuntária. – A senhorita me enganou completamente. Julguei que não passava de uma criancinha humilde e submissa, cuja inteligência mal daria conta de servir aos meus planos.

– A vida é cheia de surpresas – filosofou Tuppence, em tom moralizante.

– Mesmo assim – continuou Whittington –, alguém andou falando mais do que devia. A senhorita diz que não foi Rita. Então foi...? Sim, entre!

Depois de bater discretamente à porta, o funcionário entrou na sala e colocou sobre a mesa do patrão uma folha de papel.

– Um recado telefônico acaba de chegar para o senhor.

Whittington agarrou o papel e leu. Sua testa se enrugou.

– Tudo bem, Brown. Você pode ir.

O funcionário saiu, fechando a porta atrás de si. Whittington virou-se para Tuppence.

– Volte aqui amanhã no mesmo horário. Estou ocupado agora. Tome cinquenta libras para continuarmos.

Rapidamente Whittington separou e contou algumas notas e entregou-as a Tuppence por cima da mesa; depois se levantou, dando a entender que estava impaciente para que ela fosse embora.

A moça contou as cédulas, à maneira de um homem de negócios, guardou-as dentro da bolsa e se levantou.

– Tenha um bom dia, sr. Whittington – ela despediu-se polidamente. – De qualquer forma, creio que é melhor dizer *Au revoir*.

– Exatamente. *Au revoir*! – Whittington parecia quase amável de novo, transformação que suscitou em Tuppence um vago pressentimento. – *Au revoir*, minha esperta e encantadora amiga!

Dominada por uma frenética empolgação, Tuppence desceu rápida e alegremente as escadas. De acordo com um relógio das vizinhanças, faltavam cinco minutos para o meio-dia.

– Vou fazer uma surpresa a Tommy! – murmurou Tuppence, e fez sinal para chamar um táxi.

O carro estacionou junto à entrada da estação do metrô, onde Tommy a esperava. De olhos arregalados, o rapaz correu para ajudar Tuppence a descer. Ela abriu um sorriso carinhoso e comentou, com uma ligeira afetação na voz:

– Pague o taxista, por favor, meu velho amigo! A menor nota que tenho é de cinco libras!

Capítulo 3

Um revés

O momento não foi triunfal como deveria ter sido. Para começar, os recursos disponíveis nos bolsos de Tommy eram um tanto limitados. No fim das contas a corrida foi paga: a dama contribuiu com dois *pence*; o taxista, ainda segurando nas mãos a sortida variedade de moedas, foi convencido a seguir seu caminho depois de perguntar bruscamente ao cavalheiro quanto ele achava que lhe estava dando.

– Creio que você deu dinheiro demais a ele, Tommy – comentou Tuppence, com tom inocente. – Acho que ele quer devolver um pouco...

Talvez tenha sido essa última observação que levou o motorista a ir embora.

– Bem – disse o sr. Beresford, aliviado por finalmente poder dar expansão aos seus sentimentos –, por que diabos você pegou um táxi?

– Fiquei com medo de me atrasar e deixar você esperando – respondeu Tuppence, com doçura na voz.

– Ficou... com... medo... de... se... atrasar! Oh, meu Deus, eu desisto! – exclamou o sr. Beresford.

– E é a mais pura verdade – continuou Tuppence, arregalando os olhos – que a menor nota que eu tenho é de cinco libras.

– Você atuou muito bem, minha velha amiga, mas mesmo assim o sujeito não se deixou enganar nem por um momento!

– Não – concordou Tuppence, pensativa –, ele não acreditou. Essa é a parte curiosa de dizer a verdade.

Ninguém acredita. Foi o que descobri esta manhã. Agora, vamos almoçar. Que tal o Savoy?

Tommy sorriu de modo malicioso.

– Que tal o Ritz?

– Pensando bem, prefiro o Piccadilly. É mais perto. Não teremos de pegar outro táxi. Vamos.

– Por acaso isso é uma nova modalidade de humor? Ou seu cérebro está fora dos eixos? – perguntou Tommy.

– A sua última suposição é a correta. Arranjei dinheiro, e o choque foi demais para mim! Para esse tipo específico de perturbação mental, um médico eminente recomenda porções ilimitadas de *hors d'oeuvre*, lagosta *à l'américaine*, frango à Newburg e *pêche Melba*! Vamos lá fazer a festa!

– Tuppence, minha menina, falando sério, o que realmente aconteceu com você?

– Ah, como você é incrédulo! – Tuppence escancarou a bolsa. – Olhe aqui, e aqui, e aqui!

– Minha cara, não sacuda no ar essas notas de uma libra!

– Não são notas de uma libra. São cinco vezes melhor, e esta aqui é dez vezes melhor!

Tommy gemeu.

– Devo estar bêbado sem saber! Estou sonhando, Tuppence, ou estou realmente vendo uma enorme quantidade de cédulas de cinco libras sendo agitadas de um lado para o outro de maneira perigosa?

– Sim, ó, rei! *Agora*, você vem almoçar comigo?

– Irei para onde você quiser. Mas o que você andou fazendo? Assaltou algum banco?

– Calma, tudo a seu tempo. Que lugar horroroso é Piccadilly Circus! Há um ônibus enorme vindo na nossa direção. Seria terrível se ele matasse atropeladas as notas de cinco libras!

– Que tal o salão de grelhados? – perguntou Tommy quando chegaram, sãos e salvos, à calçada do outro lado da rua.

– O outro é mais caro – objetou Tuppence.

– Isso é uma mera extravagância, uma perversidade desenfreada. Vamos descer.

– Tem certeza de que lá poderei pedir tudo que quero?

– Mas que cardápio insalubre você está planejando agora? É claro que pode, desde que seja saudável para você, pelo menos.

– E agora me conte – disse Tommy, incapaz de segurar por mais tempo sua curiosidade represada, assim que se sentaram majestosamente rodeados pelos muitos *hors d'oeuvres* dos sonhos de Tuppence.

A srta. Cowley relatou tudo.

– E a parte curiosa – ela concluiu – é que eu realmente inventei o nome Jane Finn! Não quis dar o meu verdadeiro nome por causa do meu pobre pai, caso eu me envolva em alguma coisa duvidosa.

– Talvez – disse Tommy, lentamente. – Mas você não inventou o nome.

– O quê?

– Não. Fui *eu* quem falou desse nome. Não se lembra de que ontem eu disse que tinha ouvido dois sujeitos conversando sobre uma mulher chamada Jane Finn? Foi por isso que o nome lhe ocorreu assim de pronto. Estava na ponta da sua língua.

– É verdade. Agora me lembro. Que extraordinário! – Tuppence ficou em silêncio. De repente, despertou. – Tommy!

– Sim?

– Como eram os dois homens que você encontrou?

Tommy franziu a testa, num esforço para se lembrar da aparência dos sujeitos.

– Um deles era gordo e grande. Rosto sem barba. Acho. Era moreno.

– É ele – berrou Tuppence, num grito estridente e nada elegante. – É Whittington! E como era o outro homem?

– Não me lembro. Não reparei muito nele. Na verdade foi a estranheza do nome que me chamou a atenção.

– E as pessoas dizem que coincidências não acontecem! – Feliz da vida, Tuppence atacou seu *pêche Melba*.

Mas Tommy tinha ficado sisudo.

– Tuppence, minha amiga, aonde isso vai nos levar?

– A mais dinheiro – respondeu a moça.

– Disso eu sei. Você tem uma ideia fixa na cabeça. O que estou querendo dizer é, qual é o próximo passo? Como você vai levar adiante essa brincadeira?

– Oh! – Tuppence pousou a colher. – Você está certo, Tommy, é uma situação um tanto embaraçosa.

– Afinal de contas, você não poderá enganá-lo para sempre. Mais cedo ou mais tarde vai acabar dando um passo em falso. E, de qualquer maneira, não tenho tanta certeza de que sua conduta não seja suscetível de uma ação judicial: é chantagem, você sabe.

– Besteira. Chantagem é quando você ameaça contar o que sabe a menos que receba dinheiro. Ora, eu nada poderia contar porque na verdade não sei de coisa alguma.

Tommy fez um muxoxo com ar indeciso.

– Bem, seja lá como for, *o que* nós vamos fazer? Hoje de manhã Whittington teve pressa de se livrar de você, mas da próxima vez vai querer saber algo mais antes de distribuir dinheiro. Ele vai querer saber o quanto você sabe, onde você obteve suas informações e muitas outras coisas que você não terá condições de dissimular. O que você vai fazer a respeito?

Tuppence enrugou a testa e ficou séria.

– Temos de pensar. Peça um pouco de café turco, Tommy. Estimula o cérebro. Ah, meu caro, comi demais!

– Você se empanturrou, comeu como um bispo! Eu também, mas creio que a minha escolha dos pratos foi mais sensata que a sua. – E para o garçom: – Dois cafés, um turco e um francês.

Tuppence bebericou o café com um ar de profunda reflexão; Tommy tentou dirigir-lhe a palavra, mas levou uma bronca.

– Quieto. Estou pensando.

– Valha-me Deus! – exclamou Tommy, e mergulhou no silêncio.

– Já sei! – disse Tuppence, por fim. – Tenho um plano. Obviamente o que temos de fazer é descobrir mais a respeito da coisa toda.

Tommy aplaudiu.

– Não zombe. Nossa única fonte de informações é Whittington. Precisamos saber onde ele mora, o que ele faz. Investigá-lo, literalmente! Mas não posso fazer isso porque ele me conhece, mas viu você apenas por um minuto ou dois na Lyons'. É pouco provável que o reconheça. Afinal, os rapazes são muito parecidos uns com os outros.

– Repudio completamente esse comentário. Tenho certeza de que graças às minhas feições agradáveis e à minha aparência eu me destacaria no meio de qualquer multidão.

Tuppence prosseguiu, calmamente:

– O meu plano é o seguinte: irei sozinha, amanhã. Vou enganá-lo de novo, assim como fiz hoje. Não importa que não consiga mais dinheiro. Essas cinquenta libras devem durar alguns dias.

– Ou até mais!

– Você me espera do lado de fora, fica zanzando por ali. Por precaução, quando eu sair não vou falar com você, caso ele esteja de olho. Mas depois eu paro em algum lugar das proximidades e fico de tocaia; quando ele sair do edifício, deixo cair um lenço ou outro objeto, e aí é sua vez de entrar em ação.

– E eu entro em ação fazendo o quê?

– Você segue Whittington, é claro, tolinho! O que acha da ideia?

– É o tipo de coisa que se lê em livros. A meu ver, na vida real um sujeito faz papel de ridículo lá parado na rua durante horas a fio, à toa. As pessoas vão começar a se perguntar quais são as minhas intenções.

– Não no centro da cidade. Lá todo mundo está sempre muito apressado. O mais provável é que ninguém note a sua presença.

– É a segunda vez que você faz esse tipo de comentário. Tudo bem, eu perdoo você. De qualquer forma, vai ser divertido. O que pretende fazer esta tarde?

– Bem – respondeu Tuppence depois de refletir um pouco. – Eu *tinha pensado* em chapéus! Ou talvez meias de seda! Ou talvez...

– Contenha-se – advertiu Tommy. – As cinquenta libras têm limite! Mas aconteça o que acontecer, esta noite vamos jantar juntos e iremos ao teatro.

– Com certeza.

O dia transcorreu de modo agradável. A noite, mais ainda. De maneira irrecuperável, duas das notas de cinco libras agora tinham chegado ao fim de sua existência.

Conforme o combinado, na manhã seguinte a dupla se encontrou e se dirigiu ao centro da cidade. Tommy plantou-se na calçada do outro lado da rua enquanto Tuppence entrou no edifício.

A passos lentos, Tommy caminhou até o fim da rua e voltou. Quando estava quase de frente para o edifício, Tuppence atravessou correndo a rua.

– Tommy!

– O que houve?

– O lugar está fechado. Ninguém atende.

– Que estranho.

– Não é? Venha comigo, vamos tentar mais uma vez.

Tommy seguiu a amiga. Quando passaram pelo terceiro andar, um jovem funcionário saiu de um dos escritórios. O rapaz hesitou um momento, depois se dirigiu a Tuppence.

– Estão procurando a Companhia Estônia?

– Sim, por favor.

– Está fechada. Desde ontem à tarde. Pelo que disseram a empresa faliu. Eu mesmo nunca tinha ouvido nada a respeito. Mas em todo caso a sala do escritório está para alugar.

– Obr-brigada – gaguejou Tuppence. – Suponho que o senhor não saiba o endereço do sr. Whittington.

– Infelizmente não sei. Eles saíram às pressas.

– Muito obrigado – agradeceu Tommy. – Vamos, Tuppence.

Mais uma vez desceram para a rua, onde se entreolharam com expressão vazia, sem saber o que dizer.

– Essa novidade arruinou nosso plano – disse Tommy, por fim.

– E eu não desconfiei de nada – lamentou-se Tuppence.

– Ânimo, minha amiga, não havia nada que você pudesse fazer.

– Mas não pode ser! – Tuppence ergueu o pequeno queixo, numa pose provocadora. – Você pensa que isso é o fim? Se pensa, está enganado. É apenas o começo!

– O começo do quê?

– Da nossa aventura! Tommy, você não percebe? Se eles estão com tanto medo a ponto de fugir desse jeito, é prova de que há muita coisa por trás dessa história de Jane Finn! Bem, vamos investigar a coisa a fundo. Vamos persegui-los e pegá-los! Seremos detetives para valer!

– Sim, mas não há ninguém a ser perseguido.

– Não. Razão pela qual teremos de começar tudo de novo, do zero. Empreste-me aquele toco de lápis. Obrigada. Espere um minuto... não me interrompa. Pronto! – Tuppence devolveu o lápis e examinou, com olhar de satisfação, o pedaço de papel em que tinha rabiscado algumas palavras.

– O que é isso?

– Um anúncio.

– Ainda se interessa por isso depois do que houve?

– Não, agora é diferente – entregou-lhe o pedaço de papel.

Tommy leu em voz alta:

"Precisa-se de qualquer informação a respeito de Jane Finn. Encaminhar correspondência à J. A."

Capítulo 4

Quem é Jane Finn?

O dia seguinte transcorreu devagar. Era necessário cortar gastos. Desde que poupadas com cuidado, quarenta libras durariam muito. Por sorte o tempo estava bom e "andar a pé é barato", disse Tuppence. Um cinema afastado do centro proporcionou-lhes divertimento à noite.

O dia da decepção tinha sido uma quarta-feira. Na quinta o anúncio foi devidamente publicado. Na sexta as cartas deveriam começar a chegar ao endereço de Tommy.

Ele tinha dado sua palavra de honra de que não abriria a correspondência que por acaso chegasse; o combinado era que se dirigisse à National Gallery, onde a sua colega o encontraria às dez em ponto.

Na hora marcada, Tuppence foi a primeira a chegar. Aboletou-se numa poltrona de veludo vermelho e contemplou com olhar vago as telas de Turner até que viu a silhueta familiar entrar na sala.

– E então?

– E então tudo bem – respondeu o sr. Beresford, espicaçando a amiga. – Qual é o seu quadro favorito?

– Não seja perverso. Veio *alguma* resposta?

Tommy balançou a cabeça com uma melancolia profunda e um tanto exagerada.

– Eu não queria decepcioná-la, minha boa amiga, dizendo logo de cara. É uma pena. Dinheiro jogado fora – ele suspirou. – Entretanto, é isso mesmo. O anúncio saiu e... chegaram apenas duas respostas!

– Tommy, você é cruel! – exclamou Tuppence, quase berrando. – Dê-me aqui as cartas. Como você pode ser tão malvado?!

– Cuidado com a sua linguagem, Tuppence, cuidado com a sua linguagem! Aqui na National Gallery eles são muito melindrosos. Este lugar é do Governo, você sabe. E, como eu já disse antes, lembre-se de que sendo a filha de um clérigo...

– Eu deveria estar no palco! – concluiu Tuppence, brusca e mordaz.

– Não era isso que eu pretendia dizer. Mas se você tem certeza de que já saboreou ao máximo a sensação de alegria após o desespero que eu benevolamente lhe proporcionei de graça, vamos colocar nossas cartas na mesa, por assim dizer.

Sem cerimônia, Tuppence arrancou das mãos dele os dois preciosos envelopes e examinou-os com a maior atenção.

– Esta aqui é de papel espesso. Parece coisa de gente rica. Vamos deixar por último e abrir primeiro o outro.

– Você tem razão. Um, dois, três, já!

O pequeno polegar de Tuppence rasgou o envelope e ela retirou o conteúdo.

Prezado senhor,
Com referência ao seu anúncio no jornal matutino de hoje, creio que posso ser de alguma valia. Talvez o senhor possa visitar-me amanhã no endereço acima indicado, às onze horas da manhã.

Atenciosamente,
A. CARTER

– Carshalton Terrace, 27 – leu Tuppence, mencionando o endereço. – É pela Gloucester Road. Se pegarmos o metrô, temos tempo de sobra para chegar lá.

– O plano de ação é o seguinte – Tommy tomou a palavra. – É a minha vez de assumir a ofensiva. Conduzido à presença do sr. Carter, ele e eu trocaremos cumprimentos, como manda o figurino. Depois ele dirá "Sente-se, por favor, sr....?", ao que eu responderei prontamente e com firmeza: "Edward Whittington!". Depois disso, o sr. Carter, a essa altura arquejante e com o rosto afogueado, perguntará: "Quanto?". Enfiando no bolso as habituais cinquenta libras de nossos honorários, eu me reencontrarei com você na rua, marcharemos para o endereço seguinte e repetiremos a cena.

– Não seja absurdo, Tommy! Agora, a outra carta. Oh, esta é do Ritz!

– Cem libras em vez de cinquenta!

– Vou ler.

Prezado senhor,
Com referência ao seu anúncio, eu gostaria muito que me fizesse uma visita, por volta da hora do almoço.

Atenciosamente,
JULIUS P. HERSHEIMMER

– Rá! – exclamou Tommy. – Será que ele é um "chucrute"? Ou apenas um milionário norte-americano de ascendência infeliz? Em todo caso, nós o visitaremos na hora do almoço. É um bom horário, quase sempre resulta em almoço grátis.

Tuppence concordou com um meneio de cabeça.

– Agora vamos ver o sr. Carter. Temos de nos apressar.

Os dois amigos constataram que Carshalton Terrace era uma irrepreensível fileira do que Tuppence chamou de "casas com aparência de senhorinhas refinadas". Tocaram a campainha no número 27, e uma criada impecável atendeu a porta. A mulher tinha um ar tão respeitável que Tuppence sentiu um aperto no coração. Assim que Tommy perguntou pelo sr. Carter a mulher os conduziu até um pequeno gabinete do andar térreo, onde os deixou a sós. Menos de um minuto depois, entretanto, uma porta se abriu e um homem alto, com aparência cansada e um rosto magro de falcão entrou na saleta.

– Senhor e senhorita J. A.? – ele disse, com um sorriso inegavelmente cativante. – Sentem-se, por favor.

Eles obedeceram. O homem sentou-se numa cadeira de frente para Tuppence e olhou-a com um sorriso encorajador, em que havia qualquer coisa que desarmou a moça e fez com que seu habitual desembaraço a abandonasse.

Uma vez que o anfitrião não parecia inclinado a iniciar a conversa, Tuppence foi obrigada a começar.

– Nós queríamos saber, isto é, o senhor teria a bondade de nos contar o que sabe sobre Jane Finn?

– Jane Finn? Ah! – o sr. Carter pareceu refletir. – Bem, a questão é o que o senhor e a senhorita sabem sobre Jane Finn?

Tuppence endireitou-se na cadeira.

– Não consigo ver o que uma coisa tem a ver com a outra.

– Não? Mas tem, pode acreditar que tem, sim – abriu mais uma vez um sorriso cansado e continuou, em tom pensativo. – E isso nos traz de volta à pergunta: o que o senhor e a senhorita sabem sobre Jane Finn?

Já que Tuppence se mantinha em silêncio, ele prosseguiu:

– Ora, *alguma coisa* devem saber, ou não teriam publicado o anúncio, certo? – o sr. Carter inclinou-se um pouco para a frente e sua voz exausta ganhou um matiz persuasivo. – Suponhamos que a senhorita me conte...

Havia na personalidade do sr. Carter algo de bastante magnético, atração da qual com algum esforço Tuppence parecia ter conseguido se desvencilhar quando disse:

– Não podemos fazer isso, não é, Tommy?

Contudo, para sua surpresa, seu amigo não confirmou essa declaração. Ele estava fitando atentamente o sr. Carter, e quando abriu a boca para falar usou um tom respeitoso que não lhe era habitual.

– Eu suponho que o pouco que sabemos de nada lhe servirá, senhor. Mas, mesmo assim, contaremos de bom grado.

– Tommy! – gritou Tuppence, surpresa.

O sr. Carter girou bruscamente na cadeira. Com os olhos, fez uma pergunta silenciosa.

Tommy fez que sim com a cabeça.

– Sim, senhor, eu o reconheci de imediato. Vi-o na França, quando atuava para o Serviço de Inteligência. Assim que o senhor entrou nesta sala, eu soube...

O sr. Carter ergueu a mão.

– Nada de nomes, por favor. Aqui sou conhecido como sr. Carter. Aliás, esta é a casa da minha prima. Ela se dispõe a me emprestá-la nas ocasiões em que se trata de questões estritamente extraoficiais. Muito bem, e agora – olhou para o rapaz e depois para a moça –, qual dos dois vai me contar a história?

– Desembuche, Tuppence – ordenou Tommy. – A lorota é sua.

– Sim, mocinha, vamos lá, abra o jogo.

Tuppence obedeceu e contou a história toda, da criação da "Jovens Aventureiros Ltda." em diante.

Retomando seu aspecto cansado, o sr. Carter ouviu em silêncio. Vez ou outra passava a mão pelos lábios, como se quisesse esconder um sorriso. Quando a moça terminou seu relato, ele balançou a cabeça num gesto solene.

– Não é muito. Mas é sugestivo. Bastante sugestivo. Desculpem-me dizer isto, mas vejo diante de mim uma duplinha curiosa. Não sei, talvez o senhor e a senhorita se saiam melhor do que os outros e sejam bem-sucedidos onde outros fracassaram... Acredito na sorte, sabem, sempre acreditei...

Fez uma breve pausa, depois continuou:

– Bem, o que dizer? O senhor e a senhorita estão em busca de aventuras. Gostariam de trabalhar para mim? Tudo absolutamente extraoficial, claro. Todas as despesas pagas e um modesto salário fixo. Que tal?

Com a boca entreaberta e os olhos cada vez mais arregalados, Tuppence encarou o homem.

– E o que teríamos de fazer? – ela perguntou esbaforida.

O sr. Carter sorriu.

– Simplesmente dar continuidade ao estão fazendo agora. *Encontrar Jane Finn.*

– Sim, mas... quem *é* Jane Finn?

O sr. Carter meneou a cabeça, muito sério.

– Sim, agora creio que têm o direito de saber.

Ele recostou-se na cadeira, cruzou as pernas, juntou as pontas dos dedos e começou a falar num tom de voz baixo e monótono:

– A diplomacia secreta (que, aliás, é quase sempre a pior saída diplomática) não lhes interessa e não é da sua alçada. Basta dizer que no início de 1915 apareceu um certo documento. Era a minuta de um acordo secreto, um tratado, se preferirem. O documento fora redigido nos Estados Unidos, que à época era um país neutro, e estava pronto para receber a assinatura de vários representantes, por isso foi despachado para a Inglaterra por um emissário especial, selecionado exclusivamente para essa tarefa, um jovem chamado Danvers. Esperava-se que a missão fosse mantida no mais absoluto sigilo, de modo que informação alguma vazasse. Geralmente esse tipo de esperança termina em decepção. Há sempre alguém que dá com a língua nos dentes!

"Danvers viajou para a Inglaterra a bordo do *Lusitania*, carregando consigo os preciosos papéis num pequeno pacote de lona que trazia junto à própria pele. Nessa viagem o *Lusitania* foi torpedeado e afundou. O nome de Danvers estava incluído na lista dos passageiros desaparecidos. Por fim o seu cadáver apareceu na praia e sua identidade foi atestada de forma inequívoca. Mas o pacote de lona tinha desaparecido!

"A questão é a seguinte: alguém tirou os papéis de Danvers ou ele próprio os repassou a outra pessoa? Houve alguns incidentes que reforçaram a possibilidade desta última teoria. Depois que o torpedo atingiu o navio, nos breves momentos enquanto os botes iam sendo baixados, Danvers foi visto em conversa com uma moça norte-americana. Ninguém chegou a vê-lo efetivamente entregando o que quer que fosse à moça, mas é possível que tenha feito isso. Parece-me bastante provável que Danvers tenha confiado os papéis a essa jovem por acreditar que, por ser mulher, ela teria melhores chances de desembarcar com os documentos em segurança e garantir que escapassem sãos e salvos.

"Mas se isso de fato aconteceu, onde foi parar a moça e que fim ela deu aos papéis? Graças a informações recebidas dos Estados Unidos, parece bastante provável que Danvers foi seguido durante a viagem. Será que essa tal moça estava mancomunada com os inimigos? Ou será que ela mesma foi perseguida, caiu numa armadilha e acabou se vendo forçada a abrir mão do precioso pacote?

"Demos início a um trabalho de investigação para descobrir o paradeiro da moça, o que se mostrou inesperadamente complicado. O nome dela era Jane Finn e constava da lista dos sobreviventes, mas a moça propriamente dita parecia haver sumido da face da Terra. As averiguações sobre seus antecedentes em quase nada ajudaram. Ela era órfã e tinha trabalhado como professora primária numa pequena escola do Oeste. Em seu passaporte constava que estava indo para Paris, onde trabalharia num hospital. Ela tinha oferecido seus serviços de voluntária e, após uma troca de correspondências, acabou sendo aceita. Ao ver o nome de Jane Finn na lista dos sobreviventes do *Lusitania*, o estafe do hospital ficou muito surpreso, naturalmente, já que ela não deu as caras a fim de assumir o seu posto e tampouco enviou qualquer tipo de notícia.

"Bem, fizemos todos os esforços ao nosso alcance para encontrar a moça – mas tudo em vão. Seguimos o rastro dela até a Irlanda, mas Jane Finn não deu mais sinal de vida depois que pôs os pés na Inglaterra. Ninguém se utilizou da minuta do tratado – o que poderia ter sido feito com a maior facilidade –, e por causa disso chegamos à conclusão de que, no fim das contas, Danvers havia destruído a papelada. A guerra entrou em outra fase, consequentemente o aspecto diplomático também se modificou e o tratado jamais foi reescrito. Os boatos sobre a existência do documento foram enfaticamente negados. O desaparecimento de Jane Finn foi deixado de lado e a história toda caiu no esquecimento."

O sr. Carter fez uma pausa e Tuppence aproveitou a brecha para perguntar, impaciente:

– Mas por que essa história voltou de novo à tona? A guerra já terminou.

O sr. Carter reagiu retesando o corpo em sinal de alerta.

– Porque parece que os papéis não foram destruídos, e pode ser que ressuscitem hoje com um novo e letal significado.

Tuppence fitou-o com olhos fixos. O sr. Carter meneou a cabeça.

– Sim, há cinco anos o tratado era uma arma em nossas mãos; hoje é uma arma contra nós. Foi um gigantesco erro. Se os termos do acordo viessem a público, seria um desastre... Possivelmente provocaria uma nova guerra – mas não contra a Alemanha desta vez! É uma possibilidade bastante remota, e eu mesmo não acredito que seja plausível, mas o fato é que não resta dúvida de que aquele documento compromete de maneira cabal alguns dos nossos estadistas, que no momento não podem dar-se ao luxo de cair no descrédito da opinião pública. Seria um prato cheio para as aspirações políticas dos trabalhistas, e na atual conjuntura um governo trabalhista desestabilizaria gravemente o comércio britânico; mas essa é a minha opinião, e isso não representa coisa alguma diante do *verdadeiro* perigo."

O homem fez uma pausa no próprio discurso e depois retomou a palavra dizendo em voz baixa:

– Talvez o senhor e a senhorita tenham ouvido ou lido que por trás da inquietação trabalhista há uma influência bolchevique em ação?

Tuppence fez que sim com a cabeça.

– A verdade é a seguinte: o ouro bolchevique está sendo distribuído neste país com o propósito específico de fomentar uma revolução. E existe um homem, um homem cujo nome verdadeiro ainda nos é desconhecido, que vem agindo nas sombras para atingir os seus próprios objetivos. Os bolcheviques estão por trás da agitação dos trabalhistas, mas esse homem está *por trás dos bolcheviques*. Quem é ele? Não sabemos. Em todas as referências a ele usa-se o despretensioso título de "sr. Brown". Mas uma coisa é certa: ele é o maior criminoso da nossa época. Controla uma organização extraordinária. A maior parte da propaganda pacifista durante a guerra foi criada e financiada por ele. Tem espiões por toda parte.

– É um alemão naturalizado? – perguntou Tommy.

– Pelo contrário, tenho razões para acreditar que é um cidadão inglês. Ele era partidário dos alemães, como teria sido pró-bôer.* Ainda não sabemos o que ele pretende obter – talvez o poder supremo para si mesmo, de uma forma sem precedentes na história. Não temos pista alguma sobre sua verdadeira personalidade. Dizem que até mesmo os seus seguidores ignoram sua identidade. Todas as vezes que encontramos algum indício sobre ele, alguma pegada, constatamos sempre que teve uma atuação secundária. Alguma outra pessoa assumia o papel principal. E depois acabamos descobrindo que havia sempre algum reles subalterno, um criado ou um funcionário, agindo sorrateiramente em segundo plano, despercebido, e também que o esquivo sr. Brown nos escapara mais uma vez.

– Oh! – Tuppence deu um pulo. – Será que...

– Sim?

– Eu me lembrei de que no escritório do sr. Whittington havia um funcionário – ele chamou-o de Brown. O senhor por acaso acredita que...

O sr. Carter concordou com a cabeça, absorto.

– É muito provável. Um detalhe curioso é que geralmente o nome é mencionado. Uma idiossincrasia de temperamento. A senhorita é capaz de descrevê-lo?

---

* Pró-bôer é uma denominação controversa dada aos opositores da política do governo britânico de combater na guerra dos Bôeres, que durou de 1899 a 1902. Alguns opositores eram realmente simpatizantes dos inimigos da Inglaterra, mas a maioria era ou de liberais à moda antiga ou de socialistas. (N.E.)

– Na verdade não prestei muita atenção. Ele era um homem bastante comum, igual a qualquer outro.

O sr. Carter deu um suspiro fatigado.

– Essa é a descrição invariável do sr. Brown! Foi transmitir um recado telefônico ao tal Whittington, não foi? A senhorita viu algum telefone na antessala?

Tuppence pensou:

– Não, acho que não vi.

– Exatamente. Essa "mensagem" foi a maneira que o sr. Brown encontrou para comunicar uma ordem ao seu subordinado. Ele escutou secretamente toda a conversa, é claro. Foi depois disso que Whittington lhe entregou o dinheiro e pediu que a senhorita voltasse no dia seguinte?

Tuppence confirmou com um meneio de cabeça.

– Sim, sem dúvida percebe-se aí o dedo do sr. Brown! – o sr. Carter calou-se. – Bem, é isso, estão vendo quem vão enfrentar? Talvez o cérebro criminoso mais astuto da nossa época. Não gosto nem um pouco disso, fiquem sabendo. O senhor e a senhorita são muito jovens. Não quero que nada lhes aconteça.

– Nada acontecerá – garantiu Tuppence, categórica.

– Eu cuidarei dela, senhor – anunciou Tommy.

– E *eu* cuidarei de você – retrucou Tuppence, ofendida com aquela manifestação de masculinidade.

– Bem, então cuidem um do outro – disse o sr. Carter, sorrindo. – Agora vamos voltar aos negócios. Há nessa minuta de tratado algo de misterioso que ainda não conseguimos compreender. Fomos ameaçados com o documento – em termos diretos e inequívocos. Os elementos revolucionários declararam com todas as letras que o papel está em poder deles e que num determinado momento pretendem divulgá-lo. Por outro lado, é mais do que evidente que eles estão confusos e intrigados com relação a muitas das cláusulas do tratado. O Governo considera que não passa de um blefe da parte deles e, de maneira acertada ou equivocada, resolveu aferrar-se à política de negar tudo veementemente. Eu não tenho tanta certeza. Aqui e ali pipocaram indícios, alusões indiscretas, que parecem indicar que a ameaça é real. A situação é a seguinte: é como se eles tivessem se apoderado de um documento incriminador, cujo conteúdo, no entanto, não eram capazes de decifrar por estar criptografado – mas sabemos que a minuta do tratado não foi escrita em linguagem cifrada –, portanto os papéis não colariam e de nada serviriam. Mas há *alguma coisa.* É claro que até onde sabemos Jane Finn talvez esteja morta – embora não acredite nisso. O curioso é *que eles estão tentando obter de nós informações sobre a moça!*

– O quê?

– Sim. Apareceram uma ou duas coisinhas nesse sentido. E a sua história, cara senhorita, confirma a minha ideia. Eles sabem que estamos à procura de Jane Finn. Ora, eles vão apresentar uma Jane Finn inventada por eles mesmos – num *colégio interno* de Paris, por exemplo. – Tuppence arquejou e o sr. Carter sorriu. – Ninguém faz a menor ideia de qual é a aparência física da moça, então tudo bem. Ela está munida de uma história fictícia e a verdadeira tarefa dela é arrancar de nós o máximo possível de informações. Entendeu a ideia?

– Então o senhor acredita – Tuppence fez uma pausa para compreender por completo a suposição – que *era* como Jane Finn que eles queriam que eu fosse a Paris?

O sr. Carter abriu um sorriso mais exausto que nunca.

– Eu acredito em coincidências, sabe? – ele respondeu.

Capítulo 5

Sr. Julius P. Hersheimmer

– Bem – disse Tuppence, recobrando-se –, parece que não há outro jeito, é assim que as coisas estão fadadas a acontecer.

Carter concordou.

– Entendo o que a senhorita quer dizer. Sou supersticioso. Acredito na sorte, todo esse tipo de coisa. O destino parece tê-la escolhido para se envolver nessa história.

Tommy não conseguiu conter uma risadinha.

– Puxa vida! Não é de admirar que Whittington tenha ficado tão empolgado quando Tuppence mencionou aquele nome! Eu teria tido a mesma reação. Mas veja bem, sr. Carter, estamos roubando uma quantidade enorme do seu precioso tempo. O senhor tem alguma informação confidencial para nos fornecer antes que demos o fora daqui?

– Creio que não. Os meus especialistas, trabalhando com os seus métodos convencionais, fracassaram. O senhor e a senhorita são capazes de realizar essa tarefa com uma boa dose de imaginação e mente aberta. Não desanimem se mesmo assim não obtiverem bons resultados. Em primeiro lugar, é provável que as coisas se acelerem.

Tuppence franziu a testa, como se não tivesse compreendido.

– Quando a senhorita se encontrou com Whittington, eles tinham bastante tempo pela frente. Obtive informações de que o grande *coup* estava planejado para o início do próximo ano. Mas o Governo está cogitando uma ação legislativa para lidar de maneira eficaz com a ameaça de greve. Logo eles ficarão sabendo disso, se é que já não tomaram conhecimento, e é possível que precipitem as coisas e cheguem logo ao momento decisivo. É o que espero. Quanto menos tempo eles tiverem para amadurecer e burilar seus planos, melhor. Quero apenas alertá-los, meus jovens, de que não dispõem de muito tempo, e que não há motivo para ficarem abatidos se fracassarem. Em todo caso, não é uma missão fácil. Isso é tudo.

Tuppence levantou-se.

– Acho que devemos tratar dos aspectos práticos. Em que exatamente podemos contar com o senhor, sr. Carter?

Os lábios do sr. Carter crisparam-se ligeiramente, mas ele respondeu de modo sucinto:

– Recursos financeiros dentro dos limites da sensatez, informações detalhadas sobre qualquer questão e nenhum *reconhecimento oficial*. Em outras palavras, o que estou dizendo é que, caso se metam em alguma encrenca com a polícia, não poderei oficialmente livrá-los da enrascada. O senhor e a senhorita agirão por conta própria.

Com ar solene, Tuppence meneou a cabeça.

– Isso eu posso entender. Assim que eu tiver tempo para pensar, redigirei uma lista das coisas que preciso saber. Agora, quanto ao dinheiro...

– Sim, srta. Tuppence. A senhorita quer saber quanto?

– Não exatamente. Já temos o suficiente para começar, mas quando precisarmos de mais...

– O dinheiro estará à sua espera.

– Sim, contudo... sem dúvida não tenho a intenção de ser desrespeitosa para com o Governo, já que o senhor faz parte dele, mas o senhor sabe que é um inferno e um desperdício de tempo lidar com a burocracia das repartições! E se tivermos de preencher e enviar um formulário azul apenas para, três meses depois, recebermos de volta um formulário verde, e assim por diante, bem, isso seria um atraso de vida, não é mesmo?

O sr. Carter riu às gargalhadas.

– Não se preocupe, srta. Tuppence. A senhorita encaminhará um pedido pessoal a mim, aqui, e o dinheiro, em espécie, será remetido por via postal. Quanto ao salário, o que me diz de trezentas libras por ano? E uma soma igual para o sr. Beresford, é claro.

Tuppence ficou radiante.

– Que maravilha. O senhor é muito generoso. Adoro dinheiro! Farei um minucioso relatório das nossas despesas: o débito e o crédito, o saldo no lado direito e uma linha vermelha traçada na lateral, com os totais embaixo. Na verdade eu sei fazer tudo isso direitinho.

– Tenho certeza de que sabe. Muito bem, adeus e boa sorte para ambos.

Um minuto depois de apertarem as mãos do sr. Carter, o rapaz e a moça desceram correndo as escadas do nº 27 da Carshalton Terrace, com a cabeça rodopiando.

– Tommy! Diga-me imediatamente, quem é "o sr. Carter"?

Tommy murmurou um nome no ouvido da amiga.

– Oh! – exclamou Tuppence, impressionada.

– E posso assegurar, minha velha amiga, que é ele mesmo!

– Oh! – repetiu Tuppence e a seguir acrescentou, pensativa: – Gostei dele, você também gostou? Na superfície ele parece tão cansado e enfastiado, mas dá para sentir que por baixo dessa aparência ele é igualzinho ao aço, com uma inteligência penetrante cujo brilho chega a ofuscar. Oh! – ela deu um pulo. – Belisque-me, Tommy, belisque-me. Mal posso acreditar que isso seja real!

O sr. Beresford atendeu ao pedido.

– Ai! Já chega! Sim, não estamos sonhando! Temos um emprego!

– E que emprego! A aventura começou para valer.

– É mais respeitável do que eu pensei que seria – disse Tuppence, pensativa.

– Por sorte eu não sinto o mesmo desejo ardente por crimes que você! Que horas são? Vamos almoçar, oh!

Os dois tiveram o mesmo pensamento no mesmo instante. Tommy foi o primeiro a manifestar:

– Julius P. Hersheimmer!

– Não dissemos uma palavra ao sr. Carter a respeito dele.

– Sim, mas é que não havia muita coisa para dizer, pelo menos não até vermos pessoalmente o homem. Vamos, é melhor pegarmos um táxi.

– Agora quem é que está sendo extravagante?

– Todas as despesas pagas, lembre-se disso. Entre.

– De qualquer forma, causaremos maior impacto chegando de táxi – disse Tuppence, recostando-se luxuosamente no banco do carro. – Tenho certeza de que chantagistas nunca chegam de ônibus!

– Já deixamos de ser chantagistas – observou Tommy.

– Não estou muito convencida de que eu tenha deixado de ser – rebateu Tuppence, com certa melancolia.

Chegando ao devido hotel, Tuppence e Tommy perguntaram pelo sr. Hersheimmer e foram imediatamente levados à suíte. Uma voz impaciente gritou "Entre!" em resposta às batidas do mensageiro, e o rapaz se pôs de lado a fim de abrir caminho para a dupla.

O sr. Julius P. Hersheimmer era bem mais jovem do que Tommy e Tuppence haviam imaginado. Tuppence julgou que ele tinha uns 35 anos. Era de altura mediana e de uma compleição quadrada que combinava com o queixo. Seu rosto era belicoso, mas simpático. Não havia como lhe atribuir qualquer outra nacionalidade a não ser a norte-americana, embora seu sotaque fosse bastante leve.

– Receberam meu bilhete? Sentem-se e me contem tudo o que sabem sobre a minha prima.

– Sua prima?

– Sim. Jane Finn.

– Ela é sua prima?

– Meu pai era irmão da mãe dela – explicou meticulosamente o sr. Hersheimmer.

– Oh! – exclamou Tuppence. – Então o senhor sabe onde ela está?

– Não! – o sr. Hersheimmer deu um violento e estrondoso soco na mesa. – Diabos me carreguem se eu sei! A senhorita sabe?

– Publicamos o anúncio para receber informações, não para dar informações – respondeu Tuppence, em tom severo.

– Acho que percebi isso. Eu sei ler. Mas pensei que talvez estivessem interessados na história pregressa dela e que soubessem onde ela está agora.

– Bem, não nos importaríamos de conhecer o passado dela – esclareceu Tuppence, medindo as palavras, cautelosa.

Mas de repente o sr. Hersheimmer pareceu ter ficado bastante desconfiado.

– Escutem uma coisa. Aqui não é a Sicília! Não quero saber de exigências de resgate e não me venham com ameaças de cortar as orelhas da menina se eu me recusar a pagar. Estamos nas Ilhas Britânicas, por isso vamos parar com gracinhas, caso contrário gritarei chamando aquele belo e forte policial britânico que estou vendo ali fora, em Piccadilly.

Tommy apressou-se em explicar.

– Nós não sequestramos a sua prima. Pelo contrário, estamos tentando encontrá-la. Fomos contratados para isso.

O sr. Hersheimmer recostou-se em sua cadeira.

– Coloquem-me a par de tudo – ele exigiu, sucinto.

Tommy acatou a exigência e fez um relato cauteloso do desaparecimento de Jane Finn, deixando bem clara a possibilidade de que a jovem, sem querer, houvesse se envolvido “em algum drama político”. Aludiu a Tuppence e a si próprio como uma dupla de “investigadores particulares” contratados para descobrir o paradeiro da moça, e acrescentou que, portanto, ficariam muito contentes com qualquer detalhe que o sr. Hersheimmer pudesse fornecer.

O cavalheiro meneou a cabeça em sinal aprovação.

– Acho que está tudo muito correto. Fui apenas um bocadinho precipitado. Mas acontece que Londres me deixa furioso! Conheço apenas a minha pequena, boa e velha Nova York. Então façam as perguntas e eu as responderei.

Por um instante essa declaração deixou os Jovens Aventureiros paralisados, mas Tuppence logo se refez e, corajosamente, mergulhou de cabeça em sua tarefa, lançando mão de uma reminiscência recolhida das histórias policiais.

– Quando o senhor viu pela última vez a falec... a sua prima, quero dizer?

– Eu nunca a vi na vida – respondeu o sr. Hersheimmer.

– O quê? – indagou Tommy, perplexo.

Hersheimmer virou-se para o rapaz.

– Não, senhor. Como eu já disse, meu pai era irmão da mãe dela, assim como o senhor e esta moça podem ser irmãos – Tommy não corrigiu a teoria do homem sobre o seu relacionamento com Tuppence –, mas nem sempre se deram bem. E quando minha tia decidiu se casar com Amos Finn, um pobre professor nos cafundós do Oeste, meu pai ficou louco da vida! Jurou que se conseguisse fazer fortuna – e ele parecia ter boas perspectivas de êxito –, a irmã não veria um centavo de seu dinheiro. Bem, no final das contas a tia Jane foi para o Oeste e nunca mais tivemos notícias dela.

"O velho *fez* dinheiro. Mexeu com petróleo, fez negócios com aço, lidou um pouco com ferrovias, e posso afirmar que deixou Wall Street de orelha em pé! – ele fez uma pausa. – Por fim ele faleceu, no outono passado, e eu fiquei rico. Pois bem, acreditam que fiquei com a consciência pesada? Pois é, ela ficava martelando minha cabeça e perguntando: 'E a sua tia Jane, lá no Oeste?'. Isso me deixou um bocado preocupado. Vejam, imaginei que Amos Finn não tinha se dado bem na vida. Ele não era esse tipo de homem. No fim das contas acabei contratando um sujeito para descobrir o paradeiro da minha tia. Resultado: ela já tinha morrido, Amos Finn tinha morrido, mas deixaram uma filha, Jane, que estava a bordo do *Lusitania*, navio que foi torpedeado a caminho de Paris. Ela se salvou, mas aparentemente deste lado do oceano ninguém teve notícias dela. Julguei que aqui ninguém estava sendo muito diligente nem se esforçando tanto assim para descobrir informações, por isso pensei em vir pessoalmente para acelerar as coisas. Minha primeira providência foi telefonar para a Scotland Yard e para o Almirantado. O Almirantado nem me deixou terminar de falar, foi tão brusco que quase me fez desistir, mas na Scotland Yard foram gentis, prometeram que realizariam investigações e inclusive mandaram um homem hoje de manhã para buscar uma fotografia de Jane. Vou a Paris amanhã, apenas para ver o que a prefeitura está fazendo. Acho que se eu infernizá-los bastante, vão acabar fazendo alguma coisa!"

A energia do sr. Hersheimmer era tremenda. Tommy e Tuppence curvaram-se diante dela.

– Mas agora me digam – ele concluiu –, estão atrás dela por algum motivo específico? Desacato à autoridade ou a qualquer outra coisa britânica? Para uma jovem norte-americana altiva as regras e regulamentos do seu país em tempo de guerra podem parecer bastante enfadonhos, e pode ser que ela tenha se rebelado. Se for este o caso, e se neste país existe suborno, eu pago para livrá-la da enrascada.

Tuppence tranquilizou-o.

– Tudo bem. Então podemos trabalhar juntos. Que tal almoçarmos? Vamos comer aqui no quarto ou descemos ao restaurante?

Tuppence expressou sua preferência pela última opção e Julius acatou a decisão.

Assim que as ostras deram lugar ao linguado à Colbert, trouxeram um cartão de visita a Hersheimmer.

– Inspetor Japp, do DIC, Departamento de Investigações Criminais. De novo a Scotland Yard. Mas é outro homem dessa vez. O que ele espera que eu conte que já não tenha dito para o outro sujeito? Tomara que não tenham perdido a fotografia. A casa daquele fotógrafo do Oeste pegou fogo e todos os negativos foram destruídos – é a única cópia existente. Eu a consegui com a diretora do colégio de lá.

Um temor silencioso invadiu Tuppence.

– O senhor... o senhor sabe o nome do homem que veio procurá-lo esta manhã?

– Sim, sei. Não, não sei. Um momento. Estava no cartão dele. Oh, sei, sim! Inspetor Brown. Um sujeito calmo e despretensioso.

Capítulo 6

Um plano de campanha

Seria melhor encobrir os eventos da meia hora seguinte. Basta dizer que na Scotland Yard ninguém conhecia o tal "inspetor Brown". A fotografia de Jane Finn, que teria sido de valor inestimável para a polícia na procura da moça desaparecida, perdera-se para sempre, de maneira irrecuperável. Mais uma vez "o sr. Brown" havia triunfado.

O resultado imediato desse revés foi estabelecer um *rapprochement* entre Julius Hersheimmer e os Jovens Aventureiros. Todas as barreiras vieram abaixo com estrondo, e Tommy e Tuppence tiveram a sensação de que já conheciam aquele rapaz norte-americano por toda a vida. Abandonaram a reticência discreta do epíteto "investigadores particulares" e revelaram a história completa da empresa conjunta de aventuras, ao que o rapaz declarou que estava "morrendo de rir".

Após o término da narrativa, Hersheimmer voltou-se para Tuppence.

– A ideia que sempre tive das moças inglesas era a de que não passavam de umas antiquadas. Retrógradas, emboloradas mas encantadoras, sabe, com medo de dar um passo na rua sem a companhia de um lacaio ou de uma tia velha e solteirona. Acho que eu é que estou um pouco atrasado!

O desfecho dessas confidências foi que Tommy e Tuppence se transferiram de mala e cuia para o Ritz, a fim de, como definiu Tuppence, manter contato com o único parente vivo de Jane Finn.

– E numa situação dessas – ela acrescentou em tom confidencial a Tommy –, ninguém hesita em gastar dinheiro!

E ninguém hesitou, o que foi ótimo.

– E agora – disse a moça na manhã seguinte à mudança para o Ritz –, ao trabalho!

O sr. Beresford pôs de lado o *Daily Mail*, que estava lendo, e aplaudiu a amiga com vigor um tanto desnecessário. Com toda a polidez do mundo, Tuppence pediu que ele deixasse de ser um imbecil.

– Com mil diabos, Tommy, nós *temos* de fazer alguma coisa para merecer o dinheiro.

Tommy suspirou.

– Sim, creio que nem mesmo o bom e velho Governo vai querer nos sustentar no Ritz em eterna ociosidade.

– Portanto, como eu já disse antes, temos de *fazer* alguma coisa.

– Tudo bem – concordou Tommy, abrindo novamente o *Daily Mail* –, vá em frente e *faça*. Não impedirei você.

– Sabe de uma coisa – continuou Tuppence –, estive pensando...

Ela foi interrompida por uma nova salva de palmas.

– Combina muito bem com você esse papel de ficar aí sentado bancando o engraçadinho, Tommy, mas creio que não faria mal algum se você colocasse seu minúsculo cérebro para trabalhar também.

– Meu sindicato, Tuppence, meu sindicato! Não permite que eu trabalhe antes das onze da manhã.

– Tommy, quer que eu atire alguma coisa em você? É absolutamente essencial que elaboremos sem demora um plano de campanha.

– Concordo, concordo!

– Então, mãos à obra!

Tommy finalmente abandonou o jornal.

– Tuppence, você tem algo da simplicidade dos intelectos verdadeiramente grandiosos. Pode falar. Sou todo ouvidos.

– Para começo de conversa – disse Tuppence –, o que temos como base, como ponto de partida?

– Nada, absolutamente nada – respondeu Tommy, todo alegre.

– Errado! – Tuppence sacudiu energicamente um dedo no ar. – Temos duas pistas distintas.

– Quais são elas?

– Primeira pista: conhecemos um membro da quadrilha.

– Whittington?

– Sim. Eu o reconheceria em qualquer lugar.

– Hum – fez Tommy, com ar de dúvida. – Eu não chamaria isso de pista. Você não sabe onde procurá-lo, e a chance de encontrá-lo por acaso é de uma em mil.

– Não tenho tanta certeza disso – rebateu Tuppence, pensativa. – Já reparei que quando as coincidências começam a acontecer elas continuam acontecendo da maneira mais extraordinária. Suponho que deve ser alguma lei da natureza que ainda não foi descoberta. Contudo, como você disse, não podemos nos fiar nisso. Mas o fato é que *há* lugares em Londres onde simplesmente todo mundo aparece, mais cedo ou mais tarde. Piccadilly Circus, por exemplo. Uma das minhas ideias é me posicionar lá o dia inteiro, todos os dias, munida de um tabuleiro de vendedora de bandeirinhas.

– E quanto às refeições? – indagou o prático Tommy.

– Homens! O que é que comida tem a ver com isso?

– Tem muito a ver. Você acabou de tomar um formidável café da manhã. Ninguém tem um apetite melhor que o seu, Tuppence, e quando chegasse a hora do chá você começaria a comer as bandeirinhas, com alfinetes e tudo. Mas, para ser sincero, não boto muita fé nessa sua ideia. Talvez Whittington nem esteja mais em Londres.

– Você tem razão. De todo modo, creio que a pista nº 2 é mais promissora.

– Vamos ouvi-la.

– Não é grande coisa. Apenas um nome: Rita. Whittington mencionou-o naquele dia.

– Você tem a intenção de publicar um terceiro anúncio: "Procura-se trapaceira que atende pelo nome de Rita"?

– Não. A minha intenção é raciocinar de maneira lógica. Aquele homem, Danvers, foi seguido durante toda a viagem, não foi? E é mais provável que o espião tenha sido uma mulher e não um homem...

– Não sei por quê.

– Tenho certeza absoluta de que foi uma mulher, e uma mulher bonita – afirmou Tuppence, calmamente.

– Em questões técnicas como essa, acato a sua decisão – murmurou o sr. Beresford.

– Ora, e é óbvio que essa mulher, seja ela quem for, se salvou.

– Como você chegou a essa conclusão?

– Se ela não sobreviveu, como é que saberiam que Jane Finn ficou com os papéis?

– Correto. Prossiga, Sherlock!

– Bem, há uma pequena chance, e admito que é uma probabilidade remota, de que a tal mulher seja Rita.

– E se for?

– Se for, temos de caçar os sobreviventes do *Lusitania* até a encontrarmos.

– Então a primeira coisa a fazer é arranjar uma lista dos sobreviventes.

– Já tenho uma. Escrevi uma longa lista das coisas que eu queria saber e enviei-a ao sr. Carter. Recebi a resposta hoje de manhã, e entre outras informações veio a relação oficial dos passageiros salvos do *Lusitania*. O que me diz da inteligência da pequena Tuppence?

– Nota dez pela esperteza, nota zero pela modéstia. Mas a questão principal é a seguinte: há alguma Rita na lista?

– É exatamente isso que eu não sei – confessou Tuppence.

– Não sabe?

– Pois é, olhe aqui – os dois se inclinaram sobre a lista.

– Viu só, não há quase nenhum primeiro nome. Quase todos são sobrenomes precedidos de "sra." ou "srta.".

Tommy concordou com um meneio de cabeça e murmurou, pensativo:

– Isso complica as coisas.

Tuppence encolheu os ombros, na sua característica sacudidela de cachorrinho *terrier*.

– Bem, temos de investigar a coisa a fundo, é isso. Começaremos com a área de Londres. Enquanto ponho o chapéu, anote os endereços de todas as mulheres que residem em Londres e arredores.

Cinco minutos mais tarde a dupla de jovens chegou a Piccadilly; segundos depois foram de táxi até "Os Loureiros", no número 7 da Glendower Road, residência da sra. Edgar Keith, senhora cujo nome figurava no topo da lista de sete pessoas que Tommy havia anotado em sua caderneta de apontamentos.

Os Loureiros era uma casa em frangalhos, afastada da rua, com alguns poucos arbustos encardidos de fuligem que tentavam alimentar a fantasia de que ali havia um jardim. Tommy pagou o táxi e acompanhou Tuppence até a porta. Quando ela estava prestes a apertar o botão da campainha, ele segurou seu braço.

– O que você vai dizer?

– O que vou dizer? Ora, vou dizer... Ah, meu caro, sei lá! Isso é muito esquisito.

– Foi o que pensei – disse Tommy com satisfação. – Típico de uma mulher! São incapazes de prever as coisas! Agora abra espaço e fique aí no canto vendo como os homens lidam com a situação – e tocou a campainha. Tuppence se afastou e ficou observando à distância.

Uma criada de aparência desleixada, com o rosto extremamente sujo e um par de olhos desalinhados, atendeu.

Tommy já tinha sacado do bolso a caderneta de anotações e um lápis.

– Bom dia! – ele cumprimentou a criada com vivacidade e voz animada. – Sou do Conselho do Distrito de Hampstead. O novo registro de eleitores. A sra. Edgar Keith mora aqui, não?

– Mora sim sinhô – respondeu a criada.

– Qual é o primeiro nome dela? – perguntou Tommy, com o lápis a postos.

– Da patroa minha? Eleanor Jane.

– E-l-e-a-n-o-r – soletrou Tommy. – Ela tem filhos ou filhas maiores de 21 anos?

– Num tem não sinhô.

– Obrigado – Tommy fechou a caderneta com um rápido estalo. – Tenha um bom dia.

– Pensei que o sinhô tinha vindo por causa do gás – a criada declarou, enigmaticamente, e fechou a porta.

Tommy reuniu-se à sua cúmplice.

– Viu só, Tuppence? – ele comentou. – É uma brincadeira de criança para a mente masculina.

– Não me incomodo em admitir isso, já que você se saiu muito bem. Eu jamais teria pensado em lançar mão de uma estratégia como essa.

– Foi uma boa piada, não? E podemos repeti-la *ad lib*, quantas vezes quisermos.

Na hora do almoço o jovem par atacou com avidez seus pratos de bife com batatas fritas numa obscura hospedaria. Tinham encontrado uma Gladys Mary e uma tal Marjorie, ficaram frustrados com uma mudança de endereço e se viram obrigados a ouvir uma demorada palestra sobre o sufrágio universal, feita por uma exuberante senhora norte-americana cujo primeiro nome era Sadie.

– Ah! – soltou Tommy, sorvendo um longo gole de cerveja. – Já estou me sentindo melhor. Quais são os próximos endereços?

A caderneta estava sobre a mesa, entre ele e a moça. Tuppence abriu-a e leu:

– Sra. Vandemeyer, South Audley Mansions, nº 20. Srta. Wheeler, Clapington Road, nº 43, Battersea. Pelo que me lembro ela é uma dama de companhia, então provavelmente não estará em casa, e de qualquer modo parece difícil que seja quem procuramos.

– Então está claro que a dama de Mayfair deve ser nossa primeira escala.

– Tommy, estou desanimando.

– Força, minha amiguinha. Sempre soubemos que era uma possibilidade remota. E, verdade seja dita, estamos apenas começando. Se dermos com os burros n'água em Londres, temos à nossa frente uma bela viagem pela Inglaterra, Irlanda e Escócia.

– É verdade – concordou Tuppence, sentindo que seu ânimo abatido se reavivava. – E com todas as despesas pagas! Mas, ah, Tommy, eu gosto mesmo quando as coisas acontecem rapidamente. Até agora tinha sido uma aventura após a outra, mas esta manhã foi uma chateação atrás da outra!

– Você precisa sufocar essa sua ânsia por sensações vulgares, Tuppence. Lembre-se de que se o sr. Brown for tudo aquilo que dizem por aí, é de espantar que até agora não nos tenha mandado para a mansão dos mortos. Esta frase é boa, tem um sabor evidentemente literário.

– A verdade é que você é mais presunçoso do que eu, e com menos justificativa para tanto! Ahã! Mas sem dúvida é estranho que o sr. Brown ainda não tenha lançado contra nós sua ira tenaz e funesta. Viu só?, eu também sei formular uma frase literária. Trilhamos, ilesos, o nosso caminho.

– Talvez ele nos considere tão insignificantes que nem vale a pena se incomodar conosco – sugeriu o rapaz com simplicidade, comentário que Tuppence recebeu com grande desagrado.

– Você é horroroso, Tommy. Fala como se fôssemos zeros à esquerda.

– Desculpe, Tuppence. O que eu quis dizer é que nós trabalhamos como toupeiras no escuro, e que por isso ele nem sequer desconfia dos nossos planos abomináveis. Ha, ha!

– Ha, ha! – ecoou Tuppence, com uma gargalhada de aprovação, enquanto se levantava.

South Audley Mansions era um imponente edifício de apartamentos próximo à Park Lane. O nº 20 ficava no segundo andar.

A essa altura Tommy já estava versado no assunto e, demonstrando a desenvoltura nascida da prática, repetiu de memória a fórmula para a velhota, mais parecida com uma governanta do que uma criada, que abriu a porta.

– Primeiro nome?

– Margaret.

Tommy soletrou-o, mas a mulher o interrompeu.

– Não, é *g-u-e*.

– Ah, sim. Marguerite. À francesa, entendi – ele fez uma pausa e depois emendou, ousadamente: – Em nosso registro constava o nome Rita Vandemeyer, mas creio que deve estar errado.

– É como a maioria das pessoas costuma chamá-la, senhor, mas o nome dela é Marguerite.

– Muito obrigado. É só isso. Tenha um bom dia.

Mal conseguindo conter sua empolgação, Tommy desceu voando os degraus. Tuppence o esperava ao pé da escada.

– Você ouviu?

– Sim. Oh, *Tommy*!

Tommy apertou o braço de Tuppence, num gesto de quem compreendia os sentimentos da amiga.

– Eu sei, minha querida. Estou sentindo a mesma coisa.

– É... é tão fascinante quando imaginamos as coisas, e depois elas realmente acontecem! – exclamou Tuppence, entusiasmadíssima.

Ainda de mãos dadas, Tommy e Tuppence chegaram ao saguão da entrada. Ouviram passos na escada acima deles, e vozes.

De repente, para a completa surpresa de Tommy, Tuppence arrastou-o para o pequeno nicho ao lado do elevador, onde a sombra era mais densa.

– Mas o quê...

– Shhhh!

Dois homens desceram a escada e saíram porta afora. A mão de Tuppence apertou com mais força o braço de Tommy.

– Depressa, siga-os! Eu não me atrevo. Talvez ele me reconheça. Não sei quem é o outro homem, mas o mais alto é Whittington.

Capítulo 7

A casa no Soho

Whittington e o seu companheiro caminhavam num bom ritmo. Tommy iniciou imediatamente sua perseguição, a tempo de vê-los dobrar a esquina da rua. Com passadas vigorosas, logo conseguiu aproximar-se deles, e quando chegou à esquina a distância já se encurtara sensivelmente. As ruas estreitas de Mayfair estavam relativamente desertas, e Tommy julgou prudente contentar-se em mantê-los ao alcance da vista.

Era um esporte novo para Tommy. Embora estivesse familiarizado com os aspectos técnicos da leitura de um romance, jamais tinha tentado "seguir" alguém, procedimento que na prática logo lhe pareceu repleto de dificuldades. Suponha-se, por exemplo, que os dois homens pegassem um táxi. Nos livros, o perseguidor simplesmente entrava em outro táxi, prometia ao taxista um soberano* – ou seu equivalente moderno – e tudo bem. Na vida real, Tommy anteviu que muito provavelmente não haveria um segundo táxi. Portanto, teria de correr. O que aconteceria a um jovem correndo de maneira incessante e persistente pelas ruas de Londres? Numa rua principal e movimentada ele até poderia alimentar a esperança de dar a impressão de que estava meramente tentando pegar o ônibus. Entretanto, naquelas obscuras e aristocráticas ruelas secundárias ele não tinha como evitar a sensação de que a qualquer momento algum policial intrometido poderia pará-lo a fim de pedir explicações.

---

* Moeda de ouro inglesa equivalente a uma libra esterlina. (N.T.)

Nesse momento os pensamentos de Tommy foram interrompidos pela visão de um táxi livre que acabava de virar a esquina da rua à frente. O rapaz prendeu a respiração. Será que os dois homens acenariam para chamar o táxi?

Tommy deixou escapar um suspiro de alívio quando os sujeitos deixaram o táxi passar. Eles seguiam uma trajetória em zigue-zague, cujo intuito era levá-los o mais rápido possível à Oxford Street. Quando por fim chegaram a essa rua, prosseguiram no sentido leste. Tommy acelerou o passo. Aos poucos foi se acercando dos homens. Na calçada abarrotada de gente era mínima a chance de que notassem sua aproximação, e o rapaz estava ansioso para ouvir uma ou duas palavras da conversa. Mas essa intenção frustrou-se por completo: os homens falavam em voz baixa e os ruídos do tráfego engoliam totalmente seu diálogo.

Pouco antes da estação de metrô da Bond Street os homens atravessaram a rua; despercebido e obstinado, Tommy seguia no encalço; por fim entraram na grande Lyons'. Subiram ao primeiro andar e sentaram-se a uma mesinha junto à janela. Era tarde, e o lugar já não estava cheio. Tommy ocupou uma mesa ao lado da dos homens, sentando-se exatamente atrás de Whittington de modo a não ser reconhecido. Por outro lado, tinha plena visão do segundo homem e analisou-o com atenção. Era um sujeito louro, com um rosto magro e nada agradável; Tommy deduziu que devia ser russo ou polonês. Provavelmente tinha cinquenta anos de idade, encolhia de leve os ombros ao falar e seus olhos, pequenos e astutos, eram irrequietos.

Tommy tinha comido muito bem no almoço e contentou-se em pedir uma torrada com queijo derretido e uma xícara de café. Whittington pediu um almoço substancial para si mesmo e para o seu companheiro; depois, quando a garçonete se afastou, moveu a cadeira para mais perto da mesa e começou a falar em tom sério e em voz baixa. O outro homem escutava com atenção. Por mais que aguçasse os ouvidos, Tommy conseguia entender apenas uma ou outra palavra; mas em sua essência a conversa parecia ser uma série de instruções ou ordens que o grandalhão transmitia ao companheiro e das quais ocasionalmente o homem louro parecia discordar. Whittington dirigia-se ao outro pelo nome de Bóris.

Tommy captou diversas vezes a palavra "Irlanda" e também "propaganda", mas nenhuma menção a Jane Finn. De súbito, durante um instante de calmaria no burburinho do restaurante, o rapaz ouviu uma frase inteira. Era Whittington quem falava.

– Ah, mas você não conhece Flossie. Ela é uma maravilha. Até um arcebispo juraria que ela era sua própria mãe. Ela sempre acerta na voz e no fundo isso é o principal.

Tommy não ouviu a resposta de Bóris, mas Whittington parece ter falado: "É claro, somente numa emergência...".

Depois Tommy perdeu de novo o fio da conversa. Mas logo depois as frases tornaram-se nítidas mais uma vez, e o jovem aventureiro não sabia ao certo se era porque os homens tinham erguido a voz ou se porque seus próprios ouvidos estavam ficando mais apurados. Mas sem dúvida duas palavras, proferidas por Bóris, foram as que exerceram o efeito mais estimulante sobre o ouvinte: "sr. Brown".

Whittington pareceu protestar contra o companheiro, que apenas riu.

– Por que não, meu amigo? É um nome bastante respeitável. E muito comum. Não foi por esse motivo que ele o escolheu? Ah, eu gostaria de me encontrar com ele, com o sr. Brown.

Whittington respondeu com uma voz em que se percebia um timbre metálico, de aço:

– Quem sabe? Talvez você já o tenha encontrado.

– Bobagem! – retrucou o outro. – Isso é uma historinha de criança, uma fábula para a polícia. Sabe o que digo a mim mesmo às vezes? Que ele é uma fábula inventada pelo Círculo Interno dos Chefões, um fantasma para nos amedrontar. Talvez seja isso.

– E talvez não seja.

– Eu fico pensando com meus botões... será possível que ele esteja conosco e entre nós, desconhecido de todos com exceção de uns poucos escolhidos? Se for isso, ele guarda muito bem o seu segredo. E a ideia é muito boa, sim. Nunca sabemos. Nós nos entreolhamos, *e um de nós é o sr. Brown*, mas quem? Ele dá ordens, mas também as obedece. Entre nós, no meio de nós. E ninguém sabe qual de nós é ele...

Com algum esforço o russo se livrou dos caprichos de sua fantasia. Consultou o relógio de pulso.

– Sim – disse Whittington. – É melhor irmos embora.

Chamou a garçonete e pediu a conta. Tommy fez o mesmo, e poucos minutos depois estava seguindo os dois homens escada abaixo.

Na rua, Whittington fez sinal a um táxi e instruiu o motorista a levá-los à estação de Waterloo.

Havia táxis em abundância, e antes mesmo que o carro de Whittington se pusesse em movimento, outro já encostava ao meio-fio, obedecendo ao aceno peremptório de Tommy.

– Siga aquele táxi – ordenou o rapaz ao taxista. – Não o perca de vista.

O velho motorista não mostrou o menor interesse. Limitou-se a soltar um grunhido e a abaixar a bandeirinha com o sinal de livre. Durante o trajeto não houve incidentes. O táxi de Tommy parou junto à plataforma de embarque da estação pouco depois do carro de Whittington. Tommy ficou atrás de Whittington na fila da bilheteria. O homem comprou uma passagem individual de primeira classe para Bournemouth, e Tommy fez o mesmo. Assim que Whittington saiu da fila, Bóris olhou de relance para o relógio da estação e disse:

– Ainda é cedo. Você ainda tem quase meia hora.

As palavras de Bóris suscitaram outra linha de raciocínio na mente de Tommy. Estava claro que Whittington viajaria só, enquanto o outro permaneceria em Londres. Portanto cabia ao rapaz escolher qual dos dois seguiria. Obviamente não era possível seguir a ambos, a não ser que... Como Bóris, Tommy consultou o relógio da estação e depois o quadro de horários dos trens. O trem para Bournemouth partiria às três e meia. Agora eram três e dez. Whittington e Bóris zanzavam de um lado para o outro em frente ao quiosque de venda de livros. Tommy lançou-lhes um olhar indeciso, depois entrou às pressas numa cabine telefônica adjacente. Não ousou perder tempo na tentativa de localizar Tuppence. Era provável que ela ainda se encontrasse nas imediações de South Audley Mansions. Mas restava outro aliado. Ligou para o Ritz e pediu para falar com Julius Hersheimmer. Escutou um clique e um zumbido. Ah, se pelo menos o jovem norte-americano estivesse no quarto! Depois de mais um clique, ouviu do outro lado da linha um "Alôu!" num sotaque inconfundível.

– É você, Hersheimmer? Beresford falando. Estou na estação de Waterloo. Segui Whittington e outro homem até aqui. Não há tempo para explicações. Whittington está partindo para Bournemouth agora às três e meia. Você consegue chegar aqui até essa hora?

A resposta foi tranquilizadora.

– Claro. Vou me apressar.

Com um suspiro de alívio, Tommy desligou e devolveu o fone ao gancho. Confiava na energia e no poder de ação de Julius. Sentiu instintivamente que o norte-americano chegaria a tempo.

Whittington e Bóris ainda estavam no mesmo lugar em que ele os havia deixado. Se Bóris ficasse para assistir à partida do amigo, tudo bem. Pensativo, Tommy enfiou os dedos nos bolsos. Apesar de ter carta branca, ainda não adquirira o hábito de sair por aí carregando uma soma considerável de dinheiro. A compra da passagem de primeira classe para Bournemouth o havia deixado com apenas alguns xelins no bolso. Esperava que Julius viesse mais bem provido.

Enquanto isso, os minutos foram passando: três e quinze, três e vinte, três e vinte e sete. Já acreditava que Julius não chegaria a tempo. Três e vinte e nove... Portas batiam. Tommy sentia que ondas geladas de desespero percorriam seu corpo. Até que uma mão pousou sobre seu ombro.

– Aqui estou eu, rapaz. O tráfego britânico é indescritível! Mostre-me imediatamente os dois pilantras.

– Aquele ali é Whittington, o que está embarcando agora, aquele moreno alto. O outro, com quem ele está conversando, é o tal estrangeiro.

– Já estou de olho neles. Qual dos dois é o meu alvo?

Tommy já havia pensando nisso.

– Tem algum dinheiro com você?

Julius balançou a cabeça negativamente, e o rosto de Tommy perdeu a cor.

– Creio que não devo ter mais do que trezentos ou quatrocentos dólares comigo neste momento – explicou o norte-americano.

Tommy soltou uma ligeira interjeição de alívio.

– Ah, meu Deus, vocês, milionários! Não falam a mesma língua das pessoas normais! Embarque no trem. Aqui está a sua passagem. Você cuida de Whittington.

– Deixe o patife comigo! – disse Julius em tom sombrio. O trem já começava a se movimentar quando ele deu um salto e se pendurou num dos vagões de passageiros. – Até mais, Tommy. – O trem deslizou estação afora.

Tommy respirou fundo. O tal Bóris vinha caminhando ao longo da plataforma, na direção dele. Tommy abriu passagem e depois retomou mais uma vez a perseguição.

Da estação de Waterloo, Bóris foi de metrô até Piccadilly Circus. De lá subiu a pé a Shaftesbury Avenue e por fim enveredou no labirinto de ruelas sórdidas dos arredores do Soho. Tommy seguiu-o a uma distância prudente.

Finalmente chegaram a uma pequena praça em ruínas, onde as casas tinham um aspecto sinistro em meio à imundície e à decadência do entorno. Bóris olhou ao redor e Tommy buscou abrigo escondendo-se num pórtico bastante oportuno. O lugar estava quase deserto. Era um beco sem saída, e consequentemente nenhum veículo transitava por ali. A maneira furtiva como o estrangeiro tinha olhado ao redor estimulou a imaginação de Tommy. Do refúgio no vão da porta ele viu Bóris subir os degraus de uma casa de aspecto particularmente tenebroso e bater à porta repetidas vezes, com um ritmo peculiar. A porta foi aberta prontamente, o homem disse uma ou duas palavras para o porteiro e entrou. A porta foi fechada de novo.

Nesse momento Tommy perdeu a cabeça. O que ele deveria ter feito, o que qualquer homem em sã consciência teria feito, era permanecer pacientemente onde estava e aguardar até que o homem saísse de novo. Mas o que ele fez contrariou totalmente o sereno bom senso que, via de regra, constituía a principal característica de sua personalidade. Mais tarde ele diria que teve a impressão de que alguma coisa parecia ter estalado em seu cérebro. Sem um instante sequer de reflexão, Tommy também subiu a escada, estacou diante da porta e reproduziu da melhor maneira que pôde as batidas peculiares.

Alguém escancarou a porta com a mesma presteza de antes. Um homem com cara de patife e cabelo cortado muito rente surgiu no vão da porta.

– Pois não? – ele rosnou.

Somente nesse instante Tommy começou a se dar conta da loucura que estava cometendo. Mas não hesitou. Agarrou-se às primeiras palavras que lhe vieram à mente.

– Sr. Brown?

Para sua surpresa, o homem com cara de vilão se pôs de lado.

– Lá em cima – ele disse, sacudindo o polegar por cima do ombro –, no segundo andar, à esquerda.

Capítulo 8

As aventuras de Tommy

Embora perplexo com as palavras do homem, Tommy não hesitou. Se sua audácia o havia levado com sucesso até ali, era de esperar que o levasse ainda mais longe. Em silêncio ele entrou na casa e começou a subir os degraus da escada em vias de desmoronar. No interior do recinto tudo era uma imundície só, uma sujeira impossível de descrever. O papel de parede encardido, cujo desenho agora ninguém seria capaz de distinguir, pendia em grinaldas frouxas. Em todos os cantos havia massas cinzentas de teias de aranha.

Tommy avançou vagarosamente. Quando chegou a uma curva da escada, ouviu que o homem lá embaixo desaparecia num quarto dos fundos. Era evidente que o sujeito não havia desconfiado de nada. Ir até a casa e perguntar pelo sr. Brown parecia um procedimento normal e natural.

No alto da escadaria Tommy estacou para refletir sobre seu passo seguinte. À sua frente havia um corredor estreito, com portas que se abriam dos dois lados. Da porta mais próxima à esquerda vinha um murmúrio abafado de vozes. Era o cômodo em que o homem o instruíra a entrar. Mas o que fascinou o olhar de Tommy foi um pequeno nicho imediatamente à sua direita, em parte oculto por uma cortina de veludo rasgada. O recanto ficava diretamente de frente para a porta da esquerda e, devido ao seu ângulo, também propiciava uma boa visão da parte superior da escada. Esse recuo era ideal como esconderijo para um ou, em caso de emergência, dois homens, pois media cerca de sessenta centímetros de profundidade por noventa centímetros de largura. O nicho exerceu uma poderosa atração sobre Tommy. Com a sua maneira habitual de raciocinar, lenta e firme, Tommy ponderou sobre as coisas e concluiu que a menção ao "sr. Brown" não era uma referência a um indivíduo específico, mas provavelmente uma espécie de senha usada pela quadrilha. Graças ao emprego fortuito dessa expressão, Tommy tivera sorte e conseguira entrar na casa. Até agora ele não havia despertado suspeitas. Mas precisava decidir rapidamente o que fazer a seguir.

O rapaz cogitou a ideia de entrar com a cara e a coragem na sala à esquerda do corredor. Será que o mero fato de ter conseguido acesso ao interior da casa era suficiente? Talvez exigissem uma nova senha ou até mesmo alguma prova de identidade. Era evidente que o porteiro não conhecia pessoalmente todos os membros da quadrilha, mas ali em cima podia ser diferente. Tommy tinha a impressão de que até aquele momento a sorte o havia ajudado bastante, mas era bom não confiar demais em coincidências felizes nem abusar da ocasião. Entrar naquele cômodo era um perigo colossal. Não era sensato acreditar que ele seria capaz de bancar indefinidamente seu disfarce; mais cedo ou mais tarde acabaria se traindo e, por conta de uma mera tolice, desperdiçaria uma oportunidade insubstituível.

Lá embaixo alguém repetiu as batidas na porta; Tommy, que a essa altura já tinha decidido o que fazer, deslizou rapidamente para dentro do recanto e, com cautela, correu de fora a fora a cortina, que o escondeu por completo. O pano velho estava salpicado de rasgos, fendas e furos, que lhe propiciaram uma boa visibilidade. Ele observaria o desenrolar dos acontecimentos e, no momento que julgasse oportuno, poderia reunir-se ao grupo, baseando sua conduta no comportamento do homem recém-chegado.

Tommy desconhecia por completo o sujeito que subiu a escada a passos leves e furtivos. Obviamente fazia parte da escória da sociedade. A testa saliente, o queixo de criminoso, a bestialidade do semblante como um todo eram uma novidade para o rapaz, embora se tratasse de um tipo que a Scotland Yard reconheceria de imediato, só de olhar.

O homem passou rente ao nicho, respirando pesadamente. Estacou na porta defronte e repetiu o sinal das batidas. Lá de dentro uma voz berrou alguma coisa, e ato contínuo o homem abriu a porta e entrou, permitindo a Tommy uma visão momentânea do interior da sala. Calculou que devia haver quatro ou cinco indivíduos sentados em torno de uma comprida mesa que ocupava a maior parte do espaço, mas a sua atenção se fixou num homem alto, de cabelo cortado bem rente e uma barba curta e pontuda como a de um marinheiro, sentado à cabeceira da mesa e tendo diante de si uns papéis espalhados. Assim que o recém-chegado entrou esse homem olhou-o de relance e, com uma pronúncia correta mas curiosamente acurada que chamou a atenção de Tommy, perguntou:

– O seu número, camarada?

– Catorze, chefe – respondeu o outro, com voz rouca.

– Correto.

A porta se fechou de novo.

– Se esse sujeito não é um "chucrute", então eu sou holandês! – disse Tommy para si mesmo. – E, maldito seja, ele comanda sistematicamente o espetáculo também. Como sempre. Por sorte não entrei na sala. Eu teria dado um número errado e aí seria uma encrenca dos diabos! Não, o meu lugar é aqui mesmo. Opa, mais batidas na porta.

O novo visitante era um tipo totalmente diferente do último. Tommy reconheceu nele um membro do Sinn Fein, o partido nacionalista irlandês. Sem dúvida a organização do sr. Brown tinha um vasto raio de ação. O criminoso comum, o bem-nascido cavalheiro irlandês, o russo pálido e o eficiente mestre de cerimônias alemão! Realmente um grupo estranho e sinistro! Quem era o homem que segurava nas mãos os elos dessa desconhecida e bizarramente multifacetada corrente?

Com o novo visitante repetiu-se exatamente o mesmo procedimento. A batida na porta, a exigência de um número e a resposta "Correto".

Na porta lá embaixo, duas pancadas se repetiram em rápida sucessão. O primeiro homem que entrou era totalmente desconhecido de Tommy, que julgou tratar-se de um funcionário de escritório. Era um sujeito silencioso e com ar inteligente, embora maltrapilho. O segundo homem era da classe operária, e Tommy teve a impressão de que seu rosto era vagamente familiar.

Três minutos depois chegou outro homem, de aspecto imponente e autoritário, trajando roupas requintadas, evidentemente nascido em berço esplêndido. Mais uma vez Tommy julgou que aquele rosto não era desconhecido, mas no momento não conseguiu associar um nome ao sujeito.

Depois da chegada desse último indivíduo houve uma longa espera. Concluindo que a reunião estava completa, Tommy já estava prestes a sair com toda a cautela de seu esconderijo quando novas pancadas à porta o fizeram voltar às pressas para o refúgio.

O último recém-chegado subiu as escadas em silêncio, com tanta discrição que Tommy só se deu conta da presença do homem quando ele já estava quase ao seu lado.

Era um homem pequeno, muito pálido, com um ar delicado e quase feminino. O ângulo das maçãs do rosto denunciava sua ascendência eslava, mas fora isso não havia qualquer outro sinal que indicasse sua nacionalidade. Quando passou pelo refúgio de Tommy, o homem virou lentamente a cabeça. Seus olhos tinham um brilho estranho e pareciam queimar a cortina; Tommy mal podia acreditar que o homem não tinha notado sua presença ali e, sem conseguir evitar, estremeceu. Não era o mais imaginativo dos rapazes ingleses, porém foi inevitável a impressão de que daquele homem emanava uma força extraordinária. A criatura tinha um quê de serpente venenosa.

Um instante depois essa impressão se confirmou. O recém-chegado bateu à porta, da mesma maneira que todos os outros haviam feito, mas sua recepção foi muito diferente. O homem de barba levantou-se, gesto que foi imitado por todos os demais. O alemão deu um passo à frente para apertar a mão do homem. E bateu os calcanhares, ao modo militar.

– É uma honra para nós – ele disse. – Uma tremenda honra. Eu temia que isso fosse impossível.

O outro respondeu numa voz baixa, que tinha algo de sibilante:

– Houve dificuldades. Creio que não será mais possível. Mas uma reunião é essencial para definir a minha diretriz política. Nada posso fazer sem... O sr. Brown. Ele está aqui?

O alemão respondeu com uma ligeira hesitação, e era perceptível a alteração no timbre de sua voz:

– Recebemos uma mensagem. É impossível que ele esteja presente em pessoa – e se calou, dando a curiosa impressão de que havia deixado a frase incompleta.

Um lentíssimo sorriso se espalhou pelo rosto do outro homem, que fitou o círculo de semblantes inquietos.

– Ah! Compreendo. Li sobre os métodos dele. Ele age nas sombras e não confia em ninguém. Mas, mesmo assim, é possível que ele esteja entre nós, agora... – olhou ao redor mais uma vez, e uma vez mais aquela expressão de medo se alastrou pelo rosto dos homens. Cada membro do grupo parecia encarar o vizinho com desconfiança.

O russo deu um tapinha de leve no rosto.

– Assim seja. Continuemos.

Aparentemente refeito, o alemão indicou o lugar que até então ele vinha ocupando na cabeceira da mesa. O russo apresentou objeções a essa ideia, mas o outro insistiu.

– É o único lugar possível para o Número Um. O Número Catorze pode, por favor, fechar a porta?

Um instante depois Tommy se viu mais uma vez encarando os painéis de madeira nua, e as vozes no interior da sala tinham voltado a ser um mero murmúrio indistinto. Tommy ficou inquieto. A conversa que ele entreouvira havia instigado sua curiosidade. Ele sabia que teria de dar um jeito de ouvir mais.

Da porta do andar térreo já não vinha ruído algum, e não parecia provável que o porteiro fosse subir a escada. Depois de escutar atentamente por um ou dois minutos, Tommy pôs a cabeça para fora da cortina. O corredor estava deserto. O rapaz se agachou e tirou os sapatos; deixando-os atrás da cortina, caminhou de meias, devagar, ajoelhou-se junto à porta fechada e encostou o ouvido. Para seu tremendo desgosto, não conseguiu escutar quase nada; apenas uma palavra ao acaso aqui e ali, quando alguém levantava a voz, o que serviu apenas para aguçar ainda mais a sua curiosidade.

Hesitante, olhou para a maçaneta da porta. Será que era capaz de girá-la aos poucos, de maneira tão suave e imperceptível que os homens reunidos lá dentro nada notassem? O rapaz se convenceu de que isso seria possível, sim, desde que ele tivesse muito cuidado. Lentamente, Tommy começou girar a maçaneta, uma fração de milímetro de cada vez, contendo a respiração e com a mais extrema cautela. Um pouco mais – mais um pouquinho – isso nunca chega ao fim? Ah! Finalmente o giro está completo.

Segurando a maçaneta, Tommy manteve-se imóvel por um ou dois minutos, depois respirou fundo e fez uma leve pressão forçando a porta para dentro a fim de abrir uma fresta. A porta não saiu do lugar. Tommy ficou desnorteado. Se forçasse demais, era quase certo que a porta rangeria. Esperou até que o murmúrio das vozes ficasse mais intenso e arriscou uma nova tentativa. Nada aconteceu. Ele aumentou a pressão. Será que a porcaria da porta estava emperrada? Por fim, desesperado, empurrou-a com toda a força. Mas a porta permaneceu imóvel, e ele finalmente se deu conta da verdade. Estava trancada ou aferrolhada por dentro.

Por um ou dois segundos a indignação tomou conta de Tommy.

– Maldição! Que golpe baixo!

Assim que sua fúria se amainou, Tommy preparou-se para encarar a situação. Claro que a primeira coisa a fazer era devolver a maçaneta à posição original. Se ele a soltasse de repente os homens dentro do quarto certamente perceberiam; assim, com a mesma penosa paciência, inverteu sua tática anterior. Tudo correu bem, e com um suspiro de alívio o rapaz pôs-se de pé. Havia no caráter de Tommy certa obstinação de buldogue, graças à qual ele demorava a admitir a derrota. Apesar do xeque-mate momentâneo, estava longe de abandonar o combate. Ainda pretendia escutar o que estava sendo discutido na sala fechada. Se um plano tinha fracassado, ele tinha de encontrar outro.

Olhou ao redor. Num ponto mais adiante do corredor havia outra porta à esquerda. Com passos silenciosos, ele deslizou até lá. Aguçou os ouvidos por um ou dois instantes, depois tentou girar a maçaneta. A porta cedeu e ele entrou furtivamente.

No cômodo, que estava desocupado, havia mobília de quarto de dormir. Como tudo mais naquela casa, os móveis estavam caindo aos pedaços e a sujeira ali era ainda mais ostensiva.

Mas o que interessou Tommy foi justamente o que ele esperava encontrar ali: uma porta de comunicação entre os dois aposentos, à esquerda, junto à janela. Com todo cuidado, fechou a porta do corredor atrás de si, atravessou o cômodo até a outra porta e examinou-a atentamente. Estava trancada com um ferrolho bastante enferrujado, o que indicava claramente que não já era usada havia um bom tempo. Com movimentos suaves para um lado e para o outro, Tommy conseguiu puxar o ferrolho sem produzir muito ruído. Depois repetiu as manobras de antes com a maçaneta – dessa vez com pleno êxito. Abriu a porta – apenas uma ínfima fresta, mas o suficiente para ouvir o que se passava lá dentro. Do lado interno da porta havia uma cortina de veludo que o impedia de ver a cena, mas ele conseguia reconhecer as vozes com uma razoável dose de precisão.

Quem estava com a palavra era o partidário do Sinn Fein. A sua melodiosa pronúncia irlandesa era inconfundível.

– Está tudo muito bem. Mas é essencial que haja mais dinheiro. Sem dinheiro, sem resultados!

Outra voz, que Tommy julgou ser a de Bóris, retrucou:

– Você garante que *haverá* resultados?

– No prazo de um mês, um pouco mais, ou pouco menos, como quiserem, eu asseguro que na Irlanda haverá uma onda de terror tão medonha que vai abalar os alicerces do Império Britânico.

Seguiu-se uma pausa e depois Tommy ouviu o sotaque suave e sibilante do "Número Um":

– Bom! Você terá o dinheiro. Bóris, cuide disso.

Bóris fez uma pergunta:

– Por intermédio dos irlandeses-americanos e do sr. Potter, como de costume?

– Creio que vai dar tudo certo! – disse outra voz, com entonação transatlântica. – Mas eu gostaria de observar, aqui e agora, que as coisas estão ficando um pouco difíceis. Já não há a mesma simpatia de antes e cresce a disposição de deixar que os irlandeses resolvam os seus próprios assuntos sem interferência dos Estados Unidos.

Tommy teve a sensação de que Bóris encolheu os ombros ao responder:

– Que diferença isso faz, uma vez que o dinheiro vem dos Estados Unidos apenas nominalmente?

– A maior dificuldade é o desembarque da munição – respondeu o partidário do Sinn Fein. – O dinheiro é transportado com bastante facilidade, graças ao nosso colega aqui.

Outra voz, que Tommy imaginou ser a do homem alto com ar autoritário e cujo rosto lhe parecera familiar, disse:

– Pense nos sentimentos de Belfast, se eles pudessem escutá-lo!

– Então isso está resolvido – disse a voz de tom sibilante. – Agora, quanto à questão do empréstimo a um jornal inglês, você cuidou de todos os detalhes a contento, Bóris?

– Creio que sim.

– Que bom. Se necessário, Moscou fará um desmentido oficial.

Houve uma pausa, e depois a voz cristalina do alemão rompeu o silêncio:

– Recebi instruções do sr. Brown para apresentar a vocês os resumos dos informes dos diversos sindicatos. O dos mineiros é bastante satisfatório. Temos de atravancar as ferrovias. Talvez haja complicações com a A.S.E.

Houve um longo silêncio, interrompido apenas pelo farfalhar dos papéis e uma ocasional palavra de explicação do alemão. Então Tommy ouviu leves pancadinhas de dedos tamborilando na mesa.

– E a data, meu amigo? – perguntou o Número Um.

– Dia 29.

O russo pareceu ponderar.

– É muito cedo.

– Eu sei. Mas foi decidido pelos principais líderes trabalhistas, e não podemos dar a impressão de que interferimos demais. Eles devem acreditar que o show é só deles.

O russo soltou uma leve gargalhada, como se tivesse achado divertido.

– Sim, sim – ele disse. – Isso é verdade. Eles não devem ter a menor noção de que nós os estamos utilizando para atingir os nossos próprios objetivos. São homens honestos, e esse é o seu maior valor para nós. É curioso, mas não se pode fazer uma revolução sem homens honestos. O instinto do populacho é infalível – fez uma pausa, e depois repetiu, como se a frase agradasse seus ouvidos: – Toda revolução tem seus homens honestos. Depois eles são logo descartados.

Havia em sua voz uma inflexão sinistra.

O alemão retomou a palavra.

– Clymes deve sair de cena. Ele é perspicaz e enxerga longe demais. O Número Catorze cuidará disso.

Seguiu-se um murmúrio rouco.

– Tudo bem, chefe. – E depois de alguns instantes: – E se me pegarem?

– Você contará com os advogados mais talentosos para atuar na sua defesa – respondeu calmamente o alemão. – Mas, por via das dúvidas, você usará luvas preparadas com as impressões digitais de um famoso arrombador de residências. Não há motivo para ter medo.

– Ora, não estou com medo, chefe. Tudo em nome da causa. As ruas vão ficar cheias de sangue, é o que dizem. – E arrematou com um repugnante prazer na voz: – Às vezes eu até sonho com isso. Um punhado de diamantes e pérolas rolando nas sarjetas para quem quiser pegar!

Tommy ouviu o arrastar de uma cadeira. E o Número Um falou:

– Então, está tudo combinado. Podemos ter a certeza do sucesso?

– Eu... creio que sim – mas o alemão falou com uma confiança menos evidente do que era costume.

De repente a voz do Número Um adquiriu uma entonação perigosa:

– Há algo de errado?

– Nada, mas...

– Mas o quê?

– Os líderes trabalhistas. Sem eles, como o senhor diz, nada podemos fazer. Se eles não declararem a greve geral no dia 29...

– E por que não fariam isso?

– Como o senhor disse, eles são honestos. E, apesar de tudo o que fizemos para desacreditar o Governo aos olhos deles, não estou certo de que no fundo eles ainda não insistam em ter fé e confiança nos governantes.

– Mas...

– Eu sei. O Governo não para de abusar deles. Mas de maneira geral a opinião pública pende para o lado do Governo. Os trabalhadores não se rebelam contra isso.

Mais uma vez os dedos do russo tamborilaram na mesa.

– Direto ao ponto, meu amigo. Recebi a informação de que existe um certo documento cuja existência nos garantiria o êxito.

– É verdade. Se esse documento fosse apresentado aos líderes, o resultado seria imediato. Eles o divulgariam por toda a Inglaterra e conclamariam a revolução sem hesitação. O Governo seria finalmente derrubado, de uma vez por todas.

– Então o que mais você quer?

– O documento – respondeu o alemão, curto e grosso.

– Ah! Não está em seu poder? Mas você sabe onde se encontra?

– Não.

– Alguém sabe?

– Talvez uma única pessoa. E nem disso temos certeza.

– Quem é essa pessoa?

– Uma moça.

Tommy prendeu a respiração.

– Uma moça? – a voz do russo adquiriu um tom de desprezo. – E vocês não a obrigaram a falar? Na Rússia a gente sabe como fazer uma mulher abrir o bico.

– Esse caso é diferente – disse o alemão em tom sombrio.

– Diferente como? – calou-se por um momento, depois perguntou: – Onde ela está agora?

– A moça?

– Sim.

– Ela está...

Mas Tommy não ouviu mais coisa alguma. Levou uma violenta pancada na cabeça, e tudo mergulhou na escuridão.

Capítulo 9

Tuppence vai trabalhar como criada

Quando Tommy partiu no encalço dos dois homens, Tuppence precisou apelar para toda a sua capacidade de autodomínio a fim de se refrear e não o acompanhar. Ela se conteve da melhor maneira que pôde, consolando-se com a reflexão de que os acontecimentos haviam confirmado o seu raciocínio. Sem dúvida os homens haviam saído do apartamento do segundo andar, e aquela frágil pista do nome "Rita" colocara mais uma vez os Jovens Aventureiros no rastro dos sequestradores de Jane Finn.

A pergunta era: o que fazer a seguir? Tuppence detestava a inação. Tommy estava bastante ocupado; e impossibilitada de se juntar a ele, a moça sentia-se incompleta, sem ter o que fazer. Ela refez seus passos e voltou ao saguão da entrada do edifício de apartamentos. Lá encontrou o menino que trabalhava como ascensorista, ocupado em polir utensílios de bronze e assoviando melodias da moda com uma boa dose vigor e precisão.

Assim que Tuppence entrou, o garoto olhou-a de relance. A moça conservava certa qualidade pueril e travessa, razão pela qual sempre se dava bem com meninos jovens. Era como se um vínculo de simpatia se formasse instantaneamente. Ela ponderou que um aliado no campo do inimigo, por assim dizer, não era coisa para se desprezar.

– Oi, William – ela disse alegremente, com todo o bom humor do mundo. – Está tudo ficando brilhante, hein?

O menino sorriu.

– Albert, senhorita – ele corrigiu.

– Albert, então – disse Tuppence. – Ela olhou ao redor com ar de mistério, numa atitude propositalmente exagerada, calculada para que Albert não deixasse de notar. Inclinou-se para o garoto e falou em voz baixa: – Preciso conversar com você, Albert.

Albert interrompeu o polimento dos utensílios e abriu um pouco a boca.

– Veja! Você sabe o que é isto? – em um gesto dramático ela abriu a aba esquerda do casaco e exibiu uma pequena insígnia esmaltada. Era muito pouco provável que Albert tivesse algum conhecimento do que significava aquilo; se ele soubesse, teria sido fatal para os planos de Tuppence, já que a insígnia em questão não passava do distintivo de uma unidade militar local de treinamento criada pelo arquidiácono nos primeiros dias da guerra. A sua presença no casaco de Tuppence devia-se ao fato de que um ou dois dias antes ela a utilizara para prender flores. Mas Tuppence tinha olhos aguçados e notara que num dos bolsos de Albert havia uma novela policial barata, e o fato de que os olhos do menino imediatamente se arregalaram acabou por convencê-la de que sua tática tinha dado certo e que o peixe mordera a isca.

– Força Norte-Americana de Detetives! – ela sibilou.

Albert caiu direitinho.

– Meu Deus do céu! – ele murmurou, em êxtase.

Tuppence meneou a cabeça com ar de quem havia estabelecido um entendimento perfeito.

– Sabe quem estou procurando? – ela perguntou com a maior cordialidade.

Ainda deslumbrado, Albert respondeu, ansioso:

– Alguém dos apartamentos?

Tuppence fez que sim com a cabeça e apontou o polegar para as escadas.

– Número 20. Chama-se Vandemeyer. Vandemeyer! Ha! Ha!

Albert enfiou a mão no bolso.

– Uma criminosa? – ele perguntou, esbaforido.

– Uma criminosa? Eu diria que sim. Rita Rapina, é assim que ela é chamada nos Estados Unidos.

– Rita Rapina – repetiu Albert, em delírio. – Oh, é igualzinho nos filmes!

Era mesmo. Tuppence era uma frequentadora assídua do cinema.

– Annie sempre disse que ela não vale nada – continuou o menino.

– Quem é Annie? – perguntou Tuppence.

– A criada. Ela vai embora hoje. Muitas vezes Annie me disse: "Preste atenção no que eu digo, Albert, eu não me surpreenderia se qualquer dia destes a polícia aparecesse aqui atrás dela". Como está acontecendo agora. Mas ela é uma lindeza, não é mesmo?

– Sim, ela é bonita – admitiu Tuppence, cautelosamente. – Isso serve muito bem para os planos dela, pode apostar. A propósito, ela tem usado umas esmeraldas?

– Esmeraldas? São umas pedras verdes, não é?

Tuppence concordou com a cabeça.

– É por isso que estamos atrás dela. Você conhece o velho Rysdale?

Albert balançou cabeça.

– Peter B. Rysdale, o rei do petróleo?

– Esse nome me parece meio familiar.

– As pedras eram dele. A mais refinada coleção de esmeraldas do mundo. Vale um milhão de dólares!

– Caramba! – Albert exclamou em êxtase. – Cada vez se parece mais com os filmes.

Tuppence sorriu, contente com o êxito dos seus esforços.

– Ainda não conseguimos provar para valer. Mas estamos atrás dela – ela piscou demoradamente. – Agora acho que ela não vai conseguir escapar.

Albert soltou outra exclamação de deleite.

– Tome cuidado, meu filho, não diga uma palavra sobre esse assunto – disse Tuppence subitamente. – Não sei se eu devia contar essas coisas a você, mas nos Estados Unidos a gente conhece um rapaz esperto só de olhar.

– Não vou dizer uma sílaba – prometeu Albert, ofegante. – Há alguma coisa que eu possa fazer? Espiar um pouco, quem sabe, coisas do tipo?

Tuppence fingiu refletir sobre o assunto, depois balançou a cabeça.

– No momento, não, mas não me esquecerei de você, filho. E que história é essa que você me contou da moça que está indo embora?

– A Annie? Com essa patroa é um entra e sai de criadas. Como Annie disse, hoje em dia as criadas são gente e têm de ser tratadas de acordo. E como ela está espalhando a má fama da patroa, não será fácil arranjar outra criada.

– Não? – disse Tuppence, pensativa. – E se...

Uma ideia estava surgindo na mente de Tuppence. Ela pensou durante um ou dois minutos, depois bateu de leve no ombro de Albert.

– Olhe só, meu filho, tenho um plano. E se você mencionasse que tem uma jovem prima ou amiga que talvez possa ocupar o lugar? Sacou?

– Claro! – respondeu Albert no mesmo instante. – Deixe isso por minha conta, senhorita, vou armar o esquema em dois tempos!

– Que garoto! – comentou Tuppence com um meneio de cabeça de aprovação. – Você pode dizer que a sua jovem prima está pronta para vir imediatamente.

Avise-me e, se der tudo certo, chegarei amanhã às onze em ponto.

– Onde devo avisar a senhorita?

– No Ritz – respondeu Tuppence, lacônica. – Pelo nome de Cowley.

Albert olhou-a com inveja.

– Esse emprego de detetive deve ser bom.

– Claro que é – confirmou Tuppence com a voz arrastada –, especialmente quando o velho Rysdale é quem paga as despesas. Mas não fique triste, filho. Se essa história terminar bem, você já terá dado o primeiro passo para entrar no ramo.

Com essa promessa ela se despediu do seu novo aliado e se afastou a passos largos de South Audley Mansions, bastante contente com o trabalho da manhã.

Mas não havia tempo a perder. Tuppence voltou imediatamente ao Ritz e escreveu algumas breves palavras ao sr. Carter. Despachou o bilhete, e uma vez que Tommy ainda tinha não regressado – o que não a surpreendia –, saiu para fazer compras, o que, com um intervalo para chá e bolinhos cremosos sortidos, a manteve ocupada até muito depois das seis horas, quando retornou ao hotel, esgotada mas satisfeita com as suas aquisições. Ela havia começado numa loja de roupas baratas, depois passou por um ou dois brechós e terminou o dia num famoso cabeleireiro. Agora, na reclusão de seu quarto, a moça desembrulhou sua última compra do dia. Cinco minutos depois, sorriu de contentamento diante de sua própria imagem refletida no espelho. Com um lápis de olhos ela tinha alterado ligeiramente a linha das sobrancelhas, e isso, em conjunto com a nova e luxuriante cabeleira no alto da cabeça, transformou de tal maneira sua fisionomia que ela se sentiu confiante de que nem mesmo se ficasse frente a frente com Whittington ele seria capaz de reconhecê-la. Ela usaria sapatos com saltos altos, e a touca e o avental seriam disfarces ainda mais valiosos. Por conta de sua experiência no hospital ela sabia que os pacientes quase nunca reconheciam uma enfermeira sem o uniforme.

– Sim – disse Tuppence, meneando a cabeça diante do próprio reflexo no espelho. – Isso vai dar conta do recado direitinho – depois ela retomou sua aparência habitual.

O jantar foi uma refeição solitária. Agora Tuppence estava bastante surpresa com a demora de Tommy. Julius também se ausentara – o que, na mente da moça, era mais fácil de explicar. As frenéticas "atividades de busca" do norte-americano não se limitavam a Londres, e seus abruptos sumiços e aparições eram plenamente aceitos pelos Jovens Aventureiros como parte do trabalho diário. Era líquido e certo que Julius P. Hersheimmer partiria para Constantinopla num piscar de olhos se imaginasse que lá encontraria alguma pista do paradeiro da prima desaparecida. O vigoroso rapaz já conseguira infernizar a vida de diversos homens da Scotland Yard, e a essa altura as telefonistas do Almirantado já tinham aprendido a reconhecer e temer o seu familiar "Alôu!". O homem cheio de energia passara três horas em Paris importunando a prefeitura e voltara imbuído da ideia, possivelmente inspirada por algum cansado oficial francês, de que a verdadeira pista do mistério seria encontrada na Irlanda.

"Suponho que ele agora tenha partido às pressas para lá", pensou Tuppence. "Tudo bem, mas *para mim* isso é uma chatice! Aqui estou eu transbordando de novidades e absolutamente ninguém para contar! Tommy podia ter mandado um telegrama. Onde será que ele foi parar? De qualquer forma, certamente não 'perdeu a pista', como dizem. Isso me faz lembrar...". E a srta. Cowley interrompeu as suas meditações e chamou um mensageiro do hotel.

Dez minutos depois a dama estava confortavelmente refestelada na cama, fumando cigarros e absorta na leitura atenta de *Garnaby Williams, o menino detetive*, livro que, como outras novelas baratas de ficção sensacionalistas e melodramáticas, tinha mandado comprar. Ela julgava, e com razão, que antes de tentar estreitar relações com Albert o melhor a fazer era se abastecer com uma boa provisão de cor local.

Pela manhã, recebeu um bilhete do sr. Carter:

Prezada srta. Tuppence,

A senhorita começou de maneira esplêndida, e eu a parabenizo. Creio, contudo, que devo mais uma vez apontar os riscos a que a senhorita está se expondo, em especial se prosseguir no caminho que indicou. Essas pessoas estão absolutamente desesperadas e são incapazes de misericórdia ou piedade. Parece-me que a senhorita provavelmente subestima o perigo, portanto mais uma vez devo alertá-la de que não posso lhe prometer proteção. A senhorita já nos proporcionou informações valiosas, e se preferir retirar-se do caso agora ninguém poderá censurá-la. De qualquer modo, pense muito bem antes de se decidir.

Se, a despeito das minhas advertências, a senhorita resolver levar a investigação adiante, encontrará tudo arranjado. A senhorita morou dois anos com a srta. Dufferin, da mansão The Parsonage, em Llanelly, a quem a sra. Vandemeyer pode pedir referências.

Permite-me uma ou duas palavras à guisa de conselho? Mantenha-se próxima da verdade tanto quanto possível – isso minimizará o perigo de deslizes. Sugiro que se apresente como aquilo que a senhorita de fato *é, uma ex-voluntária do VAD*, que atuou na guerra e escolheu os serviços domésticos como profissão. Há muitas mulheres em idêntica situação no presente momento. Isso explicará quaisquer incongruências na sua voz ou suas maneiras, o que, de outro modo, despertaria suspeitas.*

Qualquer que seja a sua decisão, boa sorte.

Seu amigo sincero,
sr. CARTER

Tuppence ficou empolgadíssima. Ela ignorou as advertências do sr. Carter. Confiava demais em si mesma para dar ouvidos a conselhos.

Contudo, com alguma relutância, ela abandonou o plano de representar o interessante papel que tinha inventado para si mesma. Embora não duvidasse de sua capacidade de encarnar por tempo indefinido uma personagem, dispunha de bom senso em dose suficiente para reconhecer a força dos argumentos do sr. Carter.

Ainda não havia chegado recado algum de Tommy; mas de manhã o carteiro trouxera um cartão-postal bastante sujo contendo três palavras rabiscadas: "Está tudo bem".

Às dez e meia Tuppence examinou com orgulho um baú de folha de flandres meio surrado e amarrado com uma corda num arranjo artístico contendo os seus novos pertences. Com um leve rubor ela tocou a campainha e pediu que colocassem o baú num táxi. Foi até a estação de Paddington e deixou-o no guarda-volumes. Depois,

---

* O Voluntary Aid Detachment (VAD – ou Destacamento de Ajuda Voluntária) era uma organização voluntária de prestação de serviços de enfermagem de campo, em especial em hospitais, no Reino Unido e vários países do Império Britânico, e cuja atuação se deu principalmente durante a Primeira e a Segunda Guerras Mundiais. (N.T.)

munida de uma maleta de mão, encaminhou-se para a fortaleza do toalete feminino. Dez minutos depois, uma Tuppence metamorfoseada saiu caminhando com gravidade afetada da estação e pegou um ônibus.

Passava um pouco das onze horas quando Tuppence entrou mais uma vez no saguão do South Audley Mansions. Albert estava de vigia, cumprindo as suas obrigações de forma um pouco errática. Não reconheceu Tuppence de imediato. Quando percebeu quem era, não conteve seu espanto.

– Macacos me mordam se eu a reconheci! Sua roupa é supimpa!

– Fico feliz que você tenha gostado – respondeu Tuppence com modéstia. – A propósito, sou sua prima ou não sou?

– A sua voz também! – berrou o fascinado rapazinho. – Muito inglesa! Não, eu disse que um amigo meu conhecia uma moça. A Annie não gostou muito. Resolveu ficar aqui hoje. Diz ela que era pra *fazer um favor*, mas na verdade é pra falar mal da casa e da patroa pra senhorita.

– Que boa menina – disse Tuppence.

Albert não percebeu a ironia.

– Ela é toda estilosa e deixa a prataria lustrosa que é uma beleza. Mas, cá entre nós, tem um mau gênio dos diabos. A senhorita vai subir agora? Entre no elevador. Número 20, é isso? – e o garoto deu uma piscadela.

Tuppence repreendeu-o com um olhar severo e entrou no elevador.

Ao tocar a campainha no número 20 ela notou que os olhos de Albert tinham descido abaixo do nível do chão.

Uma moça de ar esperto abriu a porta.

– Vim para tratar do emprego – disse Tuppence.

– É um emprego detestável – disse a moça sem hesitação. – A bruxa velha é uma rancorosa, vive implicando com tudo. Ela me acusou de xeretar as cartas dela. Eu! Mas depois retirou a ofensa. Nunca mais deixou nenhum papel no cesto de lixo, ela queima tudo. Ela é uma falsa, isso sim. Usa boas roupas, mas não tem classe. A cozinheira sabe alguma coisa a respeito dela, mas não abre o bico, morre de medo dela. E como é desconfiada! Quando flagra uma criada conversando com alguém, fica em cima feito carrapato! Posso assegurar que...

Mas o que quer que fosse que Annie pretendia contar, Tuppence não estava destinada a saber, pois nesse momento uma voz nítida, com um estranho timbre metálico, chamou: – Annie!

A espevitada moça pulou como se tivesse tomado um tiro.

– Sim, senhora.

– Com quem você está falando?

– É a moça que veio tratar do emprego, senhora.

– Então traga a moça aqui. Imediatamente.

– Sim, patroa.

Tuppence foi conduzida a uma sala à direita do longo corredor. Uma mulher estava de pé junto à lareira. Já não era jovem, e a beleza que inegavelmente possuía havia agora endurecido e se tornado grosseira. Outrora, na mocidade, a mulher devia ter sido deslumbrante. Graças à contribuição de um artifício de beleza, o cabelo ouro-pálido descia-lhe em caracóis até o pescoço; os olhos, de um azul penetrante, pareciam ter a capacidade de perfurar a própria alma da pessoa que ela fitava. A extraordinária delicadeza de sua figura era realçada pelo maravilhoso vestido azul-escuro de cetim. Entretanto, apesar da graciosidade hipnótica e da beleza quase etérea do seu rosto, o interlocutor sentia instintivamente a presença de algo opressivo e ameaçador, uma espécie de força metálica que encontrava expressão no tom de sua voz e na qualidade perfurante de seus olhos.

Pela primeira vez Tuppence sentiu medo. Não sentira temor algum na presença de Whittington, mas com aquela mulher era diferente. Como se estivesse hipnotizada, ela fitava a longa e cruel linha da boca vermelha e curvilínea, e mais uma vez foi invadida por uma sensação de pânico. Sua habitual autoconfiança a abandonou. Vagamente, sentiu que ludibriar aquela mulher seria muito diferente de enganar Whittington. Lembrou-se da advertência do sr. Carter. De fato, aqui não poderia esperar misericórdia.

Lutando para dominar a sensação de pânico que insistia que ela desse meia-volta e fugisse sem demora, Tuppence sustentou o olhar da dama, de maneira firme e respeitosa.

Satisfeita com o primeiro e minucioso exame a que submeteu a moça, a sra. Vandemeyer indicou uma cadeira.

– Você pode se sentar. Como ficou sabendo que eu estava precisando de uma criada?

– Por intermédio de um amigo que conhece o ascensorista deste prédio. Ele achou que o emprego poderia ser adequado para mim.

Mais uma vez o olhar de réptil da mulher pareceu trespassá-la.

– Você fala como uma moça de boa educação.

Com bastante eloquência, Tuppence discorreu sobre a sua carreira imaginária, de acordo com as linhas gerais sugeridas pelo sr. Carter. Enquanto fazia seu relato, teve a impressão de que a tensão da sra. Vandemeyer ia relaxando.

– Compreendo – comentou por fim a mulher. – Há alguém a quem eu possa escrever pedindo referências?

– A última patroa com quem morei foi a srta. Dufferin, da mansão The Parsonage, em Llanelly. Fiquei com ela por dois anos.

– Então suponho que você tenha pensado em vir para Londres com a intenção de ganhar mais dinheiro? Bem, isso não me importa. Pagarei cinquenta ou sessenta libras, quanto você quiser. Pode começar imediatamente?

– Hoje mesmo, se a senhora quiser. O meu baú está na estação de Paddington.

– Vá de táxi buscá-lo, então. O trabalho aqui é fácil. Passo boa parte do tempo fora de casa. A propósito, qual é o seu nome?

– Prudence Cooper.

– Muito bem, Prudence. Vá buscar a sua bagagem. Sairei para almoçar. A cozinheira lhe mostrará tudo.

– Obrigada, patroa.

Tuppence retirou-se. A esperta Annie já não estava à vista. No saguão lá embaixo, um magnífico porteiro havia relegado Albert ao segundo plano. Tuppence saiu do prédio com toda a humildade do mundo e nem sequer olhou de relance para o menino.

A aventura tinha começado, mas ela se sentia menos entusiasmada do que pela manhã. Passou por sua mente a ideia de que se a desconhecida Jane Finn tinha caído nas mãos da sra. Vandemeyer, provavelmente sofreu um bocado.

Capítulo 10

Entra em cena sir James Peel Edgerton

Tuppence não se mostrou nem um pouco desajeitada nos seus novos deveres. As filhas do arquidiácono eram peritas em tarefas domésticas. E também eram especialistas na arte de treinar uma "menina verde", e o resultado inevitável era que, depois de devidamente treinada, a menina inexperiente em questão ia embora para algum lugar onde, graças ao seu recém-adquirido conhecimento, podia exigir uma remuneração mais substancial do que permitia a magra bolsa do arquidiácono.

Portanto, Tuppence não tinha motivo para recear que a considerassem ineficiente. A cozinheira da sra. Vandemeyer a deixou intrigada. Era evidente que a mulher tinha pavor da patroa. Tuppence especulou que talvez a mulher a dominasse de alguma maneira, exercesse sobre ela alguma forma de controle. De resto, ela cozinhava como um chef, fato que Tuppence teve a oportunidade de julgar naquela noite. A sra. Vandemeyer esperava um convidado para o jantar e a nova criada preparou a elegante mesa para dois. Já fazia alguma ideia de quem poderia ser o visitante. Havia uma grande probabilidade de que fosse Whittington. Embora se sentisse bastante confiante de que ele não a reconheceria, ficaria mais contente se o convidado fosse um completo estranho. Contudo, não lhe restava outra coisa a não ser esperar que tudo desse certo.

Pouco depois das oito da noite soou a campainha da porta da frente e Tuppence, no íntimo um pouco inquieta, foi atender. Ficou aliviada ao constatar que o visitante era o segundo dos dois homens que Tommy tinha se incumbido de seguir.

O homem se apresentou como conde Stepanov. Tuppence o anunciou e a sra. Vandemeyer soltou um ligeiro murmúrio de satisfação ao se erguer do divã em que estava sentada.

– É um prazer vê-lo, Bóris Ivánovitch! – ela disse.

– O prazer é meu, madame! – inclinou o corpo para beijar a mão da dama.

Tuppence voltou para a cozinha.

– Um tal de conde Stepanov, ou coisa parecida – ela comentou e, fingindo uma curiosidade franca e ingênua, perguntou –, quem é ele?

– Um cavalheiro russo, creio.

– Ele vem aqui com frequência?

– De vez em quando. Por que você quer saber?

– Imaginei que talvez ele estivesse apaixonado pela patroa, só isso – explicou Tuppence, acrescentando, com mau humor também fingido: – Nossa, como você está nervosa!

– Não estou muito tranquila com relação ao suflê – justificou a cozinheira.

"Você sabe de alguma coisa", Tuppence pensou consigo mesma, mas em voz alta disse apenas:

– Ponho no prato agora? Prontinho.

Enquanto servia à mesa, Tuppence tentou ouvir atentamente tudo que era dito. Ela se lembrava de que aquele homem era um dos que Tommy estava seguindo da última vez que vira o amigo. Agora, embora não quisesse admitir, já estava começando a ficar preocupada com o sócio. Onde estava ele? Por que ela não havia recebido um recado sequer? Antes de sair do Ritz, Tuppence deixara instruções para que enviassem por um mensageiro especial todas as cartas ou mensagens a uma papelaria das redondezas, aonde Albert ia com frequência. Sim, era verdade que fazia apenas um dia que ela havia se separado de Tommy – desde a manhã da véspera –, e agora tentava se convencer de que qualquer ansiedade com relação ao amigo era absurda. Contudo, era estranho que ele não lhe mandasse nem uma palavra.

Por mais que aguçasse os ouvidos, a conversa não apresentava pista alguma. Bóris e a sra. Vandemeyer falavam sobre assuntos absolutamente banais: as peças de teatro a que tinham assistido, novas danças e as últimas fofocas da sociedade. Após o jantar dirigiram-se para o minúsculo boudoir onde a sra. Vandemeyer, estirada no divã, pareceu mais perversamente linda que nunca. Tuppence entrou levando café e licores e se retirou. Ao sair, ouviu Bóris perguntar:

– Ela é nova aqui, não?

– Começou hoje. A outra era um demônio. Essa parece ser cumpridora de suas obrigações.

Tuppence demorou-se um pouco mais junto à porta que, propositalmente, deixara entreaberta, e ouviu o homem dizer:

– Tem certeza de que ela não oferece perigo?

– Francamente, Bóris, suas desconfianças são absurdas. Creio que ela é prima do porteiro do edifício, ou coisa que o valha. E ninguém sequer sonha que eu tenha alguma ligação com o nosso... *amigo* comum, o sr. Brown.

– Pelo amor de Deus, tome cuidado, Rita. Aquela porta não está fechada.

– Ora, feche-a, então – gargalhou a mulher.

Tuppence saiu dali às pressas.

Ela não ousou se afastar mais da parte dos fundos da casa, mas tirou a mesa e lavou a louça com a zelosa rapidez adquirida no hospital. Depois, furtivamente, deslizou de novo para a porta do boudoir. A cozinheira, agora mais relaxada, ainda estava ocupada na cozinha e, se é que deu pela ausência da outra, supôs que a criada estava arrumando as camas.

Que pena! A conversa no interior do aposento agora se mantinha num tom baixo demais para permitir que ela ouvisse algo. Tuppence não se atreveu a reabrir a porta, nem mesmo com toda a delicadeza. A sra. Vandemeyer estava sentada quase de frente para a porta, e Tuppence respeitava o poder de observação dos olhos de lince da patroa.

Entretanto, Tuppence sentia que seria um bom negócio ouvir o diálogo. Se algum imprevisto tinha ocorrido, talvez ela pudesse ter notícias de Tommy. Por alguns instantes ela refletiu desesperadamente; depois o seu rosto se iluminou. Avançando a passos rápidos pelo corredor, foi até o quarto da sra. Vandemeyer, que tinha janelões que se abriam para uma sacada que se estendia por todo o comprimento do apartamento. Tuppence passou pelo janelão e, sem fazer um ruído, arrastou-se até a janela do boudoir – que, como ela já tinha previsto, estava entreaberta; dali era possível ouvir claramente as vozes de dentro do aposento.

Tuppence aguçou os ouvidos, mas não houve menção alguma que pudesse ter relação com Tommy. A sra. Vandemeyer e o russo pareciam divergir sobre alguma questão, e por fim o conde exclamou amargamente:

– Com os seus constantes descuidos, você acabará arruinando a todos nós!

– Bobagem! – riu a mulher. – A má fama do tipo certo é o melhor meio de desarmar as suspeitas. Qualquer dia desses você vai acabar compreendendo isso, talvez mais cedo do que você pensa!

– Enquanto isso, você zanza para baixo e para cima com Peel Edgerton. Que é talvez não somente o mais famoso advogado da Inglaterra, mas um conselheiro real que tem como passatempo predileto a criminologia! Isso é uma loucura!

– Sei que a eloquência dele vem salvando muita gente da forca – alegou a sra. Vandemeyer, calmamente. – O que me diz disso? Talvez um dia eu também necessite dos serviços dele. Se isso acontecer, que sorte contar com um amigo desses na corte, ou talvez seja melhor ir direito ao ponto e dizer *no tribunal*.

Bóris levantou-se e começou a andar a passos largos de um lado para o outro. Estava muito agitado.

– Você é uma mulher inteligente, Rita; mas também é uma tola! Deixe-se guiar por mim, esqueça Peel Edgerton.

A sra. Vandemeyer balançou suavemente a cabeça.

– Creio que não.

– Você se recusa? – havia na voz do russo um tom sinistro.

– Sim.

– Então, por Deus – rosnou o russo. – Veremos.

Mas a sra. Vandemeyer também se pôs de pé, com os olhos chamejantes.

– Você se esquece, Bóris – disse ela –, de que não preciso prestar contas a ninguém. Só recebo ordens do sr. Brown.

Desesperado, o russo agitou os braços no ar.

– Você é impossível – ele murmurou. – Impossível! Talvez já seja tarde demais. Dizem que Peel Edgerton é capaz de descobrir um criminoso *pelo cheiro*! Como vamos saber o que há por trás do repentino interesse dele por você? Talvez ele já desconfie de alguma coisa. Ele suspeita...

A sra. Vandemeyer olhou-o com desprezo.

– Fique tranquilo, meu querido Bóris. Ele não desconfia de coisa alguma. Onde está o seu habitual cavalheirismo? Você parece esquecer que sou considerada uma mulher bonita. Posso assegurar que isso é tudo o que interessa a Peel Edgerton.

Com ar de dúvida, Bóris balançou a cabeça.

– Ele estudou criminalística como nenhum outro homem neste país. Você acha que é capaz de enganá-lo?

A sra. Vandemeyer apertou os olhos.

– Se ele é tudo isso que você diz, será divertido experimentar!

– Deus do céu, Rita...

– Além disso – acrescentou a sra. Vandemeyer –, ele é podre de rico. Não sou das que desprezam dinheiro. Os "nervos da guerra"*, como você sabe, Bóris!

– Dinheiro, dinheiro! Esse é sempre o perigo com você, Rita. Acho que você venderia até a alma por dinheiro. Acredito... – interrompeu a frase e depois, com voz baixa e sinistra, declarou lentamente – às vezes eu acredito que você *nos* venderia!

A sra. Vandemeyer sorriu e encolheu os ombros.

– O preço, em todo caso, teria que ser enorme – ela gracejou. – Ninguém, a não ser um milionário, teria recursos suficientes para me pagar.

– Ah! – rosnou o russo. – Viu só? Eu tinha razão.

– Meu caro Bóris, você não entende uma piada?

– Era piada?

– É claro.

– Então tudo que posso dizer é que o seu senso de humor é bastante peculiar, minha cara Rita.

A sra. Vandemeyer sorriu.

– Chega de discussão, Bóris. Toque a campainha. Vamos beber alguma coisa.

---

* Do inglês, *sinews of war*: *Sinew* é "tendão, nervo, força, energia"; a expressão *sinews of war* refere-se especificamente ao dinheiro necessário para adquirir armas e provisões em uma guerra. (N.T.)

Tuppence bateu em retirada. Parou um momento para se olhar no enorme espelho da sra. Vandemeyer e certificar-se de que tudo estava em ordem na sua aparência. Depois, fingindo solenidade, atendeu ao chamado.

Apesar de interessante, a conversa que ela ouvira tinha comprovado de maneira irrefutável a cumplicidade de Rita e Bóris, mas lançava pouca luz sobre as preocupações do momento. O nome de Jane Finn não havia sido sequer mencionado.

Na manhã seguinte, Tuppence trocou breves palavras com Albert e soube que não havia mensagens para ela na papelaria. Parecia inacreditável que Tommy, se é que estava tudo bem com ele, não lhe mandara um recado sequer. Ela sentiu que uma mão fria como gelo apertava seu coração... Será que...? Com toda a coragem, sufocou seus temores. De nada adiantava se preocupar. Em vez disso, agarrou a oportunidade oferecida pela sra. Vandemeyer.

– Qual costuma ser o seu dia de folga, Prudence?

– Geralmente a sexta-feira é meu dia livre, senhora.

A sra. Vandemeyer ergueu as sobrancelhas.

– E hoje é sexta-feira! Mas imagino que você não pretenda sair hoje, já que começou ainda ontem.

– Eu estava pensando em pedir-lhe para sair, patroa.

A sra. Vandemeyer fitou-a por um momento e depois sorriu.

– Eu gostaria que o conde Stepanov pudesse ouvir você. Ontem à noite ele fez uma insinuação a seu respeito – o sorriso dela ficou mais largo, felino. – O seu pedido é bastante... típico. Estou satisfeita. Você não entende nada disso, mas pode sair hoje. Para mim não faz diferença, porque não jantarei em casa.

– Muito obrigada, senhora.

Tuppence sentiu um alívio quando se viu livre da presença da mulher. Mais uma vez admitiu que sentia medo, um terrível pavor, da bela mulher de olhos cruéis.

Tuppence estava polindo aleatoriamente a prataria quando foi interrompida pelo som da campainha da porta da frente. Dessa vez o visitante não era Whittington nem Bóris, mas um homem de aparência impressionante.

Embora apenas um pouco mais alto do que o normal, ele dava a impressão de ser um homenzarrão. No rosto bem barbeado e primorosamente versátil estava estampada uma expressão de poder e força muito acima do comum. O homem parecia irradiar magnetismo.

Por alguns instantes Tuppence hesitou, sem saber se o homem era um ator ou um advogado, mas suas dúvidas logo se dissiparam assim que ele anunciou seu nome: sir James Peel Edgerton.

Agora ela o contemplou com renovado interesse. Então ali estava o famoso advogado e conselheiro do rei para assuntos de justiça, cujo nome era conhecido em toda a Inglaterra! Ela tinha ouvido falar que um dia ele talvez se tornasse primeiro-ministro. Era público e notório que ele já havia recusado cargos em nome de sua profissão, preferindo continuar na condição de simples membro de um distrito eleitoral escocês.

Pensativa, Tuppence voltou para a copa. O grande homem tinha causado nela uma forte impressão. Ela compreendeu a agitação de Bóris. Peel Edgerton não seria um homem fácil de enganar.

Cerca de quinze minutos depois a campainha tilintou e Tuppence foi ao vestíbulo a fim de acompanhar o visitante até a saída. Antes ela fora alvo de um olhar perscrutador da parte dele. Agora, quando lhe passou às mãos o chapéu e a bengala, Tuppence percebeu que o homem a examinava da cabeça aos pés. Quando ela abriu a porta e se pôs de lado para deixar o homem passar, ele estacou no vão da porta.

– Não faz muito tempo que a senhorita trabalha como criada, faz?

Atônita, Tuppence levantou os olhos. No olhar do homem ela viu que havia bondade e alguma outra coisa, mais difícil de decifrar.

Ele meneou a cabeça como se Tuppence tivesse respondido.

– Ex-voluntária do DAV e em apuros financeiros, eu suponho?

– Foi a sra. Vandemeyer quem lhe contou isso? – perguntou Tuppence, desconfiada.

– Não, minha criança. O seu olhar me contou. O emprego aqui é bom?

– Muito bom, obrigada, senhor.

– Ah, mas hoje em dia há muitos empregos bons. Às vezes uma mudança não faz mal a ninguém.

– O senhor está querendo dizer...? – Tuppence iniciou uma frase, mas sir James já estava na escada. Ele olhou para trás com uma expressão bondosa e perspicaz.

– É apenas uma sugestão – ele disse. – Só isso.

Tuppence voltou para a copa, mais pensativa do que nunca.

Capítulo 11

Julius conta uma história

Vestida apropriadamente, na hora marcada Tuppence saiu para aproveitar a sua "tarde de folga". Uma vez que Albert não estava de serviço, a moça foi pessoalmente à papelaria a fim de verificar se havia chegado algum recado para ela. Cumprida essa tarefa, rumou para o Ritz, onde fez perguntas e descobriu que Tommy ainda não havia retornado. Era a resposta que ela já esperava, mas nem por isso deixou de ser mais um prego no caixão das suas esperanças. Tuppence resolveu apelar para o sr. Carter: contou-lhe onde e quando Tommy iniciara as suas buscas e pediu-lhe para fazer alguma coisa no sentido de encontrar seu amigo. A perspectiva de contar com a ajuda do sr. Carter restituiu o ânimo de Tuppence, que depois perguntou por Julius Hersheimmer. Foi informada de que o norte-americano tinha regressado ao hotel cerca de meia hora antes, mas saíra imediatamente depois.

Tuppence sentiu que suas forças se reavivavam ainda mais. Ver Julius já seria alguma coisa. Talvez ele pudesse formular um plano para descobrirem juntos o que havia acontecido com Tommy. Ela escreveu o bilhete ao sr. Carter enquanto estava sentada na sala de estar de Julius, e já estava anotando o endereço no envelope quando a porta se abriu de chofre.

– Mas que diabos! – praguejou Julius, mas conteve-se abruptamente. – Perdão, srta. Tuppence. Aqueles idiotas lá da recepção disseram que Beresford não está mais aqui, que não dá as caras desde quarta-feira. Isso é verdade?

Tuppence fez que sim com a cabeça.

– Você não sabe onde ele está? – ela perguntou, num fiapo de voz.

– Eu? E como eu saberia? Maldição, não recebi uma única palavra dele, embora tenha mandado um telegrama para o rapaz ontem de manhã.

– Creio que o seu telegrama está lá na recepção, intacto.

– Mas cadê Tommy?

– Não sei. Minha esperança era que você soubesse.

– Acabei de dizer que não recebi uma só palavra dele, desde que nos separamos na estação ferroviária na quarta-feira.

– Qual estação?

– Waterloo. Ferrovia London and Southwestern.

– Waterloo? – Tuppence franziu a testa.

– Sim, ué. Ele não lhe contou nada?

– Não o vi mais – explicou Tuppence, impaciente. – Fale mais sobre a estação. O que vocês foram fazer lá?

– Ele me telefonou. Pediu que eu fosse para lá o mais rápido possível. Disse que estava no encalço de dois patifes.

– Oh! – exclamou Tuppence, arregalando os olhos. – Sei. Continue.

– Saí daqui às pressas. Beresford estava lá. Mostrou-me os dois pilantras. Fiquei encarregado de seguir o grandalhão, o sujeito que você enganou. Tommy me entregou uma passagem e me mandou embarcar num trem. Ele investigaria o outro canalha – Julius fez uma pausa. – Eu achava que você sabia de tudo isso.

– Julius – disse Tuppence, com firmeza. – Pare de andar de um lado para o outro. Estou ficando tonta. Sente-se naquela poltrona e conte-me a história inteira com o mínimo possível de rodeios e de palavras.

O sr. Hersheimmer obedeceu.

– Claro – disse ele. – Por onde devo começar?

– De onde você partiu. Waterloo.

– Bem – Julius iniciou seu relato. – Entrei num dos seus lindos e antiquados vagões de primeira classe britânicos. O trem já estava em movimento. Quando dei por mim um guarda veio me informar, com a maior polidez, que eu não estava no compartimento de fumantes. Ofereci meio dólar a ele e as coisas se arranjaram. Saí vasculhando o corredor e dei uma espiada no vagão seguinte. Whittington estava lá. Quando vi o canalha, com a sua cara gorda e lisa, e pensei na pobrezinha da Jane nas suas garras, fiquei furioso e lamentei não estar com um revólver na mão. Teria dado um jeito nele.

"Chegamos a Bournemouth. Whittington tomou um táxi e deu o nome de um hotel. Fiz a mesma coisa e chegamos ao endereço com três minutos de diferença um do outro. Ele reservou um quarto e eu, outro. Até agora estava tudo uma moleza, sem problemas. Whittington não tinha a mínima noção de que havia alguém na cola dele. Bem, ele ficou lá sentado no saguão do hotel, lendo jornais e tal, até a hora do jantar. Parecia não ter um pingo de pressa.

"Comecei a pensar que ele não estava planejando nada de mais, que viajara apenas por motivos de saúde, mas me lembrei que o homem ainda não tinha trocado de roupa para o jantar, embora fosse um hotel de primeira, por isso parecia bastante provável que mais tarde ele acabaria saindo para tratar do seu verdadeiro assunto.

"Dito e feito. Por volta das nove da noite ele saiu. Atravessou a cidade num táxi – aliás, que lugar lindo; assim que eu encontrar Jane acho que vou levá-la comigo para passar uma temporada lá –, depois pagou a corrida e saiu caminhando ao longo dos pinheiros no topo do penhasco. Obviamente eu fui atrás, certo? Caminhamos, talvez, por uma meia hora. Ao longo do caminho há uma porção de casas de campo, mas aos poucos elas foram rareando, e no fim chegamos a uma que parecia ser a última de todas. Um casarão, rodeado de pinhais.

"A noite estava muito escura e a trilha que levava até a casa era um breu só. Eu podia ouvir o homem à minha frente, mas não podia vê-lo. Tive de caminhar com a maior cautela a fim de evitar que ele percebesse que estava sendo seguido. Dobrei uma curva a tempo de vê-lo tocar a campainha e receber permissão para entrar na casa. Parei onde eu estava. Começou a chover e não demorou muito para que eu ficasse ensopado. Além disso, fazia um frio de rachar.

"Whittington não saiu da casa, e com o passar do tempo fui ficando inquieto e comecei a perambular pelas redondezas. Todas as janelas do andar térreo estavam trancadas, mas no andar superior – a casa era um sobrado – notei uma janela iluminada, cujas cortinas não estavam fechadas.

"Bem, defronte a essa janela havia uma árvore, talvez a uns nove metros de distância da casa, e acabei tendo uma ideia: se eu subisse na árvore, teria boas chances de enxergar o interior do cômodo iluminado. É claro que eu não tinha motivo para acreditar que Whittington se encontrasse justamente naquele cômodo e não em algum outro – aliás, se tivesse de apostar, diria que ele estava numa das salas de visitas do térreo. Mas acho que eu já estava entediado de ficar tanto tempo debaixo de chuva, e qualquer coisa parecia melhor do que ficar lá à toa. Por isso comecei a subir.

"Ah, mas não foi nada fácil! Por causa da chuva, os galhos estavam bastante escorregadios, e eu mal conseguia firmar o pé. Mas de pouquinho em pouquinho fui conseguindo avançar até que, por fim, cheguei ao nível da janela.

"Mas aí fiquei desapontado. Eu estava muito à esquerda. Só conseguia olhar de esguelha para o cômodo. Um pedaço de cortina e um pouquinho do papel de parede era tudo que eu enxergava. Bem, isso de nada me servia, e eu já estava prestes a entregar os pontos e descer vergonhosamente quando alguém se moveu no interior da sala e lançou sua sombra no trechinho de parede ao alcance dos meus olhos – e, por Deus, era Whittington!

"Depois disso o meu sangue ferveu. Eu simplesmente *tinha* de olhar dentro daquele cômodo. Cabia a mim descobrir como. Notei que havia um galho comprido que se desprendia da árvore e se projetava na direção certa, à direita. Se eu conseguisse me arrastar até a metade dele, problema resolvido. Mas eu tinha lá minhas dúvidas se o galho resistiria ao meu peso. Decidi me arriscar. Com cautela, centímetro por centímetro, rastejei ao longo do galho, que estalou e balançou de um jeito nada agradável, e até imaginei como seria a queda, mas consegui chegar são e salvo ao ponto onde eu queria estar.

"A sala era razoavelmente espaçosa, mobiliada de maneira frugal. No meio do cômodo havia uma mesa com uma luminária; Whittington estava sentado à mesa, de frente para mim. Conversava com uma mulher que usava um uniforme de enfermeira, por sua vez sentada de costas para mim, por isso não pude ver o rosto dela. Embora as persianas estivessem levantadas, os vidros da janela estavam fechados, de modo que eu não conseguia ouvir uma só palavra do que diziam. Aparentemente apenas Whittington falava e a enfermeira limitava-se a escutar. De vez em quando ela concordava ou balançava a cabeça, como se estivesse respondendo 'sim' ou 'não' às perguntas que ele fazia. Whittington parecia muito enfático – uma ou duas vezes bateu com o punho na mesa. A essa altura a chuva já tinha parado e o céu começava a clarear repentinamente.

"Pouco depois tive a impressão de que Whittington já tinha acabado de dizer tudo o que queria dizer e a conversa chegou ao fim. Ele se levantou, e a mulher também. Ele olhou na direção da janela e perguntou alguma coisa à enfermeira – creio que indagou se ainda estava chovendo. Ela chegou junto da janela e olhou para fora. Nesse exato momento a lua surgiu detrás das nuvens. Temi que a mulher me avistasse, pois o luar me iluminava em cheio. Tentei recuar um pouco. O solavanco que dei foi muito forte para aquele galho velho e podre. Com um tremendo estrondo o galho foi abaixo, e com ele a pessoa de Julius P. Hersheimmer!"

– Oh, Julius! – exclamou Tuppence. – Que emocionante! Continue.

– Bem, para a minha sorte aterrissei num providencial canteiro de terra macia, mas é claro que fiquei fora de ação. Depois disso, acordei e me vi numa cama de hospital, ladeado por uma enfermeira, não aquela de Whittington, e um homenzinho de barba preta e óculos de aros de ouro, com cara de médico. Quando eu o encarei ele esfregou as mãos, ergueu as sobrancelhas e disse: "Ah! O nosso amiguinho está acordando. Excelente. Excelente".

"Apliquei o velho truque e perguntei: 'O que aconteceu? Onde estou?', mas eu sabia muito bem a resposta para esta última pergunta. Ainda não tenho nenhum parafuso solto. 'Acho que por enquanto isso é tudo', disse o homenzinho dispensando a enfermeira, que saiu rapidamente do quarto, no passo ligeiro e bem treinado típico das enfermeiras. Mas percebi que ao transpor a porta ela me lançou um olhar de intensa curiosidade.

"Aquele olhar dela me deu uma ideia. 'E então, doutor?', eu disse, e tentei me sentar na cama, mas quando fiz isso senti uma tremenda pontada no pé direito. 'Uma pequena torção', explicou o médico. 'Nada de grave. Em alguns dias o senhor estará novinho em folha.'"

– Notei que você está mancando – interrompeu-o Tuppence.

Julius concordou com a cabeça e continuou:

– "Como isso aconteceu?", perguntei de novo. Ele respondeu secamente: "O senhor caiu, juntamente com uma considerável porção de uma das minhas árvores, sobre um dos meus canteiros de flores, que eu tinha acabado de plantar".

"Gostei do homem. Ele parecia ter senso de humor. Tive certeza de que pelo menos era um sujeito absolutamente honesto e decente. 'Certo, doutor', eu disse, 'lamento muito pela árvore, e é claro que os bulbos novos para o seu canteiro de flores são por minha conta. Mas talvez o senhor queira saber o que eu estava fazendo no seu jardim'. 'Creio que os fatos exigem uma explicação', ele respondeu. 'Bem, para começar, eu não estava querendo roubar nada'.

"Ele sorriu. 'Foi a minha primeira teoria. Mas logo mudei de ideia. Uma coisa: o senhor é norte-americano, não é?' Eu disse o meu nome. 'E o senhor?' 'Meu nome é dr. Hall e, como o senhor sabe, estamos na minha clínica particular.'

"Eu não sabia, mas não deixei que ele percebesse. Simplesmente fiquei agradecido pela informação. Gostei do sujeito e senti que ele era boa gente, um sujeito honesto, mas não ia contar de mão beijada a história inteira. Para começo de conversa, se eu fizesse isso ele não teria acreditado.

"Numa fração de segundo, inventei uma conversa fiada. 'Bem, doutor, estou me sentindo um tremendo bobalhão, mas preciso que o senhor saiba que eu não quis dar uma de Bill Sikes.'* Depois continuei falando e resmunguei alguma lorota a respeito de uma mulher. Coloquei no meio da minha história um tutor severo, salpiquei um esgotamento nervoso da suposta namorada e por fim expliquei que eu imaginava ter visto a tal moça dos meus amores entre os pacientes do sanatório, daí as minhas aventuras noturnas.

"Creio que era justamente a espécie de história que ele estava esperando. 'Um romance e tanto', ele disse em tom amável assim que concluí meu fantasioso relato. 'Agora, doutor', continuei, 'o senhor vai ser franco comigo? Está internada aqui no seu sanatório, ou o senhor já teve entre seus pacientes em algum momento, uma jovem chamada Jane Finn?' Absorto, ele repetiu o nome: 'Jane Finn? Não'.

"Fiquei desolado, e acho que demonstrei meu desgosto. 'Tem certeza?', insisti. 'Certeza absoluta, sr. Hersheimmer. É um nome incomum, e provavelmente eu não me esqueceria.'

"Bem, o médico foi categórico. Por alguns momentos fiquei sem saber o que fazer. Minha busca parecia ter chegado ao fim. 'Bem, então é isso', eu disse, por fim. 'Mas agora há outra questão. Quando eu estava abraçado àquele maldito galho, julguei ter reconhecido um velho amigo meu conversando com uma das suas enfermeiras.' Deliberadamente não mencionei nome algum, porque é óbvio que talvez Whittington pudesse usar outro nome lá, mas o médico respondeu prontamente: 'o sr. Whittington, talvez?' 'O próprio', devolvi. 'O que ele está

* Referência ao personagem do romance *Oliver Twist* (1838), de Charles Dickens; Sikes é um violento ladrão. (N.T.)

fazendo aqui? Não me diga que *ele* também está com os nervos fora dos eixos!'

"O dr. Hall riu. 'Não. Ele veio visitar uma das minhas enfermeiras, a enfermeira Edith, que é sobrinha dele.' 'Ora, imagine só!', exclamei. 'Ele ainda está aqui?', 'Não, voltou para a cidade quase que imediatamente', 'Que pena!', lamentei. 'Mas quem sabe eu possa falar com a sobrinha dele – a enfermeira Edith, o senhor disse que é esse o nome dela?'

"Mas o médico balançou a cabeça. 'Isso também será impossível. A enfermeira Edith foi embora com uma paciente esta noite.' 'Parece que estou mesmo numa maré de azar', comentei. 'O senhor tem o endereço do sr. Whittington na cidade? Creio que eu gostaria de visitá-lo quando voltar.' 'Não sei qual é o endereço dele. Posso escrever à enfermeira Edith perguntando, se o senhor quiser.' Eu o agradeci. 'Mas não diga quem está interessado em saber o endereço. Eu gostaria de fazer uma surpresinha para meu amigo.'

"Era tudo o que eu podia fazer naquele momento. É claro que se a jovem era realmente sobrinha de Whittington, talvez fosse inteligente demais para cair na armadilha, mas valia a pena tentar. A primeira providência que tomei a seguir foi despachar um telegrama para Beresford informando-o da minha localização, contando que estava de cama com um pé torcido e pedindo que fosse até lá, caso não estivesse ocupado demais. Tive de ser cauteloso e escolher com cuidado as palavras. Contudo, não recebi notícias dele, e meu pé logo sarou. Foi apenas um mau jeito, e não uma torção de verdade; assim, hoje me despedi do bom doutorzinho, pedi que ele me avise tão logo receba notícias da enfermeira Edith, e voltei imediatamente para a cidade. Mas o que foi, srta. Tuppence? A senhorita está tão pálida!

– É por causa de Tommy – respondeu Tuppence. – O que será que aconteceu com ele?

– Ânimo! Ele deve estar bem. Por que não estaria? Veja só, ele estava atrás de um sujeito estrangeiro. Talvez tenha viajado para algum outro país – a Polônia, por exemplo.

Tuppence balançou a cabeça.

– Ele não teria como fazer isso sem passaporte e coisas do tipo. Além do mais, depois disso eu vi o homem, o tal Bóris sei lá das quantas. Ele jantou ontem com a sra. Vandemeyer.

– Sra. quem?

– Eu me esqueci. É claro que você nada sabe sobre isso.

– Sou todo ouvidos – disse Julius, e lançou mão de sua expressão favorita. – Ponha-me a par de tudo.

Ato contínuo, Tuppence obedeceu e relatou os acontecimentos dos últimos dois dias. Julius reagiu com assombro e admiração desmedidos.

– Bravo! Muito bem! Essa é boa! Estou imaginando você como criada. Você me mata de rir! – depois acrescentou, com seriedade: – Mas não estou gostando disso nem um pouco, srta. Tuppence, com certeza não. Não existe pessoa mais destemida que você, mas eu gostaria de vê-la longe dessa gente. Esses canalhas contra quem estamos lutando são capazes de matar, homem ou mulher, para eles tanto faz.

– Acha que tenho medo? – perguntou Tuppence, indignada e corajosamente sufocando a lembrança do brilho de aço do olhar da sra. Vandemeyer.

– Eu acabei de dizer que você é destemida como o diabo. Mas isso não altera os fatos.

– Oh, *não me aborreça*! – disse Tuppence, com impaciência. – Vamos pensar no que pode ter acontecido com Tommy. Escrevi ao sr. Carter a esse respeito – ela acrescentou, e a seguir relatou o conteúdo da carta.

Julius meneou a cabeça num gesto circunspecto.

– Acho que foi uma boa ideia. Mas agora é hora de agir, de fazer alguma coisa.

– O que podemos fazer? – perguntou Tuppence, recobrando o ânimo.

– Creio que a melhor estratégia é seguir o rastro de Bóris. Você disse que ele apareceu no apartamento da sua patroa. Será que há chance de o patife voltar lá?

– Talvez. Para dizer a verdade, não sei.

– Entendo. Bem, acho que posso colocar em prática o seguinte plano: compro um carro, dos mais chiques, disfarço-me de chofer e fico de tocaia lá perto do prédio. Se Bóris der as caras você me faz um sinal e eu sigo atrás dele. O que me diz?

– Esplêndido, mas talvez ele demore semanas para aparecer.

– Teremos de arriscar. Fico feliz que você tenha gostado do plano – Julius se levantou.

– Aonde você vai?

– Comprar o carro, ué – respondeu Julius, surpreso. – Qual é o modelo que você prefere? Creio que antes do final dessa história você terá a oportunidade de dar uma voltinha nele.

– Oh! – Tuppence soltou uma tímida exclamação. – Eu *gosto* de Rolls-Royce, mas...

– Tudo bem – concordou Julius. – Seu pedido é uma ordem. Vou comprar um.

– Mas você não vai conseguir um assim na hora – alertou Tuppence. – Às vezes as pessoas precisam esperar séculos.

– O pequeno Julius aqui não precisa esperar – afirmou o sr. Hersheimmer. – Não se preocupe. Voltarei com o carro daqui a meia hora.

Tuppence se levantou.

– Você é impressionante, Julius. Mas não posso evitar a sensação de que esse plano é uma falsa esperança. Para falar a verdade, estou depositando a minha fé no sr. Carter.

– Eu não faria isso.

– Por quê?

– É apenas uma ideia minha.

– Ah, mas ele tem de fazer alguma coisa. Não há mais ninguém a quem possamos recorrer. A propósito, eu me esqueci de contar sobre um caso estranho que aconteceu comigo esta manhã.

E então ela narrou o encontro com sir James Peel Edgerton. Julius ficou interessado.

– O que você acha que esse sujeito quis dizer? – ele perguntou.

– Não sei ao certo – respondeu Tuppence, meditativa. – Mas creio que, de uma maneira ambígua, legal, advocatícia, ele estava tentando me alertar.

– E por que ele faria isso?

– Não sei – confessou Tuppence. – Mas ele me pareceu um homem bondoso e de uma inteligência simplesmente impressionante. Eu bem que poderia procurá-lo e contar-lhe tudo.

Para surpresa de Tuppence, Julius opôs-se veementemente a essa ideia.

– Veja bem – disse ele –, não queremos advogados metidos nessa história. Esse sujeito não pode nos ajudar em nada.

– Pois eu acredito que ele pode, sim – rebateu Tuppence com certa teimosia.

– Nem pense nisso. Até logo. Voltarei em meia hora.

Trinta e cinco minutos depois, Julius voltou. Pegou Tuppence pelo braço e levou-a até a janela.

– Lá está ele!

– Oh! – exclamou Tuppence com uma nota de reverência na voz, ao contemplar o enorme automóvel.

– Ele anda que é uma beleza, posso lhe assegurar – disse Julius, desejoso de agradá-la.

– Como foi que você conseguiu? – perguntou Tuppence, ofegante.

– O carro estava sendo despachado para a casa de algum figurão.

– E então?

– E então fui até a casa do tal figurão – explicou Julius. – Eu disse a ele que pelos meus cálculos um carro destes devia valer uns vinte mil dólares. Depois eu disse que se ele abrisse mão do carro eu estava disposto a pagar cinquenta mil dólares.

– E então? – disse Tuppence, inebriada.

– E então – respondeu Julius – ele abriu mão do carro, ora. Só isso.

Capítulo 12

Um amigo em apuros

A sexta-feira e o sábado passaram sem qualquer novidade. O apelo que Tuppence fizera ao sr. Carter recebeu uma resposta breve, em que ele alegava que os Jovens Aventureiros haviam aceitado o trabalho por sua conta e risco, e que não faltaram avisos e advertências quanto aos perigos envolvidos. Se alguma coisa tinha acontecido a Tommy, ele lamentava profundamente, mas nada podia fazer.

Que frieza de consolo. De qualquer maneira, sem Tommy a aventura perdia a graça, e pela primeira vez Tuppence duvidou do triunfo. Enquanto os amigos estiveram juntos ela jamais levantou qualquer suspeita com relação ao infalível sucesso da missão. Embora estivesse acostumada a tomar as rédeas da situação, e por mais que se orgulhasse de sua própria perspicácia, na realidade Tuppence confiava em Tommy e contava com ele mais do que ela própria imaginava. Sem a sensatez e a visão lúcida de Tommy, sem a segurança de seu bom senso e a firmeza de sua capacidade de julgamento, ela se sentia como um navio à deriva. Era curioso que Julius, sem dúvida muito mais inteligente que Tommy, não lhe propiciasse a mesma sensação de esteio. Ela tinha acusado Tommy de ser pessimista, e é claro que ele sempre via as desvantagens e dificuldades que ela, uma inveterada otimista, fazia questão de ignorar, mas mesmo assim Tuppence fiava-se nas opiniões e no equilíbrio do amigo. Tommy podia ser lento, mas era um porto seguro.

Era como se, pela primeira vez, Tuppence percebesse a natureza sinistra da missão em que ela e o amigo haviam se engajado de maneira tão alegre e despreocupada. Tudo começara como uma página de romance. Agora que não havia mais glamour, a aventura se transformava numa terrível realidade. Tommy – era a única coisa que importava. Muitas vezes durante o dia Tuppence sufocara resolutamente as lágrimas. "Sua tola", ela dizia a si mesma, "não lamente, é claro que você gosta dele, você o conhece desde sempre, a vida inteira. Mas não há necessidade de sentimentalismos."

Nesse meio-tempo Bóris não voltou a dar sinal de vida. Não retornou ao apartamento, e Julius e o automóvel esperavam em vão. Tuppence entregou-se a novas reflexões. Mesmo admitindo a verdade das objeções de Julius, ela não tinha desistido inteiramente da ideia de apelar para sir James Peel Edgerton. Na verdade, já chegara inclusive a procurar o endereço do advogado no catálogo telefônico. Será que naquele dia ele tivera a intenção de alertá-la? Em caso afirmativo, por quê? Sem dúvida ela tinha no mínimo o direito de pedir uma explicação. O homem a olhara com tanta benevolência! Talvez pudesse dizer algo acerca da sra. Vandemeyer que conduzisse a uma pista sobre o paradeiro de Tommy.

Por fim Tuppence decidiu, com sua habitual sacudidela de ombros, que valia a pena tentar, e ela tentaria. Na tarde de domingo ela estaria de folga. Encontraria Julius, convenceria o norte-americano a acatar seu ponto de vista e juntos enfrentariam o leão em sua própria caverna.

Quando chegou o dia, foi preciso recorrer a uma considerável quantidade de argumentos para persuadir Julius, mas Tuppence se manteve irredutível.

– Mal não vai fazer – ela repetiu inúmeras vezes.

Por fim Julius cedeu e ambos seguiram no carro para Carlton House Terrace.

A porta foi aberta por um mordomo impecável. Tuppence estava um pouco nervosa. Afinal de contas, talvez *fosse* um descaramento colossal de sua parte. Decidiu não perguntar se sir James estava "em casa", mas adotou uma atitude mais pessoal.

– Por favor, tenha a fineza de perguntar a sir James se posso falar com ele por alguns instantes. Trago-lhe uma importante mensagem.

O mordomo entrou e voltou pouco depois.

– Sir James a receberá. Queiram acompanhar-me.

O mordomo conduziu-os a uma sala nos fundos da casa que fazia as vezes de biblioteca. A coleção de livros era magnífica, e Tuppence notou que uma parede inteira era forrada de obras sobre crime e criminologia. Havia várias poltronas de couro macio e uma lareira antiquada. Junto à janela, o dono da casa estava sentado a uma enorme escrivaninha com tampo corrediço, abarrotada de papéis.

Ele se levantou quando os visitantes entraram.

– Tem uma mensagem para mim? Ah! – ele reconheceu Tuppence e abriu um sorriso. – É a senhorita? Imagino que traga um recado da sra. Vandemeyer.

– Não exatamente – disse Tuppence. – Para falar a verdade, mencionei a mensagem apenas para me certificar de que seria recebida. Oh, por falar nisso, este é o sr. Hersheimmer, sir James Peel Edgerton.

– Muito prazer em conhecê-lo – disse o norte-americano, estendendo a mão.

– Sentem-se, por favor – pediu sir James, e arrastou duas cadeiras para perto da escrivaninha.

– Sir James – disse Tuppence, indo audaciosamente direto ao assunto –, creio que o senhor julgará que é um terrível atrevimento aparecer aqui desta forma. Porque a bem da verdade trata-se de algo que nada tem a ver com o senhor; além disso, o senhor é uma pessoa muito importante, ao passo que Tommy e eu somos gente sem importância – ela fez uma pausa para recobrar o fôlego.

– Tommy? – indagou sir James, olhando para o norte-americano.

– Não, este é Julius – explicou Tuppence. – Estou bastante nervosa, e isso atrapalha o meu relato. O que eu realmente quero saber é o que o senhor quis dizer com as palavras que me dirigiu dias atrás. O senhor quis me alertar contra a sra. Vandemeyer, é isso?

– Minha prezada jovem, pelo que me lembro eu apenas mencionei o fato de que existem empregos igualmente bons em outros lugares.

– Sim, eu sei. Mas foi uma indireta, não foi?

– Talvez – admitiu sir James, em tom solene.

– Bem, eu quero saber mais. Quero saber *por que razão* o senhor fez tal insinuação.

A seriedade da moça fez sir James rir.

– E se a sua patroa mover um processo contra mim por calúnia e difamação?

– Claro – disse Tuppence. – Sei que os advogados são sempre muito cautelosos. Mas não podemos falar primeiro "sem juízo por antecipação" e depois dizer o que queremos?

– Bem – disse sir James, ainda sorrindo –, "sem juízo por antecipação" eu afirmo que se tivesse uma irmã jovem, obrigada a trabalhar para ganhar a vida, eu não gostaria de vê-la a serviço da sra. Vandemeyer. Julguei que era minha incumbência dar a entender essa minha opinião. Lá não é lugar para uma menina jovem e inexperiente. Isso é tudo o que posso lhe dizer.

– Compreendo – disse Tuppence, pensativa. – Muito obrigada. Mas o fato é que *na realidade* eu não sou inexperiente, sabe? Eu sabia muito bem que ela não era uma boa pessoa quando fui para lá, e, a bem da verdade, é justamente *por isso* que fui – ela interrompeu-se ao notar o espanto e a confusão no rosto do advogado, e prosseguiu: – Creio que talvez seja melhor contar-lhe toda a história, sir James. Tenho a sensação de que se eu não lhe dissesse a verdade o senhor saberia num instante. Portanto, é melhor que saiba de tudo desde o início. O que você acha, Julius?

– Já que você está decidida, vá logo aos fatos – respondeu o norte-americano, que até então se mantivera em silêncio.

– Sim, conte-me tudo – pediu sir James. – Quero saber quem é Tommy.

Encorajada, Tuppence desfiou sua história, que o advogado escutou com profunda atenção.

Assim que a jovem terminou, ele disse:

– Muito interessante. Grande parte do que a senhorita está me contando, minha filha, eu já sabia. Eu mesmo formulei algumas teorias a respeito de Jane Finn. Até agora a senhorita e seus amigos saíram-se extraordinariamente bem, mas é uma pena que o sr. Carter – é assim que o conhecem – tenha envolvido dois jovens tão despreparados num caso desse tipo. Aliás, onde exatamente entra o sr. Hersheimmer na história? A senhorita não esclareceu esse ponto.

Julius respondeu por si mesmo.

– Sou primo de Jane em primeiro grau – ele explicou, encarando sem se abalar o olhar penetrante do jurista.

– Ah!

– Oh, sir James – irrompeu Tuppence –, o que o senhor acha que aconteceu a Tommy?

– Hum – o advogado se levantou da cadeira e começou a andar lentamente de um lado para o outro.

– Quando a senhorita chegou eu estava fazendo a mala. Pegaria o trem noturno rumo à Escócia para passar alguns dias pescando. Entretanto, há diversos tipos de pescaria. Estou inclinado a ficar e ver se conseguimos encontrar o paradeiro do seu jovem amigo.

– Oh! – Tuppence uniu as mãos, em êxtase.

– Ainda assim, como eu já disse, é lamentável que... que Carter tenha envolvido duas crianças num caso desses. Ah, não se ofenda, senhorita... hã...?

– Cowley. Prudence Cowley. Mas os meus amigos me chamam de Tuppence.

– Pois bem, vou chamá-la de srta. Tuppence, então, já que estou certo de que serei seu amigo. Não se ofenda comigo por achar que a senhorita é muito jovem. A juventude é um defeito do qual é bastante fácil se livrar. Agora, no que diz respeito ao seu amigo Tommy...

– Sim – Tuppence esfregava as mãos.

– Francamente, o cenário não me parece nada bom para ele. Ele andou enfiando o nariz onde não foi chamado. Disso não tenho dúvida. Mas não perca a esperança.

– E o senhor vai mesmo nos ajudar? Viu só, Julius? Ele não queria que eu viesse – ela acrescentou, à guisa de explicação.

– Hum – o advogado soltou um muxoxo, fuzilando Julius com outro olhar afiado. – E por que razão?

– Imaginei que não valia a pena incomodá-lo com uma historinha tão insignificante como essa.

– Sei – calou-se por um momento. – Essa historinha insignificante, como o senhor diz, tem ligações diretas com uma história de grandes proporções, muito maior talvez do que o senhor ou a srta. Tuppence podem imaginar. Se o rapaz está vivo, talvez tenha informações muito valiosas para nos dar. Portanto, precisamos encontrá-lo.

– Sim, mas como? – perguntou Tuppence. – Já tentei pensar em tudo...

Sir James sorriu.

– Entretanto, há uma pessoa muito próxima, ao alcance da mão, que provavelmente sabe onde ele está ou, em todo caso, onde é provável que ele esteja.

– Quem? – perguntou Tuppence, intrigada.

– A sra. Vandemeyer.

– Sim, mas ela nunca nos diria.

– Ah, é aí que eu entro em cena. Creio que tenho condições de fazer com que a sra. Vandemeyer me diga tudo que eu quero saber.

– Como? – quis saber Tuppence, arregalando os olhos.

– Oh, simplesmente fazendo perguntas – explicou sir James, com voz branda. – É assim que se faz, sabe?

O advogado tamborilou os dedos na mesa e mais uma vez Tuppence sentiu o intenso poder que irradiava dele.

– E se ela não disser? – perguntou Julius, de repente.

– Creio que dirá. Tenho uma ou duas cartas na manga. Mesmo assim, no pior dos casos há sempre a possibilidade de apelar para o suborno.

– Claro! E é aí que *eu* entro em cena! – berrou Julius, dando um estrondoso murro na mesa. – O senhor pode contar comigo, se necessário, para pagar a ela um milhão de dólares! Sim, senhor, um milhão de dólares!

Sir James sentou-se e submeteu Julius a um minucioso escrutínio. Por fim, declarou:

– Sr. Hersheimmer, é uma soma e tanto.

– Mas creio que terá de ser. Para esse tipo de gente não se pode oferecer uma ninharia.

– Pela taxa de câmbio atual, o valor que o senhor está sugerindo ultrapassa 250 mil libras.

– Isso mesmo. Talvez o senhor pense que estou exagerando, mas posso garantir esse dinheiro, e ainda tenho de sobra para pagar os seus honorários.

Sir James enrubesceu um pouco.

– Não há honorários, sr. Hersheimmer. Não sou um detetive particular.

– Desculpe. Creio que me precipitei um pouco, mas essa questão do dinheiro vem me incomodando. Dias atrás eu quis oferecer uma polpuda recompensa a quem tivesse informações sobre Jane, mas a sua antiquada Scotland Yard me desaconselhou a fazer isso. Disseram que era inconveniente e perigoso.

– E provavelmente estavam certos – comentou sir James, secamente.

– Mas não se preocupe com Julius – alegou Tuppence. – Ele não está brincando. É que simplesmente tem dinheiro que não acaba mais.

– O meu velho fez uma bela fortuna – explicou Julius. – Agora, vamos ao que interessa. Qual é a sua ideia?

Sir James refletiu por alguns instantes.

– Não temos tempo a perder. Quanto mais cedo nos lançarmos ao ataque, melhor – ele virou-se para Tuppence. – Sabe se a sra. Vandemeyer vai jantar fora hoje?

– Sim, acho que sim, mas não deve voltar muito tarde. Caso contrário teria levado a chave do cadeado.

– Bom. Irei visitá-la às dez horas. A que horas a senhorita voltará?

– Entre nove e meia e dez horas, mas posso voltar mais cedo.

– Não por minha causa. Se a senhorita não permanecer fora até o horário habitual, isso talvez desperte suspeitas. Volte às nove e meia. Chegarei às dez. O sr. Hersheimmer poderá esperar embaixo, talvez num táxi.

– Ele comprou um Rolls-Royce novinho – disse Tuppence, com orgulho por tabela.

– Melhor ainda. Se eu conseguir arrancar dela o endereço, poderemos ir imediatamente, levando a sra. Vandemeyer conosco, se necessário. Entenderam?

– Sim – Tuppence deu um pulinho de alegria. – Oh, estou me sentindo muito melhor!

– Não crie expectativas demais, srta. Tuppence. Calma.

Julius voltou-se para o advogado.

– Então posso vir buscá-lo de carro por volta das nove e meia. Certo?

– Talvez seja o melhor plano. Assim não precisaremos de dois carros esperando. Agora, srta. Tuppence, meu conselho para a senhorita é que vá saborear um bom jantar, um jantar *suntuoso*, entendeu? E tente não pensar demais nos acontecimentos futuros.

O advogado apertou a mão dos visitantes, que no instante seguinte foram embora.

– Ele não é um amor? – perguntou Tuppence, extasiada, enquanto descia, aos pulinhos, a escadaria. – Oh, Julius, ele não é simplesmente um amor?

– Bem, admito que ele parece, sim, boa gente. E eu estava errado quando disse que seria inútil procurá-lo. Mas me diga, vamos voltar direto para o Ritz?

– Quero andar um pouco. Estou muito entusiasmada. Deixe-me no parque, por favor. A não ser que você queira vir comigo também.

Julius balançou a cabeça.

– Tenho de abastecer o carro e enviar um ou dois telegramas.

– Tudo bem. Encontro você no Ritz, às sete. Teremos de jantar lá em cima. Não posso ser vista nestes "trajes de festa".

– Certo. Vou pedir ao Felix que me ajude a escolher o cardápio. Um maître e tanto, aquele sujeito. Até logo.

Tuppence caminhou a passos vigorosos na direção do lago Serpentine e consultou o relógio. Eram quase seis horas. Lembrou-se de que não tinha tomado chá, mas estava agitada demais para ter consciência da fome. Caminhou até Kensington Gardens e depois refez o mesmo caminho, devagar, sentindo-se infinitamente melhor graças ao ar fresco e o exercício. Não era tão fácil seguir o conselho de sir James e tirar da mente os possíveis eventos da noite. À medida que se aproximava cada vez mais da esquina do Hyde Park, a tentação de retornar a South Audley Mansions foi ficando quase irresistível.

Em todo caso, Tuppence concluiu, não faria nenhum mal ir até lá e apenas *olhar* o edifício. Talvez assim ela conseguisse se resignar à necessidade de esperar com paciência até as dez horas.

South Audley Mansions estava exatamente como sempre esteve, igualzinho. Tuppence não fazia a menor ideia do que ela esperava encontrar, mas a visão da solidez de tijolos vermelhos do edifício amenizou um pouco a inquietação que tomava conta dela. Já estava prestes a dar meia-volta quando ouviu um agudo assovio e viu o fiel Albert sair correndo do prédio na direção dela.

Tuppence franziu a testa. Não estava nos planos chamar a atenção para a sua presença nas vizinhanças, mas Albert chegou com o rosto afogueado de tanto entusiasmo sufocado.

– Senhorita, ela vai embora!

– Quem? –perguntou Tuppence, incisiva.

– A criminosa. Rita Rapina. Sra. Vandemeyer. Ela está fazendo as malas, e acabou de me mandar chamar um táxi.

– O quê? – Tuppence agarrou o braço do menino.

– É verdade, senhorita. Achei que a senhorita não soubesse de nada disso.

– Albert, você é formidável! – berrou Tuppence. – Se não fosse você, ela teria escapado de nós!

O elogio fez Albert enrubescer de alegria.

– Não há tempo a perder – disse Tuppence, atravessando a rua. – Tenho de detê-la. Custe o que custar, preciso dar um jeito de segurá-la aqui até... – interrompeu a própria frase e perguntou: – Albert, há um telefone aqui, não?

O garoto balançou a cabeça.

– Quase todos os apartamentos têm o seu próprio telefone, senhorita. Mas há uma cabine na esquina.

– Corra imediatamente até lá, então, e ligue para o Hotel Ritz. Peça para falar com o sr. Hersheimmer e, quando ele atender, diga-lhe para buscar sir James e virem imediatamente, porque a sra. Vandemeyer está tentando dar no pé. Se você não conseguir falar com o sr. Hersheimmer, ligue para sir James Peel Edgerton – o número está na lista telefônica – e conte o que está acontecendo. Você não vai esquecer os nomes, vai?

Albert repetiu os nomes, com facilidade.

– Confie em mim, senhorita, vai dar tudo certo. Mas e a senhorita? Não tem medo de enfrentar sozinha a sra. Vandemeyer?

– Não, não, tudo bem. *Agora vá lá e telefone.* Rápido.

Respirando fundo, Tuppence entrou no edifício e subiu correndo até a porta do número 20. Ainda não sabia como deter a sra. Vandemeyer até a chegada dos dois homens, mas tinha de dar um jeito e seria obrigada a realizar sozinha essa tarefa. O que teria ocasionado essa partida precipitada? Será que a sra. Vandemeyer estava desconfiada dela?

Era inútil fazer especulações. Tuppence apertou com firmeza o botão da campainha. Talvez descobrisse alguma coisa com a cozinheira.

Nada aconteceu, e depois de alguns minutos de espera Tuppence apertou de novo a campainha, dessa vez segurando o dedo no botão. Por fim ela ouviu ruídos de passos dentro do apartamento, e um instante depois a própria sra. Vandemeyer abriu a porta. Ao ver a jovem a mulher ergueu as sobrancelhas.

– Você?

– Tive uma dor de dente – esclareceu Tuppence, com desenvoltura. – Por isso achei melhor voltar para casa e passar a noite descansando.

A sra. Vandemeyer nada disse, mas abriu caminho para que Tuppence entrasse no corredor.

– Que azar o seu – a mulher disse, com frieza. – É melhor ir para a cama.

– Ah, na cozinha estarei bem, senhora. A cozinheira...

– A cozinheira saiu – disse a sra. Vandemeyer, num tom furibundo. – Mandei-a sair. Assim, creio que você entende que é melhor ir para a cama.

De súbito, Tuppence sentiu medo. Não gostou nada do tom de voz da sra. Vandemeyer. Além disso, aos poucos a mulher foi encurralando a jovem no corredor. Tuppence estava em apuros.

– Eu não quero...

Então, num piscar de olhos Tuppence sentiu a borda de um cano de aço frio tocar sua têmpora, e a voz da sra. Vandemeyer ergueu-se, gélida e ameaçadora:

– Sua maldita idiotazinha! Acha que eu não sei? Não, não responda. Se você lutar ou gritar, atiro em você como num cão!

A mulher pressionou com mais força o cano de aço contra a têmpora da menina.

– Agora ande, vamos – ordenou a sra. Vandemeyer. – Por aqui, entre no meu quarto. Daqui a um minuto, depois que eu tiver acabado com você, você vai para a cama, como eu mandei. E você dormirá... oh, sim, minha pequena espiã, você vai dormir direitinho!

Nessas últimas palavras havia uma espécie de horrenda amabilidade, coisa que em nada agradou Tuppence. No momento ela nada podia fazer, por isso caminhou obedientemente para dentro do quarto da sra. Vandemeyer, que o tempo todo manteve a pistola colada à testa da jovem. O quarto estava uma bagunça, um caos de roupas espalhadas por toda parte, uma mala cheia até a metade e uma caixa de chapéus aberta no chão.

Com esforço, Tuppence se recompôs. Embora com a voz trêmula, falou com coragem.

– Ora, vamos! Isso é ridículo. A senhora não pode atirar em mim. Todos no edifício ouviriam o barulho.

– Eu correrei o risco – respondeu alegremente a sra. Vandemeyer. – Enquanto você não tentar gritar por socorro, garanto que se mantém viva... e não acho que você vá fazer besteira. Você é uma moça inteligente. Enganou-me direitinho. Eu não desconfiava nem um pouco de você! Por isso não tenho dúvidas de que você compreende perfeitamente bem que na atual situação eu estou por cima e você está por baixo. Agora, sente-se na cama. Ponha as mãos sobre a cabeça e, se você tem amor à vida, não se mexa.

Tuppence obedeceu passivamente. Seu bom senso lhe dizia que nada mais restava fazer a não ser aceitar a situação. Se gritasse pedindo socorro, era mínima a probabilidade de que alguém a ouvisse, mas era enorme a chance de que a sra. Vandemeyer atirasse nela à queima-roupa. Enquanto isso, cada minuto que ela conseguisse ganhar seria valioso.

A sra. Vandemeyer colocou o revólver na borda do lavatório, ao alcance da mão; ainda fitando Tuppence com olhos de lince para o caso de a jovem tentar alguma coisa, pegou um pequeno frasco de cujo conteúdo despejou um pouco num copo e encheu-o de água.

– O que é isso? – perguntou Tuppence, de chofre.

– Uma coisa para fazer você dormir profundamente.

Tuppence empalideceu um pouco.

– Você vai me envenenar? – ela perguntou, num fiapo de voz.

– Talvez – respondeu a sra. Vandemeyer, sorrindo com prazer.

– Então não vou beber – declarou Tuppence com firmeza. – Prefiro levar um tiro. Nesse caso, talvez alguém escute o estampido. Mas não quero morrer em silêncio, como um cordeiro.

A sra. Vandemeyer bateu os pés no chão.

– Não seja tola! Acha mesmo que eu quero ser acusada de assassinato e atrair o clamor público por justiça? Se você tem alguma inteligência, compreenderá que envenenar você não me é conveniente. Isto aqui é um sonífero, nada mais. Você acordará amanhã de manhã sem problemas. Eu simplesmente não quero me dar ao trabalho de ter de amarrar e amordaçar você. Essa é a alternativa, e você não ia gostar nem um pouco, posso garantir! Sou bastante violenta quando quero. Assim, seja uma boa menina, beba isto e não sofrerá mal algum.

Em seu íntimo, Tuppence acreditou. Os argumentos que a mulher apresentou pareciam verdadeiros. O sonífero era um método simples e seguro de tirá-la momentaneamente do caminho. Contudo, a jovem não aceitou de bom grado a ideia de se deixar adormecer mansamente sem ao menos tentar se libertar. Ela tinha a sensação de que se a sra. Vandemeyer conseguisse escapar, sua última esperança de encontrar Tommy estaria perdida para sempre.

Os processos mentais de Tuppence eram agora um turbilhão. Todas essas reflexões passaram como um raio por sua mente e, quando ela viu que tinha uma chance, bastante problemática, resolveu arriscar tudo num esforço supremo.

Tuppence colocou em prática seu plano: de repente, desabou da cama e caiu ajoelhada aos pés da sra. Vandemeyer e, em desvario, agarrou a barra da saia da mulher.

– Eu não acredito – ela gemeu. – É veneno, sei que é veneno. Oh, não me faça beber veneno – sua voz era agora um grito agudo –, não me obrigue a beber veneno!

Com o copo na mão, a sra. Vandemeyer franziu os lábios e olhou-a com menosprezo diante daquele súbito ataque de desatino.

– Levante-se, sua imbecil! Pare de dizer tolices. Não sei como teve coragem para desempenhar esse papel. Levante-se, eu já disse.

Mas Tuppence continuou agarrada à mulher, gemendo e suspirando, e entremeava seus soluços com incoerentes apelos por misericórdia. Cada minuto ganho era uma vantagem. Além disso, enquanto rastejava pelo chão, a jovem foi imperceptivelmente chegando mais perto do seu objetivo.

A sra. Vandemeyer soltou uma violenta exclamação de impaciência e, com um puxão, colocou Tuppence de joelhos.

– Beba logo de uma vez! – com brutalidade, apertou o copo contra os lábios da jovem.

Tuppence soltou um último gemido de desespero.

– A senhora jura que isso não vai me fazer mal? – ela tentou ganhar tempo.

– É claro que não fará mal nenhum. Não seja tola.

– A senhora jura?

– Sim, sim – disse a mulher, impaciente. – Juro.

Tuppence ergueu a mão esquerda, trêmula, para o copo.

– Tudo bem, então – abriu a boca, submissa.

A sra. Vandemeyer deu um suspiro de alívio e, por um segundo, baixou a guarda. Ato contínuo, rápida como um raio, Tuppence arremessou o copo para cima, com toda a força. O líquido se esparramou pelo rosto da sra. Vandemeyer, e, aproveitando o momentâneo apuro da mulher, Tuppence estendeu a mão direita e agarrou o revólver da borda do lavatório. Um momento depois ela já tinha dado um salto para trás e apontava o revólver diretamente para o peito da sra. Vandemeyer; a mão que empunhava a arma não dava o menor sinal de falta de firmeza.

Nesse momento de vitória, Tuppence não conteve uma nada cavalheiresca demonstração de arrogância.

– Agora quem é que está por cima e quem está por baixo? – ela se vangloriou, exultante.

O rosto da sra. Vandemeyer se contraía de fúria. Por um minuto Tuppence chegou a pensar que a mulher saltaria por cima dela, o que teria colocado a jovem num desagradável dilema, já que ela tinha se decidido a disparar o revólver se necessário. Todavia, com esforço a sra. Vandemeyer se controlou, e por fim um sorriso lento e perverso insinuou-se em seu rosto.

– No fim das contas você nada tem de tola! Você se saiu bem, menina! Mas vai pagar por isso. Ah, sim, vai pagar por isso! Tenho boa memória!

– Estou surpresa que a senhora tenha se deixado enganar com tanta facilidade – disse Tuppence, com desdém. – Achou mesmo que sou o tipo de garota que rola no chão e choraminga pedindo misericórdia?

– Talvez você tenha de fazer isso... um dia! – respondeu a outra, incisiva.

A maneira fria e malévola da mulher causou um arrepio na espinha de Tuppence, mas a jovem não se deixou abalar.

– Que tal se nós duas nos sentássemos? – ela sugeriu, com simpatia. – Esse nosso comportamento está um pouco melodramático. Não, na cama, não. Puxe uma cadeira ali na mesa, isso mesmo. Agora eu vou me sentar de frente para a senhora, com o revolver à minha frente, para evitar acidentes. Esplêndido. Agora, vamos conversar.

– Sobre o quê? – quis saber a sra. Vandemeyer, com azedume.

Por um minuto Tuppence fitou, pensativa, a mulher. Lembrou-se de várias coisas. As palavras de Bóris – "Às vezes eu acredito que você *nos* venderia!" – e a resposta dela – "O preço, em todo caso, teria que ser enorme" –, proferida em tom de brincadeira, é verdade, mas será que não tinha um substrato de verdade? Muito antes, Whittington tinha perguntado: "Quem é que andou dando com a língua nos dentes? Rita?". Seria Rita o ponto vulnerável na armadura do sr. Brown?

Encarando com firmeza o olhar da mulher, Tuppence respondeu calmamente:

– Dinheiro...

A sra. Vandemeyer teve um sobressalto. Ficou evidente que essa resposta foi inesperada.

– O que você quer dizer?

– Vou explicar. A senhora acabou de dizer que tem boa memória. Uma boa memória não é tão útil quanto uma bolsa cheia de dinheiro! Acredito que a senhora deva sentir um enorme prazer imaginando mil e uma coisas terríveis para fazer comigo, mas será que isso é *prático*? A vingança é algo que sempre deixa a desejar. É o que todos dizem. Mas o dinheiro – Tuppence recorreu ao seu preceito preferido –, bem, o dinheiro é sempre satisfatório, certo?

– Você acha que sou o tipo de mulher que vende os amigos? – rebateu a sra. Vandemeyer, com desprezo.

– Sim – Tuppence respondeu prontamente –, se o preço for muito bom.

– Algumas insignificantes centenas de libras, mais ou menos!

– Não – rebateu Tuppence. – Eu diria: cem mil libras!

Seu espírito econômico não permitiu que ela mencionasse os milhões de dólares sugeridos por Julius.

O rosto da sra. Vandemeyer foi tomado por um jorro de rubor.

– O que você disse? – perguntou a mulher, cujos dedos mexiam com nervosismo num broche sobre um dos seios. Nesse instante Tuppence soube que o peixe tinha mordido a isca, e pela primeira vez ela sentiu horror do amor que ela própria sentia pelo dinheiro, o que lhe deu uma terrível sensação de afinidade com a mulher à sua frente.

– Cem mil libras – repetiu Tuppence.

Os olhos da sra. Vandemeyer perderam o brilho. Ela recostou-se na cadeira.

– Besteira! Você não tem esse dinheiro.

– Não – admitiu Tuppence. – Eu não tenho. Mas conheço alguém que tem.

– Quem é?

– Um amigo meu.

– Deve ser um milionário – observou a sra. Vandemeyer, incrédula.

– Para dizer a verdade, é um milionário, sim. Um norte-americano. Ele pagará essa dinheirama sem pestanejar. Acredite que estou fazendo uma proposta perfeitamente genuína.

A sra. Vandemeyer endireitou-se na cadeira.

– Estou inclinada a acreditar em você – declarou a mulher, pausadamente.

Durante alguns instantes as duas mulheres ficaram em silêncio, até que a sra. Vandemeyer ergueu os olhos.

– E o que ele deseja saber, esse seu amigo?

Tuppence titubeou um pouco, mas era o dinheiro de Julius, e os interesses dele deveriam vir em primeiro lugar.

– Ele quer saber onde está Jane Finn – ela respondeu com ousadia.

A sra. Vandemeyer não deixou transparecer o menor sinal de surpresa.

– Não sei ao certo onde ela está no presente momento – respondeu.

– Mas teria como descobrir?

– Ah, sim – afirmou a sra. Vandemeyer em tom despreocupado. – Quanto a isso não haveria dificuldade alguma.

– E há também – a voz de Tuppence estava um pouco trêmula – um rapaz, um amigo meu. Receio que alguma coisa tenha acontecido com ele, e que isso seja obra do seu amigo Bóris.

– Qual é o nome dele?

– Tommy Beresford.

– Nunca ouvi falar. Mas perguntarei a Bóris. Ele me dirá tudo que souber.

– Obrigada – Tuppence sentiu-se tremendamente animada, e sua empolgação instigou-a a arriscar manobras mais audaciosas. – Há mais uma coisa.

– O que é?

Tuppence inclinou-se para a frente e baixou o tom de voz:

– *Quem é o sr. Brown?*

Os olhos irrequietos de Tuppence perceberam que de súbito o belo rosto da sra. Vandemeyer empalideceu. Com esforço a mulher se controlou e tentou retomar sua pose anterior, mas a tentativa resultou numa mera paródia.

Ela encolheu os ombros.

– Você não sabe muita coisa a nosso respeito se ignora o fato de que *ninguém sabe quem é o sr. Brown...*

– A senhora sabe – retrucou Tuppence calmamente.

Mais uma vez o rosto da mulher perdeu a cor.

– E você diz isso com base em quê?

– Não sei – disse a jovem, com toda sinceridade. – Mas tenho certeza.

Durante um bom tempo a sra. Vandemeyer ficou em silêncio, encarando Tuppence.

– Sim – por fim ela disse, com voz rouca. – *Eu* sei. Eu era bonita, sabe? Muito bonita.

– Ainda é – disse Tuppence, com admiração.

A sra. Vandemeyer balançou a cabeça. De seus olhos de um azul elétrico irradiava um brilho estranho.

– Mas não bonita o bastante – ela disse, numa voz suave e perigosa. – Mas não... bonita... o bastante! E às vezes, nos últimos tempos, tenho sentido medo... É perigoso saber demais! – inclinou o corpo e estendeu os braços sobre a mesa. – Jure que o meu nome não será envolvido, que ninguém nunca ficará sabendo.

– Eu juro. E, depois que ele for preso, a senhora estará livre de perigo.

Um olhar aterrorizado brilhou no rosto da sra. Vandemeyer.

– Estarei? Estarei algum dia? – ela agarrou o braço de Tuppence. – Tem certeza quanto ao dinheiro?

– Certeza absoluta.

– Quando o receberei? Não pode haver demora.

– O meu amigo chegará daqui a pouco. Talvez ele tenha de enviar telegramas ou coisa do tipo. Mas será rápido, ele é cheio de energia, com ele é tiro e queda.

Agora a sra. Vandemeyer tinha um olhar resoluto.

– Eu aceito. É uma grande soma em dinheiro, e além disso – ela abriu um sorriso curioso – não é inteligente abandonar uma mulher como eu!

Por algum tempo ela continuou sorrindo, tamborilando de leve os dedos na mesa. De repente, teve um sobressalto, seu rosto ficou pálido.

– O que foi isso?

– Não ouvi nada.

A sra. Vandemeyer olhou atentamente ao redor, apavorada.

– E se alguém estava escutando...

– Bobagem. Quem poderia estar aqui?

– Às vezes até as paredes têm ouvidos – sussurrou a mulher. – Estou com muito medo. Você não o conhece!

– Pense nas cem mil libras – Tuppence tentou acalmá-la, com voz doce.

A sra. Vandemeyer passou a língua pelos lábios secos.

– Você não o conhece – ela repetiu com voz rouca. – Ele é... ah!

Com um grito agudo de terror, ela ergueu-se de um salto. Sua mão estendida apontava por cima da cabeça de Tuppence. Depois ela cambaleou e desabou no chão, desmaiada.

Tuppence virou-se para ver o que havia assustado a mulher.

No vão da porta estavam sir James Peel Edgerton e Julius Hersheimmer.

Capítulo 13

A vigília

Sir James passou às pressas por Julius e agachou-se para acudir a mulher desfalecida.

– É o coração – decretou, contundente. – Ela deve ter levado um choque ao nos ver assim de supetão. Conhaque, e rápido, caso contrário vamos perdê-la.

Julius correu até o lavatório.

– Aí não – disse Tuppence por cima do ombro. – Na cristaleira da sala de jantar, segunda porta do corredor.

Sir James e Tuppence ergueram a sra. Vandemeyer e carregaram a mulher para a cama. Derramaram água no rosto dela, mas sem resultado. O advogado mediu seu pulso.

– Fraco e errático – murmurou. – Espero que o rapaz traga logo o conhaque.

Nesse momento Julius entrou de novo no quarto munido de um copo meio cheio da bebida e passou-o às mãos de sir James. Tuppence ergueu a cabeça da mulher enquanto o advogado tentou introduzir à força um pouco do conhaque entre os lábios fechados dela. Por fim ela entreabriu os olhos. Tuppence levou o copo à boca da mulher.

– Beba isto.

A sra. Vandemeyer aquiesceu. O conhaque devolveu a cor às lívidas maçãs de seu rosto e restituiu suas forças de modo maravilhoso. Ela tentou se sentar, mas caiu para trás com um gemido, a mão pendente.

– É o meu coração – ela murmurou. – É melhor eu não falar.

Deitou-se de costas, com os olhos fechados.

Sir James continuou medindo o pulso da mulher por mais um minuto, depois soltou a mão e meneou a cabeça.

– Tudo bem agora. Ela vai viver.

Os três se afastaram e ficaram conversando em voz baixa. Todos tinham a consciência de certa sensação de anticlímax. Era evidente que qualquer plano de interrogar a dama naquelas condições estava fora de cogitação. No momento estavam perplexos e nada podiam fazer.

Tuppence relatou que a sra. Vandemeyer tinha declarado sua disposição de desvendar a identidade do sr. Brown, e que também consentira em descobrir e revelar a eles o paradeiro de Jane Finn. Julius parabenizou a jovem.

– Que beleza, srta. Tuppence. Esplêndido! Creio que amanhã cedo essa senhora estará tão interessada nas cem mil libras quanto estava hoje. Não há motivo para preocupação. De qualquer modo, ela não falaria antes de ter o dinheiro na mão!

Claro que havia certa dose de bom senso nessas palavras, e Tuppence sentiu-se mais confortada.

– O que o senhor diz é verdade – concordou sir James, pensativo. – No entanto, devo confessar que algo não me sai da cabeça: como eu gostaria que não tivéssemos chegado e interrompido justamente naquele momento! Contudo, agora já não há remédio, é apenas questão de esperar até o amanhecer.

Fitou a figura inerte sobre a cama. A sra. Vandemeyer estava deitada em atitude de completa passividade, com os olhos fechados. O advogado balançou a cabeça.

– Bem – disse Tuppence numa tentativa de parecer animada e melhorar o clima –, teremos de esperar até amanhã de manhã, só isso. Mas creio que é melhor não sairmos do apartamento.

– E se colocássemos de guarda o tal menino inteligente de que você nos falou?

– Albert? Mas e se ela voltar a si e tentar fugir? Albert não conseguiria detê-la.

– A meu ver ela não vai querer fugir dos dólares prometidos.

– Talvez queira. Ela me pareceu apavorada com o tal "sr. Brown".

– O quê? Será que tem mesmo tanto medo dele?

– Sim. Ela olhou ao redor e chegou a dizer que até as paredes têm ouvidos.

– Talvez ela estivesse falando de um ditafone – disse Julius, com interesse.

– A srta. Tuppence tem razão – disse sir James calmamente. – Não devemos sair do apartamento, e não apenas por causa da sra. Vandemeyer.

Julius encarou o advogado.

– O senhor acha que ele viria atrás dela? Em algum momento entre agora e amanhã de manhã? Mas como ele poderia saber?

– Está esquecendo a hipótese que o senhor mesmo sugeriu: um ditafone – respondeu sir James secamente. – Estamos diante de um adversário terrível. Acredito que se agirmos com toda cautela há uma chance muito boa de que ele caia direto em nossas mãos. Mas não podemos negligenciar nenhuma precaução. Temos uma testemunha importante, mas ela deve ser salvaguardada. Sugiro que a srta. Tuppence vá para a cama e que o senhor e eu, sr. Hersheimmer, nos revezemos na vigília.

Tuppence estava prestes a protestar, mas acabou olhando de relance para a cama e viu a sra. Vandemeyer de olhos semiabertos, com uma expressão no rosto que era um misto de temor e malevolência. A jovem ficou sem palavras.

Por um momento Tuppence se perguntou se o desmaio e o ataque de coração não teriam sido um gigantesco embuste, mas lembrou-se da palidez mortal, o que praticamente anulava sua suposição. Quando olhou de novo, a expressão desaparecera como que num passe de mágica, e a sra. Vandemeyer jazia inerte e imóvel como antes. Por um momento a moça imaginou que devia ter sonhado. Mesmo assim, decidiu ficar alerta.

– Bem, creio que é melhor sairmos daqui – propôs Julius.

Os outros acataram a sugestão. Mais uma vez sir James mediu o pulso da sra. Vandemeyer.

– Perfeitamente satisfatório – ele disse em voz baixa para Tuppence. – Depois de uma boa noite de repouso ela ficará boa.

A moça hesitou um momento ao lado da cama. Estava profundamente abalada pela intensidade da expressão que havia flagrado no rosto da mulher. A sra. Vandemeyer ergueu as pálpebras. Parecia fazer um grande esforço para falar. Tuppence curvou-se sobre ela.

– Não saia – aparentemente sem forças para continuar, ela murmurou algo que aos ouvidos de Tuppence soou como "com sono". Depois disso ela fez uma nova tentativa.

Tuppence chegou ainda mais perto da boca da mulher, cuja voz não passava de um sopro.

– O sr... Brown... – a voz emudeceu.

Mas seus olhos semicerrados pareciam ainda enviar uma mensagem angustiada.

Movida por um impulso repentino, a moça apressou-se em dizer:

– Não sairei do apartamento. Ficarei aqui de vigília a noite inteira.

Um lampejo de alívio foi visível antes que as pálpebras se fechassem mais uma vez. Aparentemente a sra. Vandemeyer estava dormindo. Mas suas palavras suscitaram um novo desassossego em Tuppence. O que ela quis dizer com aquele ínfimo murmúrio "o sr. Brown"? Tuppence se flagrou olhando nervosamente por cima do ombro. O enorme guarda-roupa avultava-se com aspecto sinistro diante dos seus olhos. Dentro dele havia espaço de sobra para um homem se esconder... Um pouco envergonhada de si mesma, Tuppence abriu o móvel e inspecionou seu interior. Ninguém – é óbvio! Agachou-se e olhou debaixo da cama. Não havia outro esconderijo possível.

Tuppence deu sua característica sacudidela de ombros. Era absurdo sucumbir assim aos nervos! Saiu devagar do quarto. Julius e sir James estavam conversando em voz baixa. O jurista voltou-se para ela.

– Tranque a porta por fora, por favor, srta. Tuppence, e tire a chave. Ninguém deve ter a possibilidade de entrar nesse quarto.

A seriedade dessas palavras impressionou Tuppence e Julius, e a moça se sentiu menos envergonhada de seu "ataque de nervos".

De repente, Julius disse:

– Tuppence, aquele seu menino inteligente ainda está lá embaixo. Acho melhor eu descer e tranquilizá-lo. Um garoto e tanto, Tuppence.

– A propósito, como entraram aqui? – indagou Tuppence de supetão. – Eu me esqueci de perguntar.

– Bem, Albert contou-me tudo por telefone. Fui buscar sir James e viemos para cá imediatamente. O menino estava de tocaia, à nossa espera, e um bocado preocupado com o que poderia ter acontecido com você. Ele tinha tentado colar a orelha à porta do apartamento, mas não conseguiu ouvir nada. E sugeriu que subíssemos pelo elevador de serviço em vez de tocar a campainha. Descemos, entramos na copa e encontramos você no quarto. Albert ainda está lá embaixo, e deve estar maluco de ansiedade – dizendo isso, Julius saiu abruptamente.

– Agora, srta. Tuppence – disse sir James –, a senhorita conhece esta casa melhor que eu. Onde sugere que improvisemos nosso alojamento?

Tuppence pensou por alguns instantes.

– Creio que o boudoir da sra. Vandemeyer seria o cômodo mais confortável – ela disse, por fim.

Sir James olhou ao redor, aprovando a sugestão.

– É perfeito; e agora, minha cara jovem, vá para a cama e durma um pouco.

Tuppence balançou a cabeça, resoluta.

– Eu não conseguiria dormir, sir James. Sonharia a noite inteira com o sr. Brown!

– Mas a senhorita ficará cansada demais, minha filha.

– Não, não vou. Prefiro ficar acordada – falo sério.

O advogado não insistiu.

Julius reapareceu logo em seguida, depois de tranquilizar Albert e recompensá-lo generosamente por seus serviços. Também tentou e não conseguiu convencer Tuppence a ir dormir, até que, por fim, disse com ar decidido:

– Em todo caso, você precisa comer alguma coisa imediatamente. Onde fica a despensa?

Tuppence ensinou-lhe o caminho, e minutos depois o norte-americano voltou trazendo uma torta fria e três pratos. Depois da refeição substanciosa, a moça sentiu-se inclinada a desprezar suas fantasias de meia hora antes. A força da sedução do dinheiro não tinha como falhar.

– E agora, srta. Tuppence – disse sir James –, queremos ouvir as suas aventuras.

– Isso mesmo – concordou Julius.

Tuppence narrou as suas aventuras com um pouco de complacência. De tempos em tempos Julius soltava interjeições de admiração: "Excelente!". Sir James ouviu em silêncio até o final do relato e então soltou um sossegado "Muito bem, srta. Tuppence", elogio que fez a jovem aventureira corar de satisfação.

– Há uma coisa que não ficou clara para mim – disse Julius. – Por que motivo ela queria dar o fora?

– Não sei – confessou Tuppence.

Sir James afagou o queixo, pensativo.

– O quarto estava uma bagunça. Isso dá a entender que ela não premeditou sua partida. É quase como se ela tivesse recebido um aviso repentino de alguém.

– Do sr. Brown, suponho – opinou Julius, em tom de zombaria.

O olhar do advogado se deteve sobre Julius por um ou dois minutos.

– Por que não? Lembre-se de que o senhor mesmo foi derrotado categoricamente por ele uma vez.

Julius corou, irritado.

– Fico doido de raiva quando penso em como entreguei feito um cordeirinho a fotografia de Jane. Deus meu, se um dia eu conseguir pôr as mãos de novo naquele retrato, vou me agarrar a ele... como o diabo!

– É bastante remota a probabilidade de que isso venha a acontecer – disse secamente o advogado.

– Acho que o senhor tem razão – respondeu Julius com franqueza. – E, de qualquer modo, é a Jane original que eu estou procurando. Onde acredita que ela possa estar, sir James?

O advogado balançou a cabeça.

– Impossível dizer. Mas tenho uma ideia muito boa de onde ela *esteve*.

– Tem? Onde?

Sir James sorriu.

– No cenário das suas aventuras noturnas, o sanatório de Bournemouth.

– Lá? Impossível. Eu perguntei.

– Não, meu caro, o senhor perguntou se uma pessoa chamada Jane Finn tinha estado lá. Ora, se a moça foi de fato internada naquela clínica, é quase certo que teria usado um nome falso.

– Bravo! Essa foi boa! – exclamou Julius. – Eu não tinha pensado nisso!

– Mas é bastante óbvio – declarou o outro.

– Talvez o médico também esteja metido na história – sugeriu Tuppence.

Julius indicou que não com a cabeça.

– Não creio nisso. Gostei dele logo de cara. Não... tenho certeza absoluta de que o dr. Hall é um sujeito honesto.

– Hall, o senhor disse? – perguntou sir James. – Isso é curioso, realmente muito curioso.

– Por quê? – quis saber Tuppence.

– Porque hoje de manhã eu o encontrei por acaso. Eu o conheço há alguns anos e já estivemos juntos em algumas ocasiões sociais, e hoje pela manhã topei com ele na rua. Estava hospedado no Metrópole, foi o que me disse – ele virou-se para Julius. – Ele comentou com o senhor que estava vindo para a cidade?

Julius fez um sinal afirmativo com a cabeça.

– É curioso – refletiu sir James. – O senhor não mencionou o nome dele esta tarde, ou eu teria sugerido que fosse procurá-lo a fim de obter mais informações, levando consigo um cartão meu à guisa de apresentação.

– Acho que sou uma besta quadrada – admitiu Julius com humildade fora do comum. – Eu deveria ter pensado no truque do nome falso.

– Como você teria condição de pensar no que quer que fosse depois de desabar daquela árvore? – disse Tuppence. – Estou certa de que qualquer outra pessoa teria morrido na hora.

– Bem, creio que agora isso não importa – disse Julius. – Temos a sra. Vandemeyer presa e sob nosso controle, e isso é tudo de que precisamos.

– Sim – disse Tuppence, mas sem muita convicção na voz.

O pequeno grupo ficou em silêncio. Aos poucos a magia da noite começou a tomar conta dos três. Ouviam-se repentinos estalos nos móveis, imperceptíveis sussurros nas cortinas. De repente Tuppence deu um pulo e se pôs de pé, com um grito.

– Não posso evitar! Sei que o sr. Brown está em algum lugar no apartamento. Posso *senti-lo* aqui.

– Ora, Tuppence, como ele poderia estar aqui? Esta porta dá para o vestíbulo. Ninguém poderia entrar pela porta da frente sem que víssemos ou ouvíssemos.

– Não posso fazer nada. *Sinto* que ele está aqui!

Ela lançou um olhar suplicante para sir James, que respondeu em tom sisudo:

– Com todo o respeito e a devida consideração por seus sentimentos, srta. Tuppence, e também pelos meus, diga-se, não compreendo como possa ser humanamente possível que alguém esteja neste apartamento sem o nosso conhecimento.

A moça se sentiu um pouco mais reconfortada com essas palavras.

– Ficar sem dormir sempre me causa apreensão – ela confessou.

– Sim – disse sir James. – Estamos na mesma situação das pessoas reunidas numa sessão espírita. Se houvesse um médium presente aqui, talvez conseguíssemos resultados admiráveis.

– O senhor acredita em espiritismo? – perguntou Tuppence, arregalando os olhos.

O advogado encolheu os ombros.

– A doutrina tem alguma verdade, sem dúvida. Mas a maior parte das evidências e testemunhos não serviria num tribunal.

As horas foram escoando. Com os primeiros e fracos clarões do alvorecer, sir James abriu as cortinas. Contemplaram o que poucos londrinos veem, a lenta ascensão do sol sobre a cidade adormecida. De certa maneira, com a chegada da luz os temores e fantasias da noite anterior pareciam absurdos. O ânimo de Tuppence voltou ao normal.

– Viva! – ela disse. – Vai ser um dia lindo. E encontraremos Tommy. E Jane Finn. E tudo será maravilhoso. Perguntarei ao sr. Carter se há como eu ganhar o título de *dame* do Império.

Às sete horas Tuppence se ofereceu para preparar um pouco de chá. Voltou com uma bandeja contendo um bule e quatro xícaras.

– Para quem é a outra xícara? – perguntou Julius.

– Para a prisioneira, é claro. Acho que podemos chamá-la assim?

– Servir chá para ela parece uma espécie de anticlímax da noite passada – disse Julius, pensativo.

– Sim, é mesmo – admitiu Tuppence. – Mas lá vou eu. Acho melhor vocês virem comigo, para o caso de a sra. Vandemeyer me atacar ou coisa do tipo. Não sei com que humor ela vai despertar.

Sir James e Julius acompanharam Tuppence até a porta.

– Onde está a chave? Ah, é claro, está comigo.

Tuppence enfiou a chave na fechadura, girou-a e depois estacou.

– E se no fim das contas ela tiver fugido? – murmurou.

– Totalmente impossível – respondeu Julius, tentando tranquilizá-la.

Sir James nada disse.

Tuppence respirou fundo e entrou. Com um suspiro de alívio, viu que a sra. Vandemeyer estava deitada na cama.

– Bom dia – disse a moça alegremente. – Trouxe um pouco de chá para a senhora.

A sra. Vandemeyer não respondeu. Tuppence pousou a xícara sobre a mesinha de cabeceira e atravessou o quarto para abrir as cortinas. Quando voltou, a sra. Vandemeyer continuava deitada, imóvel. Com um repentino aperto no coração, Tuppence correu para a cama. Levantou uma das mãos da mulher e sentiu que estava fria feito gelo... Agora a sra. Vandemeyer nunca mais falaria...

O grito de Tuppence atraiu os dois homens. Bastaram poucos instantes. A sra. Vandemeyer estava morta – já devia fazer algumas horas. Evidentemente ela morrera em pleno sono.

– Que azar! Uma crueldade! – urrou Julius, desesperado.

O advogado estava mais calmo, mas em seus olhos havia um estranho brilho.

– Se é que foi azar – ele comentou.

– O senhor não acha... mas, digamos, não, isso é totalmente impossível... ninguém poderia ter entrado aqui.

– Não – admitiu o advogado. – Não vejo como alguém poderia ter entrado. E, no entanto, ela está a ponto de trair o sr. Brown e morre de repente. Será mero acaso?

– Mas como...

– Sim, *como*? É isso que temos de descobrir. – Sir James ficou lá de pé, em silêncio, afagando delicadamente o queixo. – Temos de descobrir – repetiu, em voz baixa, e Tuppence pensou que, se ela fosse o sr. Brown, não gostaria do tom daquelas simples palavras.

Julius olhou de relance para a janela.

– A janela está aberta – reparou. – Acham que...

Tuppence balançou a cabeça.

– A sacada se estende apenas até o boudoir. Nós estávamos lá.

– Ele pode ter passado despercebido – sugeriu Julius.

Sir James, porém, o interrompeu.

– Os métodos do sr. Brown não são tão grosseiros. Devemos chamar um médico, mas antes: há neste quarto alguma coisa que possa ser útil para nós?

Às pressas, revistaram o quarto. Um amontoado de restos chamuscados na grade da lareira indicava que na véspera da fuga a sra. Vandemeyer havia queimado papéis. Embora tenham feito uma busca também nos demais aposentos da casa, não sobrara nada de importância.

– Há aquilo ali – disse Tuppence de súbito, apontando para um cofre pequeno e antigo embutido na parede. – É para guardar as joias, creio eu, mas pode ser que contenha mais alguma coisa.

A chave estava na fechadura; Julius abriu a porta do cofre e examinou seu interior, tarefa em que se demorou um bom tempo.

– E então? – perguntou Tuppence, impaciente.

Houve um instante de silêncio antes que Julius respondesse; ele retirou a cabeça do interior do cofre e fechou a porta.

– Nada – disse o norte-americano.

Em cinco minutos chegou um médico jovem e diligente, convocado com urgência. Reconheceu sir James e tratou-o de forma respeitosa.

– Insuficiência cardíaca ou, possivelmente, uma overdose de algum soporífero. – Aspirou o ar. – Ainda há no ambiente um forte cheiro de cloral.

Tuppence lembrou-se do copo que ela tinha derrubado. E outro pensamento fez com que se precipitasse para o lavatório. Encontrou o pequeno frasco do qual a sra. Vandemeyer tirara algumas gotas.

Antes o frasco ainda tinha dois terços do conteúdo. E agora – *estava vazio.*

Capítulo 14

Uma consulta

Para Tuppence nada foi mais surpreendente e desconcertante do que o desembaraço e a simplicidade com que toda a situação se arranjou, graças à atuação habilidosa de sir James. O médico aceitou sem contestar a teoria de que a sra. Vandemeyer havia tomado acidentalmente uma dose excessiva de cloral. E duvidou da necessidade de uma investigação policial. Caso houvesse um inquérito, ele avisaria sir James. O médico ouviu o relato de que a sra. Vandemeyer estava de partida para o exterior e já dispensara os criados. Sir James e os seus jovens amigos tinham ido visitá-la, ela foi acometida de um mal súbito e eles então resolveram passar a noite no apartamento, pois estavam receosos de deixá-la sozinha. Sabiam se ela tinha algum parente? Não, mas sir James fez alusão ao procurador da sra. Vandemeyer.

Pouco depois chegou uma enfermeira para se encarregar das providências, e os outros foram embora daquele edifício de mau agouro.

– E agora? – perguntou Julius, com um gesto de desespero. – Acho que estamos liquidados de vez.

Absorto, sir James afagou o queixo.

– Não – ele respondeu, calmamente. – Ainda há a possibilidade de que o dr. Hall possa nos dizer alguma coisa.

– Meu Deus! Eu tinha me esquecido dele.

– A possibilidade é mínima, mas nem por isso devemos desprezá-la. Creio que eu já disse que ele está hospedado no Metrópole. Sugiro que lhe façamos uma visita o mais rápido possível. Que tal depois de um banho e um café da manhã?

Combinaram que Tuppence e Julius voltariam ao Ritz e depois buscariam de carro sir James. O planejamento foi seguido à risca, e pouco depois das onze horas o carro com os três estacionou em frente ao Metrópole. Perguntaram pelo dr. Hall e um mensageiro foi buscar o hóspede. Minutos depois o doutorzinho surgiu, caminhando a passos apressados na direção do grupo.

– Pode nos conceder alguns minutos do seu tempo, dr. Hall? – perguntou sir James com toda simpatia. – Permita-me apresentá-lo à srta. Cowley. Creio que o sr. Hersheimmer o senhor já conhece.

Um brilho zombeteiro faiscou nos olhos do médico quando apertou a mão de Julius.

– Ah, sim, o meu jovem amigo do episódio da árvore! O tornozelo já está bom, é?

– Creio que está curado graças ao seu habilidoso tratamento, doutor.

– E o problema com o coração? Ha, ha!

– Ainda procurando – respondeu Julius, curto e grosso.

– Indo direto ao ponto, podemos conversar com o senhor em particular? – perguntou sir James.

– Claro. Creio que há aqui uma sala onde não seremos incomodados.

O médico foi à frente e os outros o seguiram. Sentaram-se e o doutor fitou sir James com olhar inquiridor.

– Dr. Hall, estou muito ansioso para encontrar uma certa moça, com o propósito de obter dela um depoimento. Tenho razões para supor que ela já esteve, em algum momento, internada numa casa de saúde em Bournemouth. Espero não estar transgredindo a ética profissional ao lhe fazer perguntas sobre uma paciente.

– Suponho que se trate de um depoimento para fins judiciais...

Sir James hesitou um momento, depois respondeu:

– Sim.

– Ficarei contente em fornecer qualquer informação que esteja ao meu alcance. Qual é o nome dela? O sr. Hersheimmer já me perguntou sobre ela, eu me lembro... – voltou-se para Julius.

– O nome – disse sir James, bruscamente – é irrelevante. É quase certo que ela foi mandada para a sua instituição sob um nome falso. Mas eu gostaria de saber se o senhor tem alguma relação pessoal com uma mulher chamada sra. Vandemeyer.

– Sra. Vandemeyer, do South Audley Mansions, 20? Eu a conheço vagamente.

– O senhor não está informado sobre o que aconteceu?

– A que se refere?

– O senhor não sabe que a sra. Vandemeyer morreu?

– Meu Deus, eu não tinha a menor ideia! Quando isso aconteceu?

– Ela tomou uma overdose de cloral a noite passada.

– De propósito?

– Acidentalmente, supõe-se. Eu não posso afirmar com certeza. Seja como for, ela foi encontrada morta esta manhã.

– Muito triste. Uma mulher de beleza extraordinária. Imagino que era sua amiga, uma vez que o senhor está a par de todos esses pormenores.

– Sei de todos os pormenores porque, bem, fui eu quem a encontrou morta.

– É mesmo? – o médico teve um sobressalto.

– Sim – respondeu sir James e, pensativo, alisou o queixo.

– São notícias bem tristes, mas perdoe-me por dizer que ainda não entendi qual é a relação desse fato com a tal moça que o senhor está procurando.

– A relação é a seguinte: não é verdade que a sra. Vandemeyer confiou aos cuidados do senhor uma jovem parente?

Julius inclinou-se para a frente, ansioso.

– Sim, é verdade – respondeu o médico calmamente.

– Sob o nome de...?

– Janet Vandemeyer. Pelo que sei, era sobrinha da sra. Vandemeyer.

– E quando ela foi internada?

– Se bem me lembro, em junho ou julho de 1915.

– Era um caso de problema mental?

– A moça está em seu juízo perfeito, se é a isso que o senhor se refere. A sra. Vandemeyer disse-me que a sobrinha estava a bordo do *Lusitania* quando o malfadado navio naufragou, e em decorrência disso sofreu um severo abalo emocional.

– Estamos no caminho certo, não? – sir James buscou o olhar dos companheiros.

– Como eu já disse, sou uma besta quadrada! – disse Julius.

O médico fitou os três com uma expressão de curiosidade.

– O senhor manifestou a intenção de ouvir uma declaração da moça. E se ela não tiver condições de prestar um depoimento?

– O quê? O senhor acabou de dizer que ela está em seu juízo perfeito.

– E está. Entretanto, se o senhor deseja um depoimento acerca de qualquer acontecimento anterior a 7 de maio de 1915, ela não será capaz de ajudá-lo.

Perplexos, os três olharam fixamente para o homenzinho, que meneou a cabeça, todo contente.

– É uma pena – declarou o médico. – É mesmo uma pena, especialmente porque, pelo que pude deduzir, o assunto é de grande importância. Mas a verdade é que ela não será capaz de dizer coisa alguma.

– Mas por quê, homem? Maldição, por quê?

O homenzinho lançou um olhar benevolente ao agitado rapaz norte-americano.

– Porque Janet Vandemeyer sofre de uma perda total da memória.

– *O quê?*

– Isso mesmo. Um caso interessante, um caso *muito* interessante. Mas não tão incomum como os senhores poderiam pensar. Há inúmeros paralelos, todos muito conhecidos. É o primeiro caso do tipo que tive sob meus cuidados, e devo admitir que o considerei absolutamente fascinante. – Havia algo de macabro na satisfação do homenzinho.

– E ela não se lembra de nada? – disse sir James pausadamente.

– Nada anterior a 7 de maio de 1915. Depois dessa data a memória da moça é tão boa como a sua ou a minha.

– Qual é, então, a primeira coisa de que ela se lembra?

– Ter desembarcado com os sobreviventes. Tudo que aconteceu antes disso é um vazio, um espaço em branco. Ela não sabia o próprio nome, de onde tinha vindo ou onde estava. Ela não era capaz sequer de falar sua própria língua materna.

– Mas certamente algo assim é raro? – interveio Julius.

– Não, meu caro senhor. É absolutamente normal nas circunstâncias em que ocorreu. Um violento choque no sistema nervoso. A perda da memória é um sintoma que se manifesta quase sempre de maneira muito semelhante. É óbvio que sugeri um especialista. Há em Paris um colega muito bom que estuda casos dessa natureza, mas a sra. Vandemeyer se opôs à ideia, por temer que gerasse muita publicidade.

– Posso imaginar – disse sir James, de cara amarrada.

– Concordei com a opinião dela. Esses casos *sempre* adquirem certa notoriedade. E a moça era muito jovem, dezenove anos, creio. Seria lamentável que a sua enfermidade se transformasse em alvo de comentários e tema de fofocas. Isso talvez arruinasse seu futuro. Além disso, não existe um tratamento especial para esses casos. Tudo é apenas uma questão de esperar.

– Esperar?

– Sim. Mais cedo ou mais tarde a memória dela voltará, de maneira tão repentina como se perdeu. Mas provavelmente a moça esquecerá por completo o período intermediário e retomará a vida a partir do ponto em que parou: no naufrágio do *Lusitania*.

– E quando o senhor acredita que isso vai acontecer?

O médico encolheu os ombros.

– Ah, isso não sei dizer. Às vezes é uma questão de meses, mas há relatos de casos que levaram vinte anos! Às vezes o remédio é o paciente levar outro choque. Um restaura o que o outro destruiu.

– Outro choque, é? – perguntou Julius, pensativo.

– Sim. Houve um caso no Colorado... – o homenzinho começou a tagarelar numa voz fluente e um tanto entusiasmada.

Julius parecia não estar escutando. Agora franzia a testa, absorto nos seus próprios pensamentos. De repente, emergiu de seu devaneio e deu um soco na mesa, com um estrondo tão violento que fez todos pularem, o médico mais que todos.

– Já sei! Doutor, eu gostaria de ouvir a sua opinião profissional sobre o plano que vou expor. Suponhamos que Jane cruze mais uma vez o oceano e que aconteçam as mesmas coisas. O submarino, o naufrágio do navio, todo mundo correndo para os botes salva-vidas, e assim por diante. Isso daria conta de provocar o choque da cura? Não seria um baque e tanto no seu subconsciente, ou seja lá qual for o nome técnico, e esse solavanco não faria na mesma hora tudo voltar ao funcionamento normal?

– Uma especulação muito interessante, sr. Hersheimmer. Na minha opinião o procedimento teria pleno êxito. É pena que não haja possibilidade de que essas condições se repitam como o senhor sugere.

– Talvez não por meios naturais, doutor. Mas estou falando de artifício.

– Artifício?

– Sim, ora. Qual é a dificuldade? Alugamos um navio de linha regular...

– Um navio de linha regular! – murmurou o médico, num fiapo de voz.

– Contratamos alguns passageiros, alugamos um submarino; essa deve ser a única dificuldade, creio eu. Os governos tendem a ser um pouco mesquinhos quando se trata de suas máquinas de guerra. Não vendem ao primeiro interessado que aparece. Mesmo assim, acho que se pode dar um jeito. Já ouviu falar da palavra "suborno", senhor? Pois bem, o suborno sempre dá conta do recado! Acredito que não haverá necessidade de disparar um torpedo de verdade. Se todos os nossos passageiros correrem de um lado para o outro, acotovelando-se e berrando a plenos pulmões que o navio está indo a pique, isso deve ser o suficiente para uma jovem inocente como Jane. No momento em que colocarem nela uma boia salva-vidas e a empurrarem para dentro de um bote, enquanto um punhado de bem ensaiados atores e atrizes fingem ataques histéricos no convés, ora, isso deve fazer com que ela volte ao exato ponto em que se encontrava em maio de 1915. O que acham das linhas gerais do plano?

O dr. Hall olhou para Julius. Em seu olhar era eloquente tudo o que ele era incapaz de expressar em palavras naquele momento.

– Não – disse Julius, em resposta ao olhar do médico. – Não estou louco. A coisa é perfeitamente possível. Nos Estados Unidos fazem isso todo dia na produção de filmes. Nunca viram colisões de trens na tela? Qual é a diferença entre comprar um trem e comprar um navio? É apenas uma questão de adquirir os acessórios necessários, e mãos à obra!

O dr. Hall recuperou a voz.

– Mas e as despesas, meu caro senhor! – levantou a voz. – As despesas! Seriam *colossais*!

– Dinheiro não me preocupa nem um pouco – explicou Julius, sem afetação.

O dr. Hall dirigiu um olhar de apelo a sir James, que esboçou um sorriso.

– O sr. Hersheimmer é muito rico, muito rico, mesmo.

O olhar de relance do médico voltou-se para Julius, agora com uma qualidade nova e sutil. Já não o encarava como um rapaz excêntrico com o hábito de despencar das árvores. Nos olhos do doutor via-se agora a atitude respeitosa concedida aos homens verdadeiramente abastados.

– O plano é extraordinário. Absolutamente extraordinário – ele murmurou. – O cinema, os filmes, é claro!

Muito interessante. Receio apenas que aqui na Inglaterra ainda estejamos um pouco atrasados nos nossos métodos cinematográficos. E o senhor pretende realmente levar a cabo o seu notável plano?

– Pode apostar até o seu último dólar que sim.

O médico acreditou nele – o que era uma homenagem à nacionalidade do rapaz. Se fosse um inglês que tivesse sugerido coisa semelhante, o doutor teria sérias dúvidas em relação à sanidade mental do seu interlocutor.

– Não posso garantir que isso vá curar a moça – ele declarou. – Talvez seja melhor deixar isso bem claro.

– Sim, tudo bem – disse Julius. – Apenas mostre-me Jane e deixe o resto por minha conta.

– Jane?

– Srta. Janet Vandemeyer, então. Podemos fazer um telefonema interurbano para o sanatório pedindo que a mandem imediatamente para cá; ou é melhor que eu pegue meu carro e vá buscá-la?

O médico encarou-o com os olhos fixos de espanto.

– Desculpe, sr. Hersheimmer. Pensei que o senhor tivesse entendido.

– Entendido o quê?

– Que a srta. Vandemeyer já não está mais sob os meus cuidados.

Capítulo 15

Tuppence é pedida em casamento

Julius deu um pulo da cadeira.

– O quê?

– Pensei que o senhor tivesse compreendido...

– Quando ela partiu?

– Vejamos. Hoje é segunda-feira, não? Deve ter sido na quarta-feira passada... hum, com certeza, sim, foi na mesma noite em que o senhor... hã... caiu da minha árvore.

– Naquela noite? Antes ou depois?

– Deixe-me ver... oh, sim, depois. Recebemos uma mensagem urgentíssima da sra. Vandemeyer. A moça e a enfermeira que cuidava dela partiram no trem noturno.

Julius afundou na cadeira.

– A enfermeira Edith foi embora com uma paciente, eu me lembro – ele murmurou. – Meu Deus, estive tão perto dela!

O dr. Hall parecia desnorteado.

– Não compreendo. A moça não está com a tia dela, então?

Tuppence balançou a cabeça. Ia abrir a boca para falar quando um olhar de advertência de sir James fez com que mordesse a língua. O advogado se levantou.

– Fico muito agradecido ao senhor, dr. Hall. Muito obrigado por tudo o que o senhor nos contou. Infelizmente estamos de novo na posição de seguir o rastro da srta. Vandemeyer. E a enfermeira que a acompanhou? Acaso o senhor sabe onde ela se encontra?

O médico fez que não com a cabeça.

– Na verdade não recebemos notícias da enfermeira Edith. Eu acreditava que ela ficaria com a srta. Vandemeyer por algum tempo. Mas o que pode ter acontecido? Por certo a moça não foi raptada, foi?

– Isso ainda não se sabe – disse sir James, extremamente sério.

O médico hesitou.

– O senhor acha que devo procurar a polícia?

– Não, não. O mais provável é que a moça esteja com outros parentes.

O médico não ficou muito satisfeito, mas viu que sir James estava determinado a não dizer mais nada e compreendeu que tentar obter maiores informações do famoso advogado e Conselheiro Real seria mera perda de tempo. Portanto, despediu-se dos visitantes e desejou-lhes tudo de bom. Os três deixaram o hotel e, poucos minutos depois, pararam junto ao carro para conversar.

– É de enlouquecer! – exclamou Tuppence. – Pensar que Julius chegou a estar com ela sob o mesmo teto, por algumas horas.

– Sou um maldito idiota – murmurou Julius, abatido.

– Você não tinha como saber – consolou-o Tuppence. – Tinha? – Ela apelou para sir James.

– Meu conselho é que a senhorita não se preocupe – disse o advogado, com toda gentileza. – Não adianta chorar sobre o leite derramado, como a senhorita bem sabe.

– A grande questão é: o que faremos agora? – acrescentou a prática Tuppence.

Sir James encolheu os ombros.

– Podemos publicar um anúncio à procura da enfermeira que acompanhou a moça. É a única tática que posso sugerir, e devo confessar que não espero que resulte em grande coisa. De resto, nada mais podemos fazer.

– Nada? – perguntou Tuppence, desanimada. – E Tommy?

– Resta torcer pelo melhor – disse sir James.

– Oh, devemos manter a esperança.

Entretanto, por cima da cabeça abaixada da moça os olhos do advogado encontraram os de Julius e sir James balançou a cabeça de modo quase imperceptível. Julius compreendeu. Para o advogado, tratava-se de um caso perdido. O rapaz norte-americano fechou a cara. Sir James segurou a mão de Tuppence.

– A senhorita deve me avisar se surgir qualquer fato novo. As cartas serão sempre encaminhadas para onde eu estiver.

Tuppence encarou-o, confusa.

– O senhor vai viajar?

– Eu já disse. Não se lembra? Para a Escócia.

– Sim, mas eu pensei que... Hesitou.

Sir James encolheu os ombros.

– Minha cara jovem, nada mais posso fazer, infelizmente. Todas as nossas pistas se desmancharam no ar. Dou-lhe a minha palavra de que nada mais se pode fazer. Se surgir alguma novidade, ficarei muito feliz de lhe oferecer meus conselhos.

Essas palavras causaram em Tuppence uma sensação de extraordinária desolação.

– Acho que o senhor tem razão. De qualquer modo, agradeço-lhe muito por tentar nos ajudar. Adeus!

Julius estava encostado no carro. Uma compaixão momentânea se estampou nos olhos perspicazes de sir James quando contemplou o rosto desolado da moça.

– Não fique tão desconsolada, srta. Tuppence – ele disse em voz baixa. – Lembre-se de que as férias nem sempre são apenas divertimento. Às vezes servem também para trabalhar um pouco.

Alguma coisa no tom de voz do advogado fez com que Tuppence levantasse repentinamente os olhos. Sir James meneou a cabeça e abriu um sorriso.

– Não, não direi mais nada. Falar demais é um grave erro. Lembre-se disso. Nunca diga tudo o que sabe, nem mesmo à pessoa que a senhorita melhor conhece. Compreende? Adeus!

E se afastou a passos largos. Tuppence ficou parada contemplando o advogado. Estava começando a compreender os métodos de sir James. Antes ele já tinha feito uma insinuação, da mesma maneira despreocupada e fortuita. Será que agora também tinha sido uma indireta? Qual seria exatamente o sentido por trás daquelas breves palavras? Será que ele queria dar a entender que, no final das contas, não abandonara o caso, que, em segredo, continuaria trabalhando na investigação enquanto...

As reflexões de Tuppence foram interrompidas por Julius, que usou a expressão "sobe aí" para pedir que ela entrasse no carro.

– Você está me parecendo muito pensativa – observou o rapaz, dando partida no automóvel. – O velho disse mais alguma coisa?

Tuppence abriu impulsivamente a boca para falar, mas depois tornou a fechá-la. As palavras de sir James ecoaram em seus ouvidos: "Nunca diga tudo o que sabe, nem mesmo à pessoa que a senhorita melhor conhece". E, num átimo, como um relâmpago, ocorreu-lhe outra lembrança: Julius diante do cofre no apartamento, a pergunta dela e o silêncio do rapaz antes de responder: "Nada". Será que realmente não havia nada? Ou será que ele tinha encontrado alguma coisa que quis guardar para si? Se ele podia permitir-se tal reserva, ela também.

– Nada de mais – respondeu.

Ela sentiu, mais do que viu, Julius lançar-lhe um olhar de soslaio.

– O que me diz de darmos uma volta no parque?

– Se você quiser.

Durante alguns minutos Tuppence e Julius ficaram em silêncio enquanto o carro deslizava sob as árvores. Fazia um dia bonito. Pairava no ar uma intensa vibração, que encheu Tuppence de uma renovada euforia.

– Diga-me, srta. Tuppence, acha que algum dia encontrarei Jane? – perguntou Julius, com uma voz desanimada.

Era tão estranho ver nele uma atitude de abatimento que Tuppence se virou e encarou-o, surpresa. Ele meneou a cabeça.

– Pois é. Estou ficando desalentado em relação ao caso. Hoje sir James não me ofereceu a menor esperança, isso deu para perceber; eu não gosto dele, nem sempre as nossas opiniões coincidem, mas ele é um bocado esperto, e acho que não entregaria os pontos se ainda houvesse alguma possibilidade de êxito, não acha?

Tuppence se sentiu bastante desconfortável, mas, aferrando-se à convicção de que Julius havia escondido dela alguma coisa, manteve-se firme.

– Ele sugeriu o anúncio para encontrarmos a enfermeira – ela lembrou.

– Sim, mas com um tom de "esperança vã" na voz! Não. Já estou farto. Estou quase decidido a voltar imediatamente para os Estados Unidos.

– Oh, não! – exclamou Tuppence. – Temos de encontrar Tommy.

– Pois é, eu me esqueci de Beresford – disse Julius, arrependido. – É verdade. Temos de encontrá-lo. Mas depois... bem, desde que comecei esta viagem eu tenho sonhado acordado... esses sonhos são uma fria. Vou largar mão deles. Escute, srta. Tuppence, há uma coisa que eu gostaria de lhe perguntar.

– Sim?

– Você e Beresford. Que há entre vocês dois?

– Não estou entendendo – retrucou Tuppence com dignidade, acrescentando de modo muito incoerente: – E, em todo caso, você está enganado!

– Vocês não têm algum tipo de sentimento afetuoso um pelo outro?

– Claro que não – alegou Tuppence com ternura. – Tommy e eu somos amigos, nada mais.

– Mas acho que todos os casaizinhos de namorados já disseram isso em algum momento – observou Julius.

– Tolice! – vociferou Tuppence. – Pareço o tipo de garota que sai por aí se apaixonando por todos os homens que encontra?

– Não. Você parece o tipo de garota por quem um punhado de homens se apaixona!

– Oh! – exclamou Tuppence, bastante perplexa. – Isso foi um elogio?

– Claro. Agora vamos direto ao ponto. Suponha que a gente nunca encontre Beresford e... e...

– Tudo bem, diga! Eu consigo encarar os fatos. Vamos supor que ele... tenha morrido! E daí?

– E depois que essa história toda terminar. O que você vai fazer?

– Não sei – respondeu Tuppence, desolada.

– Você ficaria numa solidão danada, tadinha de você.

– Ficarei muito bem – exclamou Tuppence, com a sua habitual indignação diante de qualquer espécie de piedade.

– E quanto ao casamento? – perguntou Julius. – Qual é a sua opinião sobre o assunto?

– Um dia pretendo me casar, é claro – replicou Tuppence. – Isto é, se... – ela se calou, identificou um momentâneo desejo de voltar atrás, e depois, com bravura, se manteve fiel aos seus princípios: – Se eu conseguir encontrar um homem que seja rico o bastante para fazer valer a pena. É franqueza demais da minha parte, não acha? Acho que agora você me despreza por isso.

– Jamais desprezo o instinto comercial – esclareceu Julius. – Que tipo específico você tem em mente?

– Tipo? – perguntou Tuppence, intrigada. – Você quer dizer alto ou baixo?

– Não. Tipo de salário, renda.

– Ah, eu ainda não pensei nisso.

– E quanto a mim?

– *Você?*

– É claro.

– Oh, eu não poderia!

– Por que não?

– Estou dizendo, eu não poderia.

– Mais uma vez: por quê?

– Pareceria muito injusto.

– Não vejo injustiça alguma. Estou apenas pedindo que você coloque as cartas na mesa, só isso. Admiro você imensamente, srta. Tuppence, mais do que qualquer outra garota que eu já tenha conhecido na vida. Você é danada de corajosa. Eu simplesmente adoraria proporcionar a você uma vida agradável e de primeira. Diga que "sim" e a gente dá meia-volta no carro e vai daqui mesmo a uma joalheria chique resolver a questão do anel.

– Não posso – arquejou Tuppence.

– Por causa de Beresford?

– Não, não, *não*!

– Então, por quê?

Tuppence limitou-se a balançar violentamente a cabeça.

– Não é possível que em sã consciência você espere alguém com mais dólares do que eu.

– Ah, não é isso – ofegou Tuppence, com uma risada quase histérica. – Faço questão de lhe agradecer muito, mas acho melhor dizer "não".

– Eu ficaria muito grato se você me fizesse o favor de pensar no assunto até amanhã.

– É inútil.

– Mesmo assim, por ora vamos deixar as coisas no pé em que estão.

– Muito bem – disse Tuppence de um modo meigo.

Ambos ficaram em silêncio até chegarem ao Ritz.

Tuppence subiu para o seu quarto. Sentia-se moralmente esgotada depois do conflito com a vigorosa personalidade de Julius. Sentada diante do espelho, durante alguns minutos fitou o próprio reflexo.

– Tola – Tuppence sussurrou por fim, fazendo uma careta. – Tolinha. Tudo que você quer, tudo com que você sempre sonhou, e você solta um "não" feito um cordeirinho idiota. É a sua única chance. Por que você não aproveita a oportunidade? Agarra? Arrebata e não solta nunca mais? O que mais você quer?

Como em resposta às suas próprias perguntas, os olhos de Tuppence pousaram sobre uma pequena fotografia de Tommy numa surrada moldura sobre a penteadeira. Por um momento ela pelejou para manter o autocontrole, mas depois, abandonando todas as veleidades, apertou o retrato contra os lábios e irrompeu num ataque de choro convulsivo.

– Ah, Tommy, Tommy! – ela soluçava. – Eu o amo tanto, e talvez nunca mais o veja...

Depois de cinco minutos Tuppence sentou-se, assoou o nariz e puxou os cabelos para trás.

– Então é isso – ela observou, com firmeza. – Vamos encarar os fatos. Parece que me apaixonei... por um rapaz idiota que provavelmente não dá a mínima para mim – aqui ela fez uma pausa. – De qualquer maneira – ela retomou seu discurso, como se estivesse argumentando com um oponente invisível –, *não sei* o que ele sente por mim. Ele nunca ousou dizer com todas as letras. E eu sempre rechacei os sentimentos... e aqui estou eu, sendo a pessoa mais sentimental do mundo. Como as mulheres são idiotas! Sempre pensei assim. Acho que vou dormir com a fotografia dele debaixo do travesseiro e sonhar com ele a noite inteira. É horrível quando a gente sente que foi desleal com nossos próprios princípios.

Tuppence balançou a cabeça com tristeza ao pensar no seu retrocesso.

– Não sei o que dizer a Julius, sinceramente. Ah, que idiota eu sou! Terei que dizer *alguma coisa.* Ele é tão norte-americano e certinho, vai insistir que tem razão. Eu me pergunto se ele encontrou mesmo alguma coisa naquele cofre...

As reflexões de Tuppence se desviaram para outro rumo. Cuidadosa e persistentemente, ela revisou os acontecimentos da noite anterior. De certo modo, pareciam ter estreita ligação com as enigmáticas palavras de sir James...

De repente ela teve um violento sobressalto – seu rosto perdeu a cor. Fascinados e de pupilas dilatadas, seus olhos miravam no espelho sua própria imagem.

– Impossível! – ela murmurou. – Impossível! Devo estar ficando louca só de pensar numa coisa dessas...

Monstruoso, mas explicaria tudo...

Depois de alguns momentos de reflexão, Tuppence se sentou e escreveu um bilhete, ponderando cada palavra. Por fim meneou a cabeça em sinal de satisfação e enfiou o papel num envelope, que endereçou a Julius. Enveredou-se corredor afora, foi até a sala de estar da suíte do norte-americano e bateu à porta. Como ela já esperava, não havia ninguém. Deixou o envelope em cima da mesa.

Quando voltou, um mensageiro do hotel a aguardava junto à porta do seu quarto.

– Telegrama para a senhorita.

Tuppence pegou o telegrama da bandeja e abriu-o com cuidado. Depois soltou um grito. O telegrama era de Tommy!

Capítulo 16

Novas aventuras de Tommy

De uma escuridão salpicada de punhaladas latejantes de fogo, Tommy fez força para recuperar os sentidos e aos poucos voltou para a vida. Quando por fim abriu os olhos, não tinha consciência de coisa alguma a não ser de uma dor lancinante fustigando suas têmporas. Percebeu vagamente que se encontrava num ambiente desconhecido. Onde estava? O que tinha acontecido? Piscou os olhos, sem forças. Aquele não era o seu quarto no Ritz. E por que diabos sua cabeça doía tanto?

– Maldição! – praguejou Tommy, tentando se sentar. Lembrou-se. Estava naquela casa sinistra no Soho. Soltou um gemido e caiu para trás. Através das pálpebras semicerradas, efetuou um cuidadoso reconhecimento do ambiente.

– Ele está voltando a si – observou uma voz muito perto do ouvido de Tommy. De imediato ele a identificou como a voz do barbudo e eficiente alemão e se manteve inerte, em atitude fingida. Compreendeu que seria lamentável recuperar cedo demais os sentidos; e que enquanto a dor na cabeça não se tornasse menos aguda ele não teria a menor condição de coordenar as ideias. Penosamente, tentou entender o que tinha acontecido. Era óbvio que enquanto Tommy estava à escuta atrás da porta alguém devia ter se esgueirado por trás dele e o pusera a nocaute com uma pancada na cabeça. Agora que sabiam que ele era um espião, Tommy seria tratado com violência, e depois acabariam com ele sem muitas delongas. Sem sombra de dúvida, estava em apuros.

Ninguém sabia de seu paradeiro, portanto de nada adiantava contar com auxílio exterior; agora dependia unicamente de sua própria sagacidade.

– Bom, lá vamos nós – murmurou Tommy para si mesmo, e repetiu a imprecação anterior: – Maldição! – Dessa vez conseguiu se sentar.

Um minuto depois o alemão deu um passo à frente, colocou um copo nos lábios de Tommy e deu uma ordem sucinta: – Beba. – Tommy obedeceu e bebeu um gole tão potente que acabou se engasgando, mas ao menos desanuviou seu cérebro de forma maravilhosa.

Ele estava deitado num sofá na sala onde se realizara a reunião. De um lado viu o alemão e do outro, o porteiro mal-encarado que o deixara entrar. Os outros estavam reunidos a uma pequena distância. Mas Tommy notou a falta de um rosto. O homem conhecido como Número Um já não estava entre o bando.

– Sente-se melhor? – perguntou o alemão ao retirar o copo vazio.

– Sim, obrigado – respondeu Tommy, animado.

– Ah, meu jovem amigo, sorte sua ter um crânio tão duro. O bom Conrad aqui bateu com força. – Com um meneio de cabeça, indicou o porteiro carrancudo.

O homem sorriu de modo malicioso.

Tommy fez força para virar a cabeça.

– Ah, então seu nome é Conrad, é? Acho que a dureza do meu crânio foi uma sorte para você também. Quando olho para a sua cara, quase lamento não ter contribuído para que você fosse bater um papo com o carrasco.

O homem rosnou e o barbudo, com toda a calma do mundo, disse:

– Ele não correria o mínimo risco disso.

– Como quiser – rebateu Tommy. – Sei que é moda menosprezar a polícia. Eu mesmo pouco acredito nela.

O rapaz se mostrava imperturbável e aparentava o mais alto grau de despreocupação. Tommy Beresford era um desses jovens ingleses que não se distinguem por nenhuma habilidade intelectual em especial, mas que mostram o melhor de si e se saem muito bem quando se veem em apuros. Neles caem como uma luva a desconfiança e a cautela inatas. Tommy tinha plena consciência de que a sua única esperança de fuga dependia única e exclusivamente da sua esperteza e, por trás da atitude indiferente, seu cérebro funcionava a todo vapor.

Com seu tom de voz glacial o alemão recomeçou a conversa:

– Tem alguma coisa a dizer antes que nós matemos você como merece um espião?

– Tenho um monte de coisas a dizer – respondeu Tommy, com a mesma civilidade de antes.

– Você nega que estava escutando atrás da porta?

– Não. Na verdade, devo até pedir desculpas, mas é que a conversa de vocês estava tão interessante que sobrepujou os meus escrúpulos.

– Como foi que você entrou aqui?

– Graças ao prezado Conrad. – Tommy sorriu com ar de zombaria para o homem. – Hesito em sugerir que vocês mandem para a aposentadoria um empregado fiel, mas a verdade é que vocês precisam de um cão de guarda melhor.

Impotente, Conrad resmungou, emburrado; quando o barbudo se virou para ele, defendeu-se alegando:

– Ele disse a senha. Como é que eu ia saber?

– Sim – Tommy se intrometeu. – Como ele poderia saber? Não bote a culpa no coitado. O ato precipitado dele me proporcionou o prazer de ver todos vocês cara a cara.

Tommy esperava que suas palavras causassem alguma perturbação no grupo, mas o atento alemão acalmou, com um aceno de mão, seus comparsas.

– Os mortos não contam histórias – ele disse, calmamente.

– Ah! – rebateu Tommy. – Mas eu ainda não estou morto!

– Logo estará, meu jovem amigo – anunciou o alemão.

Do grupo brotou um murmúrio de assentimento.

O coração de Tommy bateu mais rápido, mas sua displicente tranquilidade não deu sinais de esmorecimento.

– Creio que não – o rapaz declarou, com firmeza. – Eu me oponho veementemente à ideia de morrer.

Tommy tinha conseguido deixar a todos intrigados, o que ficou evidente pelo olhar que ele flagrou no rosto do seu captor.

– Pode nos dar uma razão para não matarmos você? – perguntou o alemão.

– Muitas – respondeu Tommy. – Escute aqui. Você está me fazendo uma porção de perguntas. Só para variar, permita que eu faça uma a você. Por que não me mataram antes que eu recuperasse os sentidos?

O alemão hesitou, e Tommy tirou proveito da vantagem obtida.

– Porque vocês não sabiam qual é a extensão do meu conhecimento sobre vocês e onde obtive esse conhecimento. Se me matarem agora, jamais saberão.

Mas nesse ponto Bóris não conseguiu mais conter suas emoções. Deu um passo à frente, agitando os braços no ar.

– Seu espião do inferno! – ele berrou. – Não teremos misericórdia de você! Matem-no! Matem-no!

O grupo aplaudiu ruidosamente.

– Está ouvindo? – perguntou o alemão, com os olhos fixos em Tommy. – O que tem a dizer sobre isso?

– O que eu tenho a dizer? – Tommy deu de ombros. – Bando de imbecis. Eles que se façam algumas perguntinhas. Como foi que entrei aqui? Lembre-se do que disse o bom e velho Conrad: entrei com *a própria senha de vocês*, não foi? Como é que descobri essa senha? Ora, você não acha que subi a escada por acaso e fui dizendo a primeira palavra que me passou pela cabeça, certo?

Tommy ficou contente com as palavras que encerraram sua fala. Lamentava apenas que Tuppence não estivesse presente para apreciar o sabor de seu discurso.

– Isso é verdade – disse de repente o operário. – Camaradas, fomos traídos!

Houve um terrível burburinho. Tommy abriu um sorriso de incentivo para os homens.

– Assim é melhor. Como vocês podem fazer direito seu trabalho se não usam a cabeça?

– Você vai dizer quem é que nos traiu – declarou o alemão. – Mas isso não vai salvar sua pele, ah, não! Você vai nos contar tudo o que sabe. O Bóris aqui conhece uns métodos excelentes para fazer as pessoas falarem!

– Ora! – desdenhou Tommy, lutando para dominar uma sensação tremendamente desagradável na boca do estômago. – Vocês não vão me torturar e tampouco vão me matar.

– E por que não? – quis saber Bóris.

– Porque matariam a galinha dos ovos de ouro – respondeu Tommy, tranquilo.

Houve um momento de silêncio. Parecia que a persistente serenidade de Tommy começava a triunfar. Os homens já não estavam tão autoconfiantes. O homem maltrapilho encarava Tommy com olhos penetrantes.

– Ele está blefando, Bóris – disse o homem esfarrapado, placidamente.

Tommy sentiu ódio dele. Será que ele tinha percebido tudo e não se deixou enganar?

O alemão voltou-se com brutalidade para Tommy.

– O que você quer dizer com isso?

– O que você acha que eu quero dizer? – esquivou-se Tommy, enquanto, desesperado, escarafunchava a mente à procura do que dizer.

De repente Bóris deu um passo à frente e brandiu o punho no rosto de Tommy.

– Fale, seu porco inglês. Fale!

– Não se exalte tanto, meu bom amigo – disse Tommy, calmamente. – Essa é a pior coisa em vocês, estrangeiros. São incapazes de manter a calma. Agora eu pergunto: pareço estar preocupado com a mínima probabilidade de vocês me matarem?

Esbanjando confiança, Tommy olhou ao redor, feliz pelo fato de que aqueles homens não podiam ouvir as insistentes batidas do seu coração, que desmentiam suas palavras.

– Não – admitiu Bóris por fim, zangado. – Não parece.

"Graças a Deus ele não consegue ler meu pensamento", pensou Tommy. Em voz alta, continuou aproveitando sua vantagem:

– E por que estou tão confiante? Porque sei de algo que me coloca em posição de propor uma troca.

– Uma troca? – o homem barbudo olhou-o com toda atenção.

– Sim, uma troca. A minha vida e minha liberdade por... – fez uma pausa.

– O quê?

O grupo avançou. O silêncio era tão grande que seria possível ouvir o som da queda de um alfinete no chão. Tommy falou pausadamente.

– Os papéis que Danvers trouxe dos Estados Unidos no *Lusitania*.

Essas palavras tiveram o mesmo efeito de uma descarga elétrica. Todos se levantaram. Com um gesto da mão o alemão obrigou-os a recuar. Com o rosto vermelho de irritação, inclinou-se sobre Tommy.

– *Himmel*! Você está em poder dos papéis, então?

Com majestosa calma, Tommy balançou a cabeça.

– Sabe onde eles estão? – insistiu o alemão.

Mais uma vez Tommy abanou a cabeça.

– Não tenho a menor ideia.

– Então... então... – furioso e perplexo, o alemão não encontrou palavras.

Tommy olhou ao seu redor. Viu fúria e espanto em todos os rostos, mas a sua calma e autoconfiança haviam dado resultado: ninguém duvidava de que por trás de suas palavras havia algo escondido.

– Não sei onde estão os papéis, mas creio que posso encontrá-los. Tenho uma teoria.

– Besteira!

Tommy ergueu a mão e silenciou os brados de desgosto.

– Chamo de teoria, mas tenho plena convicção dos fatos... fatos que ninguém além de mim conhece. Em todo caso, o que vocês têm a perder? Se eu entregar a vocês os papéis, em troca vocês devolvem a minha vida e a minha liberdade. Trato feito?

– E se recusarmos? – perguntou calmamente o alemão.

Tommy reclinou-se no sofá.

– O dia 29 – ele disse, pensativo – é daqui a menos de uma quinzena.

Por um momento o alemão hesitou. Depois, fez um sinal a Conrad.

– Leve-o para a outra sala.

Durante cinco minutos Tommy ficou sentado na cama do imundo quarto ao lado. Seu coração pulsava violentamente. Tinha arriscado tudo naquela jogada. O que eles decidiriam?

Nesse ínterim, mesmo enquanto essa pergunta torturante corroía seu íntimo, Tommy falou com Conrad em tom petulante, enfurecendo o rabugento porteiro a ponto de levá-lo a ter ataques de loucura homicida.

Por fim a porta se abriu e o alemão, em tom autoritário, ordenou que Conrad voltasse.

– Só espero que o juiz não tenha posto o barrete preto – comentou Tommy, com frivolidade. – Tudo bem, Conrad, pode me levar. O prisioneiro está no tribunal, cavalheiros.

O alemão estava mais uma vez sentado atrás da mesa. Fez um sinal a Tommy para se sentar à sua frente.

– Nós aceitamos – ele disse asperamente –, mas com algumas condições. Primeiro você nos entrega os papéis, depois está livre para ir embora.

– Idiota! – exclamou Tommy, com candura. – Como você pensa que posso procurá-los se me mantém aqui amarrado pela perna?

– O que você quer, então?

– Preciso da minha liberdade para cuidar das coisas do meu jeito.

O alemão riu.

– Acha que somos criancinhas para permitir que você saia daqui deixando apenas uma linda história cheia de promessas?

– Não – disse Tommy, pensativo. – Ainda que infinitamente mais simples para mim, não acreditei que vocês fossem concordar com esse plano. Pois bem, temos de assumir um compromisso. Que tal se vocês encarregarem Conrad de me vigiar? Ele é um sujeito leal, e tem punhos bastante rápidos.

– Preferimos que você permaneça aqui – alegou o alemão, com frieza. – Um dos nossos homens cumprirá meticulosamente as suas instruções. Se as ações forem complicadas, ele voltará aqui e fará um relatório e então você poderá lhe dar novas instruções.

– Você está me deixando de mãos atadas – queixou-se Tommy. – É um assunto muito delicado, e o outro sujeito provavelmente vai acabar fazendo besteira, e aí o que será de mim? Não acredito que algum de vocês tenha um pingo de discernimento.

O alemão bateu na mesa.

– Essas são as condições. Caso contrário, a morte!

Tommy reclinou-se na cadeira, exausto e aborrecido.

– Gosto do seu estilo. Rude, mas atraente. Que assim seja, então. Mas uma coisa é essencial: faço questão de ver a moça.

– Que moça?

– Jane Finn, é claro.

O alemão fitou-o com curiosidade por alguns minutos; depois, pausadamente, como se escolhesse cada palavra com o maior cuidado, perguntou:

– Você não sabe que ela não tem condições de lhe dizer coisa alguma?

Os batimentos cardíacos de Tommy aceleraram. Será que conseguiria ficar frente a frente com a moça que estava procurando?

– Não vou pedir a ela que me diga coisa alguma – alegou Tommy, serenamente. – Quero dizer, não com todas as letras.

– Então para que quer vê-la?

Tommy não respondeu de imediato, mas por fim disse:

– Para observar o rosto dela quando eu lhe fizer uma pergunta.

Mais uma vez o alemão encarou-o com um olhar que Tommy não compreendeu direito.

– Ela não poderá responder à sua pergunta.

– Isso não importa. Terei visto o rosto dela quando fizer minha pergunta.

– E acha que isso vai dizer a você alguma coisa? – Soltou uma risadinha desagradável. Mais do que nunca, Tommy sentiu que havia algum fator que ele não compreendia. O alemão fitava-o com um olhar perscrutador. – Eu me pergunto se, no fim das contas, você sabe tanto quanto a gente imagina! – declarou, com uma voz suave.

Tommy sentiu que a sua autoridade já não tinha a mesma firmeza de momentos antes. Seu domínio da situação tinha afrouxado um pouco. Mas estava intrigado. Teria dito algo de errado? Deixou-se falar livremente e sem medo, seguindo o impulso do momento.

– Talvez haja coisas de que vocês sabem e eu não. Nunca pretendi estar a par de todos os detalhes do seu negócio. Do mesmo modo, também tenho algumas cartas na manga que *vocês* ignoram. É isso que pretendo usar a meu favor. Danvers era um homem danado de esperto... – calou-se, como se houvesse falado demais.

Mas o rosto do alemão tinha se iluminado um pouco.

– Danvers – ele murmurou. – Sei. Ficou em silêncio por alguns instantes, depois fez um sinal acionando Conrad.

– Leve-o. Lá para cima... você sabe.

– Espere um pouco – protestou Tommy. – E quanto à moça?

– Isso talvez se possa arranjar.

– É fundamental.

– Vamos ver. Somente uma pessoa pode decidir isso.

– Quem? – perguntou Tommy. Mas sabia a resposta.

– O sr. Brown...

– Poderei vê-lo?

– Talvez.

– Vamos! – ordenou Conrad, com aspereza.

Tommy levantou-se, obediente. Assim que saíram da sala, seu carcereiro fez sinal ordenando que ele subisse as escadas e seguiu-o de perto. No andar de cima Conrad abriu uma porta e Tommy entrou num pequeno cômodo. Conrad acendeu um bico de gás e saiu. Tommy ouviu o som da chave sendo girada na fechadura.

O jovem se pôs a examinar seu cárcere. A cela era menor que a sala do andar de baixo, e em sua atmosfera havia algo singularmente abafadiço. Tommy se deu conta de que não existiam janelas. Caminhou pela cela. Nas paredes, imundas como o resto da casa, viu pendurados quatro quadros tortos, representando cenas do Fausto. Margarida com o estojo de joias, a cena da igreja, Siebel e suas flores e Fausto e Mefistófeles. Este último fez com que o sr. Brown voltasse à mente de Tommy. Naquele quarto cerrado e lacrado, com a porta pesada e bloqueada, ele se sentiu apartado do mundo, e o poder sinistro do arquicriminoso pareceu mais real. Por mais que Tommy gritasse, ninguém o ouviria. Aquele lugar era um túmulo...

Com esforço, Tommy se recompôs. Afundou-se na cama e entregou-se à reflexão. Sua cabeça doía terrivelmente; além disso, estava com fome. O silêncio do lugar era desalentador.

– De qualquer maneira – disse Tommy para si mesmo, tentando se reanimar – verei o chefão, o misterioso sr. Brown, e com um pouco de sorte no blefe, verei também a misteriosa Jane Finn. Depois disso...

Depois disso Tommy foi obrigado a admitir que as perspectivas eram sombrias.

Capítulo 17

Annette

Os problemas do futuro, porém, logo empalideceram diante dos problemas do presente, dos quais o mais imediato e urgente era a fome. Tommy tinha um apetite sadio e vigoroso. O prato de bife com batatas que ele havia comido no almoço agora parecia pertencer a outra década. Com pesar, admitiu o fato de que não seria bem-sucedido numa greve de fome.

Zanzou a esmo pela cela. Uma ou duas vezes abriu mão da dignidade e esmurrou a porta. Mas ninguém atendeu aos seus chamados.

– Vão para o inferno! – vociferou Tommy, indignado. – Não é possível que queiram me matar de fome – passou por sua mente um novo temor, de que aquele talvez fosse um dos "métodos excelentes" de fazer um prisioneiro falar atribuídos a Bóris. Mas, refletindo melhor, descartou a ideia:

– Isso é coisa daquele brutamontes mal-encarado do Conrad – concluiu. – Está aí um sujeitinho com quem eu adoraria acertar as contas qualquer dia desses. Isso é ressentimento da parte dele. Tenho certeza.

Meditações subsequentes produziram em Tommy a sensação de que seria extremamente agradável acertar uma pancada bem dada na cabeça de ovo de Conrad e arrebentá-la. O rapaz afagou com delicadeza a própria cabeça e se deixou levar pelo prazer da imaginação. Por fim, teve uma ideia brilhante. Por que não converter a imaginação em realidade? Sem dúvida Conrad era o morador da casa. Os outros, com a possível exceção do alemão barbudo, apenas usavam o endereço como ponto de encontro e local de reunião. Portanto, por que não armar uma emboscada para Conrad? Tommy ficaria à espreita atrás da porta e, quando ele entrasse, bastava desferir-lhe um potente golpe na cabeça, usando a cadeira ou um dos quadros decrépitos. É claro que tomaria cuidado para não bater forte demais. E depois... depois era simplesmente dar no pé! Se encontrasse alguém no andar de baixo, bem... Tommy animou-se com o pensamento de um combate com os próprios punhos. Uma situação como essas combinava muito mais com ele do que o combate verbal travado daquela tarde. Inebriado por seu plano, Tommy desenganchou delicadamente da parede o quadro do Diabo e Fausto e colocou-se em posição. Sentia grandes esperanças. O plano parecia-lhe simples mas excelente.

O tempo ia passando, mas Conrad não aparecia. Naquela cela de prisão não havia diferença entre dia e noite, mas o relógio de pulso de Tommy, dotado de certo grau de precisão, informou-o de que eram nove da noite. Acabrunhado, Tommy refletiu que se o jantar não chegasse depressa ele teria que esperar pelo café da manhã. Às dez horas, perdeu as esperanças e se aboletou na cama para procurar consolo no sono. Cinco minutos depois já esquecera os inimigos.

Acordou com o ruído da chave girando na fechadura. Não pertencendo à categoria de heróis famosos por despertarem na plena posse das suas faculdades, Tommy apenas mirou o teto e piscou enquanto tentava adivinhar vagamente onde estava. Logo em seguida lembrou-se e consultou o relógio. Eram oito horas.

– Ou é um chá matutino ou é o café da manhã – deduziu o rapaz –, e rezo a Deus para que seja a última opção!

A porta se escancarou. Tommy lembrou-se tarde demais de seu estratagema para se livrar do antipático e feioso Conrad. Um momento depois ficou contente por seu esquecimento, pois não foi Conrad quem entrou, mas uma moça, carregando uma bandeja que pousou sobre a mesa.

Sob a fraca luz do bico de gás, Tommy fitou a moça e se surpreendeu. De imediato concluiu que era uma das mulheres mais belas que ele já vira. Seus cabelos abundantes eram de um castanho vistoso e brilhante, com inesperados reflexos de ouro, como se em suas profundezas houvesse raios de sol aprisionados lutando para se libertar. Em seu rosto via-se algo de uma rosa silvestre. Os olhos, bem separados, eram castanho-claros, de um castanho dourado que também lembrava raios de sol.

Um pensamento delirante passou feito uma flecha pela mente de Tommy.

– Você é Jane Finn? – ele perguntou, ansioso.

A moça abanou a cabeça, espantada.

– O nome meu é Annette, monsieur.

Sua voz era suave, e ela falava em inglês trôpego.

– Oh! – exclamou Tommy, bastante perplexo. – *Française?* – ele arriscou.

– *Oui, monsieur. Monsieur parle français?*

– Não mais do que uma ou duas frases. O que é isto? Meu café da manhã?

A moça respondeu que sim com a cabeça. Tommy desceu da cama e foi inspecionar o conteúdo da bandeja. Consistia num pão inteiro, um pouco de margarina e um bule de café.

– A vida aqui não é como no Ritz – ele comentou, com um suspiro. – Mas por todos estes alimentos que de Vossa Bondade vou receber, o Senhor me torna verdadeiramente grato. Amém.

Puxou uma cadeira, e a moça se encaminhou para a porta.

– Espere um momento – gritou Tommy. – Há uma porção de coisas que quero perguntar a você, Annette. O que você está fazendo nesta casa? Não me diga que é sobrinha ou filha de Conrad, ou outra coisa semelhante, porque não dá para acreditar.

– Eu faço *serviço*, monsieur. Não sou parente de ninguém.

– Sei. Você sabe o que acabei de perguntar ainda há pouco? Já ouviu aquele nome?

– Ouvi gente falar em Jane Finn, eu acho.

– Você sabe onde ela está?

Annette balançou a cabeça.

– Ela não está nesta casa, por exemplo?

– Oh, não, monsieur. Tenho de ir agora, eles estão esperando.

E saiu, às pressas. A chave girou na fechadura.

– Fico pensando com meus botões quem são "eles" – ruminou Tommy, enquanto continuava fazendo incursões sobre o pão. – Com um pouco de sorte, talvez essa garota me ajude a sair daqui. Ela não parece ser da quadrilha.

À uma da tarde Annette reapareceu com outra bandeja, mas dessa vez veio acompanhada de Conrad.

– Boa tarde – cumprimentou-o Tommy, com a maior cortesia. – Vejo que você *não* usou sabonete.

Conrad resmungou em tom ameaçador.

– Não tem nenhuma resposta espirituosa, meu amiguinho? Ora, ora, nem sempre se pode ter talento e beleza ao mesmo tempo. O que temos para o almoço? Ensopado? Como é que eu sei? Elementar, meu caro Watson: o cheiro das cebolas é inconfundível.

– Vá falando – grunhiu Conrad. – Talvez você não tenha muito tempo de vida pela frente para conversas fiadas.

Essa insinuação não foi nada agradável, mas Tommy a ignorou. Sentou-se à mesa.

– Retira-te, serviçal – disse o rapaz, com um gesto pomposo. – A loquacidade não é o teu melhor atributo.

Nessa noite Tommy sentou-se na cama e refletiu profundamente. Será que Annette voltaria acompanhada de Conrad? E se a moça viesse sozinha, valia a pena correr o risco na tentativa de fazer dela uma aliada? Concluiu que devia tentar de tudo, mover céus e terras. Sua situação era de desespero.

Às oito em ponto o ruído familiar da chave fez com que ele se pusesse de pé. A moça entrou sozinha.

– Feche a porta – ordenou. – Preciso falar com você.

Ela obedeceu.

– Escute, Annette, quero que você me ajude a sair daqui.

Ela balançou a cabeça.

– Impossível. Há três deles lá embaixo.

– Oh! – No fundo Tommy ficou grato pela informação. – Mas você me ajudaria se pudesse?

– Não, monsieur.

– Por quê?

A moça hesitou.

– Eu acho... eles são minha gente. O senhor veio espiar eles. Eles têm razão de prender o senhor aqui.

– Essas pessoas são más, Annette. Se você me ajudar, levo você embora daqui e livro você desse bando. E provavelmente você receberá um bom dinheiro.

Mas a moça limitou-se a sacudir a cabeça.

– Eu não me atrevo, monsieur. Tenho medo deles. – Ela virou as costas.

– Você nada faria para ajudar outra moça? – berrou Tommy. – Ela tem mais ou menos a sua idade. Não quer salvá-la das garras desses homens?

– O senhor está falando de Jane Finn?

– Sim.

– Veio aqui procurar ela? Sim?

A moça olhou direto nos olhos dele, depois passou a mão na testa.

– Jane Finn. Sempre ouvi esse nome. Estou acostumada com ele.

Tommy deu um passo à frente, ansioso.

– Você deve saber *alguma coisa* a respeito dela, não?

Mas a jovem se afastou abruptamente.

– Não sei nada, só o nome – e caminhou na direção da porta.

De repente, soltou um grito. Tommy olhou. Annette tinha visto o quadro que ele deixara encostado à parede na noite anterior. Por um momento ele percebeu um brilho de terror nos olhos da moça. Inexplicavelmente, o olhar aterrorizado deu lugar a uma expressão de alívio. A seguir ela saiu às pressas do quarto. Tommy ficou sem entender. Será que a moça tinha imaginado que ele pretendia atacá-la com o quadro? Claro que não. Pensativo, pendurou de novo o quadro na parede.

Mais três dias se passaram numa enfadonha inação. Tommy sentia a tensão que transparecia nos seus nervos. Não via ninguém a não ser Conrad e Annette, e agora a moça entrava muda e saía calada. Quando falava, era somente por monossílabos. Nos olhos dela ardia uma espécie de desconfiança sombria. Tommy se deu conta de que se o seu solitário confinamento se prolongasse por mais tempo, acabaria enlouquecendo. Por intermédio de Conrad, soube que os homens estavam aguardando ordens do sr. Brown. Talvez, pensou

Tommy, ele estivesse fora do país e a quadrilha era obrigada a aguardar o seu retorno.

Mas na noite do terceiro dia Tommy foi acordado de maneira violenta.

Pouco antes das sete horas, ouviu o rumor de passos pesados e firmes no corredor. Momentos depois a porta se abriu de supetão. Conrad entrou, acompanhado do Número Catorze, sujeito de aparência diabólica. Ao ver os dois homens, Tommy sentiu um aperto no coração.

– Boa noite, chefe – saudou-o o homem, com um olhar de esguelha carregado de maldade. – Trouxe as cordas, camarada?

O silencioso Conrad sacou um comprido pedaço de corda fina. Instantes depois as mãos do Número Catorze, tremendamente hábeis, enrolaram a corda ao redor dos braços e pernas do rapaz, enquanto Conrad segurava o prisioneiro.

– Mas que diabos? – tentou falar Tommy.

Mas o sorrisinho lento e mudo do silencioso Conrad sufocou as palavras nos lábios do rapaz.

Com primorosa destreza, o "Número Catorze" continuou sua tarefa. Um minuto depois, Tommy não passava de um simples fardo indefeso. Foi a vez de Conrad falar:

– Achou que tinha enganado a gente, foi? Com aquele papo-furado sobre o que você sabia e o que não sabia. Propondo tratos e trocas! Tudo um blefe! Conversa mole! Você sabe menos que um gatinho! Mas agora chegou sua hora de sofrer, seu... porco de uma figa!

Tommy ficou em silêncio. Não havia o que dizer. Ele tinha fracassado. De uma maneira ou de outra o onipotente sr. Brown não se deixara enganar e percebera suas pretensões. De súbito Tommy teve uma ideia.

– Que belo discurso, Conrad – disse o rapaz, em tom de aprovação. – Mas por que as cordas e correntes? Por que não deixar este bondoso cavalheiro aqui cortar a minha garganta sem mais delongas?

– Deixe de lenga-lenga! – disse inesperadamente o Número Catorze. – Pensa que somos trouxas de matar você aqui pra depois a polícia vir xeretar? De jeito nenhum. Já providenciamos uma carruagem pra buscar Vossa Alteza amanhã de manhã, mas enquanto isso não podemos correr riscos, certo?

– Nada – retrucou Tommy – poderia ser mais banal do que as suas palavras, a não ser a sua própria cara.

– Chega! – exigiu o Número Catorze.

– Com prazer – obedeceu Tommy. – Vocês estão cometendo um triste engano, mas quem vai sair perdendo são vocês.

– Você não vai enganar a gente de novo desse jeito – disse o Número Catorze. – Fala como se ainda estivesse no deslumbrante Ritz, não?

Tommy não respondeu. Estava concentrado tentando imaginar como o sr. Brown descobrira a sua identidade. Concluiu que Tuppence, num ataque de ansiedade, tinha ido procurar a polícia; e assim que seu desaparecimento se tornou público, a quadrilha não demorou a somar os fatos e deduzir a verdade.

Os dois homens saíram, batendo a porta com estrondo. Tommy ficou entregue às suas meditações. Aqueles homens não estavam para brincadeira. O rapaz já sentia cãibras e rigidez nos braços e nas pernas. Estava totalmente desamparado e impotente, não via nem sombra de esperança.

Cerca de meia hora havia se passado quando ele ouviu a chave girando suavemente, e a porta se abriu. Era Annette. O coração de Tommy bateu mais rápido. Ele tinha se esquecido da moça. Seria possível que ela estivesse ali para ajudá-lo? De repente, ouviu a voz de Conrad:

– Saia daí, Annette. Esta noite ele não precisa de jantar.

– *Oui, oui, je sais bien.* Mas tenho de levar a outra bandeja. Necessito estes objetos.

– Bem, então ande depressa – resmungou Conrad.

Sem olhar para Tommy a jovem foi até a mesa e pegou a bandeja. Ergueu uma mão e apagou a luz.

– Maldição! – Conrad chegou à porta. – Por que você fez isso?

– Apagar sempre a luz. O senhor que deu a ordem. Quer que eu acenda de novo, monsieur Conrad?

– Não, saia logo daí.

– *Le beau petit monsieur* – berrou Annette, que estacou ao lado da cama, na escuridão. – O senhor amarrou bem ele, hein? Parece frango embrulhado!

O rapaz achou desagradável o tom sinceramente galhofeiro da moça, mas no mesmo instante, para seu espanto, sentiu a mão de Annette deslizar de leve ao longo das cordas que o prendiam e, por fim, comprimir contra a palma da mão dele alguma coisa pequena e fria.

– Venha, Annette.

– *Mais me voilà.*

A porta se fechou. Tommy ouviu Conrad dizer:

– Tranque e me dê a chave.

O som dos passos desapareceu ao longe. Tommy estava petrificado de assombro. O objeto que Annette tinha enfiado na mão dele era um pequeno canivete, com a lâmina aberta. Pelo modo com que ela tinha cuidadosamente evitado fitá-lo, além de sua manobra com a luz, Tommy chegou à conclusão de que o quarto estava sendo vigiado. Em algum lugar da parede devia haver um buraco, usado como orifício de observação.

Recordando as maneiras sempre tão reservadas da moça, Tommy compreendeu que provavelmente estivera sob vigilância durante todo o tempo.

Será que ele havia dito alguma coisa que o denunciara? Bastante improvável. Tinha revelado o desejo de fugir e a intenção de encontrar Jane Finn, mas nada que pudesse dar alguma pista da sua identidade. Na verdade, a pergunta que fizera a Annette provava que ele não conhecia pessoalmente Jane Finn, mas Tommy jamais simulara o contrário. A questão agora era: Annette realmente sabia de mais alguma coisa? As suas negativas de antes tinham a intenção de enganar quem estivesse à escuta? Sobre esse ponto Tommy não conseguiu chegar à conclusão alguma.

Mas havia uma questão mais urgente, que expulsava para longe todas as demais: amarrado como estava, Tommy seria capaz de cortar as cordas que o prendiam? Com cuidado, tentou friccionar a lâmina aberta, para cima e para baixo, na corda que prendia seus pulsos. A manobra era desajeitada e ele soltou um abafado "ai!" de dor quando a navalha cortou sua pele. Porém, de maneira lenta e obstinada, Tommy continuou o movimento de vaivém, corda acima e corda abaixo. A lâmina fez um medonho rasgo em sua pele, mas por fim ele sentiu a corda afrouxar. Com as mãos livres, o resto foi fácil. Cinco minutos depois ele se pôs de pé, com alguma dificuldade por causa das câibras nas pernas. Sua primeira providência foi atar o pulso ensanguentado. Depois sentou-se na beira da cama para pensar. Conrad tinha levado a chave da porta, portanto nem adiantava contar com nova ajuda de Annette. A única saída do quarto era a porta, consequentemente ele seria obrigado a esperar até que os dois homens voltassem para buscá-lo. Mas quando voltassem... Tommy sorriu! Movendo-se com infinita cautela na escuridão do quarto, encontrou e tirou do prego o famoso quadro. Sentiu um prazer contido de que seu plano não seria desperdiçado. Por enquanto não havia o que fazer a não ser esperar. Ele esperou.

A noite passou vagarosamente. Tommy enfrentou uma eternidade de horas, mas por fim ouviu passos. Ficou de pé, respirou fundo e segurou com firmeza o quadro.

A porta se abriu, derramando quarto adentro uma tênue claridade. Conrad avançou direto para o bico de gás a fim de acendê-lo. Tommy lamentou profundamente que ele tivesse sido o primeiro a entrar. Teria sido mais prazeroso acertar as contas com Conrad. O Número Catorze veio logo atrás. Assim que ele cruzou a soleira da porta, Tommy sentou-lhe o quadro na cabeça, com força descomunal. O Número Catorze desabou em meio a um estupendo estrépito de estilhaços de vidro. Num átimo Tommy deslizou para fora do quarto e fechou a porta. A chave estava na fechadura. Ele a girou e a retirou no instante em que, pelo lado de dentro, Conrad se arremessou contra a porta, com uma saraivada de palavrões.

Por um momento Tommy hesitou. Ouviu uma barulheira no andar de baixo. Depois a voz do alemão chegou escada acima:

– *Gott im Himmel!* Conrad, que é isso?

Tommy sentiu uma mão pequena empurrar a sua. Ao seu lado estava Annette. Ela apontou para uma cambaleante escadinha, que aparentemente levava ao sótão.

– Depressa! Suba aqui! – arrastou-o escada acima. Instantes depois chegavam a um empoeirado sótão atulhado de móveis velhos e cacarecos. Tommy olhou ao redor.

– Não serve. É uma armadilha perfeita. Não há saída.

– Psiu! Espere – a moça levou o dedo aos lábios. Rastejou até o topo da escadinha e apurou os ouvidos.

As pancadas e batidas na porta eram aterrorizantes. O alemão e mais alguém estavam tentando arrombar a porta. Numa voz sussurrada, Annette explicou:

– Vão achar que senhor ainda está lá dentro. Eles não podem ouvir o que Conrad está dizendo. A porta é muito grossa.

– Achei que era possível ouvir o que se passa no interior do quarto.

– Tem um orifício no quarto ao lado. O senhor foi inteligente. Mas agora eles não pensam nisso. Estão ansiosos pra entrar.

– Sim, mas...

– Deixe comigo – Annette curvou-se. Para o espanto de Tommy, a moça amarrou cuidadosamente a ponta de um comprido pedaço de barbante à asa de uma enorme jarra rachada. Ao terminar, virou-se para Tommy.

– O senhor tem a chave da porta?

– Sim.

– Dê pra mim.

Ele obedeceu.

– Vou descer. O senhor acha que consegue vir comigo até o meio dos degraus e depois pular *atrás* da escada, pra não verem senhor?

Tommy fez que sim com a cabeça.

– Tem um armário grande na sombra do patamar. O senhor fica por trás dele. Segure na mão a ponta deste barbante. Quando eu deixar os homens sair... o senhor *puxa*!

Antes que Tommy tivesse chance de perguntar mais alguma coisa, ela voou rapidamente escada abaixo e foi parar no meio do grupo, aos berros de:

– *Mon Dieu! Mon Dieu! Qu'est-ce qu'il y-a?*

O alemão voltou-se para ela com uma praga.

– Não se meta. Vá pro seu quarto!

Com a maior cautela, Tommy jogou o corpo para trás da escadinha do sótão. Enquanto os homens não resolvessem dar meia-volta, tudo estaria bem. Agachou-se atrás do armário. Os homens ainda estavam entre ele e a escada do térreo.

– Ah! – Annette fingiu tropeçar em alguma coisa. Abaixou-se.

– *Mon Dieu, voilà la clef!*

O alemão arrancou a chave das mãos dela. Abriu a porta. Conrad saiu aos tropeções, berrando palavrões.

– Cadê o desgraçado? Pegaram?

– Não vimos ninguém – alegou o alemão, categórico. Seu rosto empalideceu. – Do que você está falando?

Conrad soltou outra praga.

– Ele fugiu.

– Impossível. Teria passado por nós.

Nesse momento, com um sorriso de êxtase, Tommy puxou o barbante. No sótão ouviu-se um estrondo de louça de barro se espatifando. Num abrir e fechar de olhos os homens se acotovelaram na raquítica escadinha e desapareceram na escuridão lá de cima.

Rápido feito um raio, Tommy saltou de seu esconderijo e se lançou escada abaixo, arrastando Annette consigo. Não havia ninguém no vestíbulo. Ele fuçou os ferrolhos e a corrente, que por fim cederam e a porta se escancarou. Quando Tommy se virou, Annette tinha desaparecido.

O rapaz ficou estarrecido. Será que ela subira de novo as escadas? Que loucura havia levado Annette a fazer aquilo? Tommy teve um acesso de fúria e impaciência, mas ficou parado no mesmo lugar. Não iria embora sem ela.

E de repente ouviu um grito, uma exclamação do alemão e depois a voz de Annette, em alto e bom som:

– *Ma foi*, ele fugiu! E tão rápido! Quem poderia imaginar?

Tommy continuou plantado no mesmo lugar. Teria sido uma ordem para ele ir embora? Imaginou que sim.

Depois, num berro ainda mais alto, as palavras flutuaram até ele:

– Esta casa é terrível. Quero voltar para Marguerite. Para Marguerite. *Para Marguerite!*

Tommy subiu correndo a escada. Será que ela queria que ele fosse embora e a deixasse para trás? Mas por quê? Tommy tinha de tentar a todo custo levá-la junto. De repente, sentiu seu coração desfalecer: ao vê-lo, Conrad começou a descer a escada aos saltos, com um grito selvagem. Atrás dele vinham os outros.

Tommy deteve o ímpeto de Conrad com um murro em cheio. Seu punho golpeou a ponta do queixo do homem, que desabou feito um saco de batatas. O segundo bandido tropeçou no corpo de Conrad e desmoronou. No topo da escadaria cintilou um clarão e uma bala passou de raspão pela orelha de Tommy. Ele se deu conta de que seria muito bom para a sua saúde dar o fora daquela casa o mais rápido possível. Com relação a Annette, nada podia fazer. Ele tinha acertado as contas com Conrad, o que o deixou satisfeito. Seu soco tinha sido dos bons.

Correu aos pulos até a porta, fechando-a com força atrás de si. A praça estava deserta. Em frente à casa viu uma caminhonete de padeiro. Evidentemente ela serviria para levá-lo para fora de Londres, e seu cadáver seria encontrado a muitos quilômetros de distância da casa do Soho. O motorista saltou e tentou barrar o caminho de Tommy. Mais uma vez o punho do rapaz entrou em ação, e o motorista caiu esparramado na calçada.

Tommy saiu correndo – já não era sem tempo. A porta da frente da casa se abriu e o rapaz tornou-se o alvo de uma rajada de balas. Felizmente, nenhuma o acertou. Ele dobrou a esquina.

"Bem, uma coisa é certa", Tommy pensou, "eles não podem continuar atirando. Se fizerem isso a polícia virá atrás deles. Acho que não vão se atrever."

Tommy ouviu os passos dos perseguidores no seu encalço e acelerou a marcha. Assim que conseguisse sair daqueles becos e ruelas, estaria a salvo. Em algum lugar haveria um policial – não que ele quisesse invocar a ajuda da polícia, se pudesse passar sem ela. Recorrer à polícia significava dar explicações e constrangimento geral. Segundos depois, teve motivo para bendizer sua sorte. Tropeçou num corpo deitado na calçada: o homem se ergueu sobressaltado e, berrando de susto, precipitou-se em desabalada fuga rua abaixo. Tommy esgueirou-se para um vão de porta. Um minuto depois teve o prazer de ver dois de seus perseguidores, um deles o alemão, empenhados em seguir a pista falsa do pobre homem!

Tommy sentou-se calmamente no degrau da porta e deixou que se passassem alguns minutos enquanto recuperava o fôlego. Depois, tranquilo, saiu caminhando na direção oposta. Olhou de relance para seu relógio. Cinco e pouco da manhã. A claridade do novo dia avançava rapidamente. Na primeira esquina, passou por um policial, que o olhou com expressão desconfiada. Tommy sentiu-se um tanto ofendido. Em seguida, levou a mão ao rosto e riu. Fazia três dias que não tomava banho nem se barbeava! Devia estar com uma aparência formidável.

Sem demora, dirigiu-se a um banho turco das imediações, estabelecimento que, ele sabia, ficava aberto a noite inteira. Saiu de lá renovado, já em plena luz do dia, com a sensação de que voltara a ser ele mesmo: um homem capaz de elaborar grandes planos.

Antes de mais nada, Tommy precisava de uma refeição completa. Não comia nada desde o meio-dia da véspera. Entrou numa loja A.B.C.* e pediu ovos, bacon e café. Enquanto comia, leu um jornal matutino aberto à sua frente. De repente, empertigou-se. Deu de cara com um longo artigo a respeito de Kramenin, descrito como o "homem por trás do bolchevismo" na Rússia, e que tinha acabado de chegar a Londres – alguns julgavam que na condição de enviado extraoficial. O autor do artigo fazia um breve resumo da carreira de Kramenin e afirmava categoricamente que ele, e não os testas de ferro, fora o responsável pela Revolução Russa.

No centro da página estava estampado o retrato do homem.

– Então este é o Número Um – disse Tommy em voz alta, com a boca cheia de nacos de ovos e bacon. – Disso não resta dúvida. Devo seguir em frente.

Pagou a conta do café da manhã e encaminhou-se para Whitehall. Anunciou seu nome e acrescentou que se tratava de um assunto urgente. Poucos minutos depois se viu na presença do homem que ali não atendia pelo nome de "sr. Carter", e que o recebeu com a testa franzida.

– Escute uma coisa, o senhor não tem o direito de vir aqui perguntar por mim dessa maneira. Pensei que essa ressalva tinha ficado bem clara.

– E ficou, senhor. Mas julguei importante não perder tempo.

E da maneira mais breve e sucinta de que era capaz, Tommy detalhou os acontecimentos dos últimos dias.

No meio do relato, o sr. Carter o interrompeu para dar algumas ordens enigmáticas por telefone. A essa

---

* A célebre rede de lojas A.B.C. (Aerated Bread Company), misto de padaria, restaurante e casa de chá, foi fundada no Reino Unido em 1862 por John Dauglish. (N.T.)

altura todos os vestígios de descontentamento tinham sumido de seu rosto. Quando Tommy terminou, o sr. Carter balançou freneticamente a cabeça.

– Muito bem. Cada minuto é precioso. Meu medo é que cheguemos tarde demais. Por certo eles não perderão tempo. Fugirão imediatamente. Ainda assim, talvez deixem para trás algo que sirva de pista. O senhor está me dizendo que reconheceu Kramenin como o Número Um? Isso é importante. Precisamos urgentemente de alguma coisa contra ele para evitar que o Governo seja derrubado. E quanto aos outros? Dois rostos eram familiares? Acha que um deles é homem dos trabalhistas? Examine estas fotografias e veja se consegue identificá-lo.

Um minuto depois Tommy ergueu uma das fotos. O sr. Carter demonstrou certa surpresa.

– Ah, Westway! Eu jamais pensaria. Faz pose de moderado. Quanto ao outro sujeito, creio que posso adivinhar quem é. – Entregou outra fotografia a Tommy e sorriu ao ver a exclamação do rapaz. – Estou certo, então. Quem é ele? Irlandês. Eminente parlamentar sindicalista. Tudo fachada, é claro. Já suspeitávamos, mas não tínhamos provas. Sim, o senhor fez um belo trabalho, meu jovem! O senhor me diz que a data é dia 29. Isso nos dá bem pouco tempo – muito pouco tempo, de fato.

– Mas... – Tommy hesitou.

O sr. Carter leu seus pensamentos.

– Com a ameaça de greve geral nós podemos lidar, creio eu. É um imprevisível jogo de cara e coroa, cinquenta por cento a favor, cinquenta por cento contra, mas temos possibilidade de êxito! Porém, se a minuta do tratado vier à tona, aí estaremos liquidados. A Inglaterra mergulhará na anarquia. Ah, o que é aquilo? O carro. Venha, Beresford, vamos dar uma olhada nessa sua tal casa.

Dois policiais estavam de guarda em frente à casa no Soho. Um inspetor forneceu informações ao sr. Carter em voz baixa. O outro falou com Tommy.

– Os sujeitos fugiram, como já esperávamos. É melhor revistarmos o lugar.

Enquanto percorria a casa deserta, Tommy se sentia dentro de um sonho. Tudo estava exatamente como ele havia deixado. O quarto-prisão com os quadros tortos na parede, a jarra quebrada no sótão, a sala de reuniões com a mesa comprida. Mas em lugar algum foram encontrados vestígios de papéis. Todo tipo de documento havia sido destruído ou levado embora. E nem sinal de Annette.

– O que o senhor me contou sobre a moça é intrigante – disse o sr. Carter. – Acredita que ela tenha voltado deliberadamente?

– Foi o que pareceu, senhor. Subiu correndo as escadas, enquanto eu tentava abrir a porta.

– Hum, então ela deve fazer parte do bando; mas, sendo mulher, não gostaria de ser cúmplice do assassinato de um rapaz bem-apessoado. Mas é evidente que ela está do lado deles, ou não teria voltado.

– A bem da verdade não acredito que ela seja como eles, senhor. Ela me pareceu tão diferente...

– Bonita, suponho? – perguntou o sr. Carter com um sorriso que fez Tommy corar até a raiz dos cabelos.

Envergonhado, admitiu a beleza de Annette.

– A propósito – comentou o sr. Carter –, o senhor já deu notícias a srta. Tuppence? Ela tem me bombardeado com cartas a seu respeito.

– Tuppence? Eu receava mesmo que ela ficasse um pouco desnorteada. Ela foi à polícia?

O sr. Carter fez que não com a cabeça.

– Mas então como é que eles me identificaram?

O sr. Carter fitou-o interrogativamente e Tommy explicou o ocorrido. O homem meneou a cabeça, pensativo.

– Realmente, é um ponto bastante curioso. A não ser que a menção ao Ritz tenha sido um comentário acidental.

– Pode ser que sim, senhor. Mas de alguma maneira devem ter feito alguma descoberta repentina a meu respeito.

– Bom – disse o sr. Carter, olhando ao redor –, nosso trabalho terminou aqui. O que me diz de almoçar comigo?

– Fico imensamente agradecido, senhor. Mas acho que é melhor eu voltar e encontrar Tuppence.

– É claro. Envie a ela meus cumprimentos e diga que da próxima vez não acredite tão rápido que o senhor morreu.

Tommy sorriu.

– É difícil me matar, senhor.

– Estou vendo – disse o sr. Carter, secamente. – Bem, adeus. Não esqueça que agora o senhor é um homem marcado, e tome cuidado.

– Obrigado, senhor.

Tommy acenou para um táxi e entrou com agilidade no carro. A caminho do Ritz, saboreou a agradável antecipação de surpreender Tuppence.

"O que será que ela está fazendo? Seguindo o rastro de Rita, provavelmente. Aliás, suponho que seja a essa mulher que Annette se referiu como 'Marguerite'. Na hora isso não me ocorreu." O pensamento entristeceu Tommy um pouco, pois parecia provar que a sra. Vandemeyer e a moça tinham relações estreitas.

O táxi chegou ao Ritz. Tommy irrompeu os portais sagrados, mas seu entusiasmo sofreu um abalo. Foi informado de que a srta. Cowley saíra fazia um quarto de hora.

Capítulo 18

O telegrama

Desnorteado por um momento, Tommy rumou para o restaurante e pediu uma refeição principesca. Seu encarceramento de quatro dias ensinara-o mais uma vez a dar valor à boa comida.

Quando levava à boca uma generosa porção de linguado *à la Jeannette*, parou o garfo no meio do caminho ao bater os olhos em Julius, que entrava no salão. Tommy sacudiu no ar o cardápio, e seu animado gesto conseguiu atrair a atenção do norte-americano. Quando avistou Tommy, os olhos de Julius deram a impressão de que saltariam das órbitas. Com passadas largas, atravessou o salão e sacudiu e apertou a mão de Tommy com força, de uma maneira que Beresford julgou desnecessariamente vigorosa.

– Macacos me mordam! – exclamou. – É você mesmo?

– Claro que sou eu. Por que não seria?

– Por que não? Homem, você não sabe que foi dado como morto? Acho que daqui a alguns dias mandaríamos rezar uma missa fúnebre em sua homenagem.

– Quem achou que eu estava morto? – Tommy quis saber.

– Tuppence.

– Creio que ela se lembrou daquele provérbio: "Os bons morrem cedo". Deve haver certa dose de pecado original em mim para eu ter sobrevivido. Onde está Tuppence, a propósito?

– Não está aqui?

– Não. Na portaria me disseram que ela tinha acabado de sair.

– Foi fazer compras, acho. Eu a trouxe de carro há cerca de uma hora. Mas me diga uma coisa: você não pode pôr de lado essa sua calma britânica e ir direto ao assunto? O que diabos você andou fazendo esse tempo todo?

– Se você vai comer aqui, é melhor fazer seu pedido agora – sugeriu Tommy. – É uma longa história.

Julius puxou uma cadeira e se sentou de frente para Tommy, chamou um garçom que estava por perto e pediu o que queria. Depois voltou-se para Tommy.

– Desembuche. Acho que você se meteu numas boas aventuras.

– Algumas – respondeu Tommy com modéstia, e iniciou sua história.

Julius escutou tudo, tão fascinado que se esqueceu de comer. Metade dos pratos estava à sua frente, intocada. Por fim, soltou um longo suspiro.

– Rapaz, que beleza! Parece um romance barato.

– E agora quero notícias do que aconteceu aqui, no front doméstico – disse Tommy, estendendo a mão para pegar um pêssego.

– Bom... – disse Julius, pausadamente. – Não vou negar que também tivemos a nossa cota de aventuras.

E assumiu, por sua vez, o papel de narrador. Começando pela malsucedida missão de reconhecimento em Bournemouth, passou a narrar o seu regresso a Londres, a compra do carro, as preocupações cada vez mais angustiadas de Tuppence, a visita a sir James e os sensacionais eventos da noite anterior.

– Mas quem matou a mulher? – perguntou Tommy. – Não entendi direito.

– O médico se enganou ao pensar que ela ingeriu o sonífero por conta própria – respondeu Julius, secamente.

– E sir James? O que ele acha?

– Assim como ele é um luminar do direito, é também uma ostra humana – respondeu Julius. – Deve ter uma "opinião reservada". – E prosseguiu seu relato, agora narrando os acontecimentos da manhã.

– Ela perdeu a memória, é? – disse Tommy, interessado. – Meu Deus, isso explica por que eles me olharam de um jeito tão estranho quando falei em interrogá-la. Que lapso da minha parte! Mas não era o tipo de coisa que um sujeito teria condição de supor.

– Eles não deram nenhum tipo de pista sobre o paradeiro de Jane?

Pesaroso, Tommy balançou a cabeça.

– Nem uma palavra. Sou um pouco estúpido, como você sabe. Devia ter dado um jeito de arrancar mais alguma coisa deles.

– Acho que no fim das contas você tem sorte de estar aqui. Aquele seu blefe foi muito bom. Fico besta de ver como na hora H você consegue ter umas ideias tão apropriadas, que vêm sempre a calhar!

– Eu estava com tanto medo que tive de pensar em alguma coisa – alegou Tommy com simplicidade.

Houve um momento de silêncio, depois Tommy voltou a falar na morte da sra. Vandemeyer.

– Não há dúvida de que era cloral?

– Creio que não. Pelo menos declararam como causa da morte insuficiência cardíaca provocada por uma overdose de cloral. Tudo bem. Não queremos ser incomodados com um inquérito policial. Mas acho que Tuppence e eu, e até mesmo o erudito sir James, temos a mesma opinião.

– O sr. Brown? – arriscou Tommy.

– É isso aí.

Tommy balançou a cabeça.

– Mesmo assim – continuou, pensativo –, o sr. Brown não tem asas. Não entendo como ele pode ter entrado e saído.

– E o que me diz da hipótese de que tenha sido alguma proeza de transmissão de pensamento? Alguma sofisticada influência magnética que, com uma força irresistível, impeliu a sra. Vandemeyer a se suicidar?

Tommy encarou-o com ar respeitoso.

– Boa teoria, Julius. Definitivamente boa. Em especial a fraseologia. Mas não me entusiasma. Eu anseio por um sr. Brown real, de carne e osso. Sou da opinião de que detetives jovens e talentosos devem arregaçar as mangas e trabalhar com afinco, examinar entradas e saídas e dar tapas na cabeça até descobrirem a solução do mistério. Vamos à cena do crime. Como eu gostaria de encontrar Tuppence. O Ritz testemunharia o espetáculo de uma alegre reunião.

Indagações na portaria revelaram que Tuppence ainda não tinha voltado.

– Ainda assim, acho melhor eu dar uma olhada lá em cima – disse Julius. – Talvez ela esteja na minha sala de estar – e desapareceu.

De repente um garoto mirrado, um dos mensageiros do hotel, falou na altura do cotovelo de Tommy:

– A senhorita, acho que ela foi pegar o trem, senhor – ele disse, timidamente.

– O quê? – Tommy virou-se para o menino, que ficou mais corado do que antes.

– O táxi, senhor. Eu ouvi a senhorita dizer ao motorista: "Charing Cross" e "depressa".

Com os olhos arregalados de surpresa, Tommy encarou o menino. Encorajado, o garoto continuou:

– Foi o que eu pensei, porque ela me pediu uma tabela de horários de trens e um guia ferroviário.

Tommy o interrompeu:

– Quando ela pediu a tabela e o guia?

– Quando eu levei o telegrama, senhor.

– Telegrama?

– Sim, senhor.

– A que horas foi isso?

– Meio-dia e meia, senhor.

– Conte-me exatamente o que aconteceu.

O rapaz respirou fundo.

– Levei um telegrama ao quarto 891. A senhorita estava lá. Ela abriu, leu, ficou ofegante e depois disse, muito alegre: "Traga-me uma tabela de horários dos trens e um guia ferroviário. E depressa, Henry". O meu nome não é Henry, mas...

– O seu nome não importa – cortou Tommy, impaciente. – Continue.

– Sim, senhor. Levei o que ela pediu e aí ela me mandou esperar enquanto procurava alguma coisa, e então depois ela olhou pro relógio e disse: "Depressa. Mande chamar um táxi", e aí ela começou a ajeitar o chapéu na frente do espelho e desceu em dois tempos, logo atrás de mim, e aí eu vi quando ela saiu e entrou no táxi e escutei quando ela deu o endereço ao taxista.

O garoto parou de falar e encheu os pulmões. Tommy continuou olhando fixamente para ele. Nesse momento, Julius voltou. Trazia na mão uma carta aberta.

– Uma novidade, Hersheimmer – Tommy voltou-se para o norte-americano. – Tuppence partiu para fazer investigações por conta própria.

– Ora bolas!

– Pois é. Ela tomou um táxi para a estação de Charing Cross logo depois de ter recebido um telegrama. – Os olhos dele pousaram sobre a carta na mão de Julius. – Ah, ela deixou um bilhete para você. Muito bem. Para onde foi?

Quase inconscientemente, estendeu a mão para a carta, mas Julius dobrou a folha de papel e enfiou-a no bolso. Parecia um pouco constrangido.

– Acho que a carta não tem nada a ver com isso. É sobre outro assunto, algo que perguntei a ela e que ela ficou de me dar a resposta.

– Ah! – Tommy ficou intrigado e admirado, e aparentemente esperava maiores esclarecimentos.

– Escute – disse Julius, de supetão. – É melhor que eu conte tudo a você. Pedi a srta. Tuppence em casamento hoje de manhã.

– Oh – exclamou Tommy, maquinalmente. Sentiu-se confuso. As palavras de Julius eram totalmente inesperadas e, por um momento, entorpeceram seu cérebro.

– Eu gostaria de lhe dizer – continuou Julius – que, antes de fazer minha proposta à srta. Tuppence, deixei bem claro que não queria me intrometer de forma alguma entre você e ela...

Tommy foi arrancado de seu torpor.

– Está tudo bem – ele se apressou em dizer. – Tuppence e eu somos amigos há muitos anos. Nada mais do que isso. – Acendeu um cigarro com a mão um pouco trêmula. – Está tudo bem. Tuppence sempre dizia que estava à procura de...

Calou-se abruptamente, com o rosto afogueado, mas Julius se manteve imperturbável.

– Ah, creio que você queria falar da questão do dinheiro. A srta. Tuppence mencionou sem rodeios essa questão. Com ela não há mal-entendidos. Eu e ela vamos nos entender muito bem.

Por um minuto Tommy fitou-o com um olhar curioso e abriu a boca para falar, mas mudou de ideia e ficou em silêncio. Tuppence e Julius! Bem, por que não? Ela não tinha lamentado o fato de que não conhecia homens ricos? Não havia declarado com todas as letras sua intenção de dar o golpe do baú se encontrasse a oportunidade? O encontro com o jovem milionário norte-americano propiciava essa oportunidade – e era pouco provável que ela não a aproveitasse. Tuppence era louca por dinheiro, segundo ela própria fazia questão de declarar. Por que razão censurá-la, já que estava apenas se mantendo fiel aos seus princípios?

Entretanto, Tommy a censurava. Foi invadido por um ressentimento passional e absolutamente ilógico. Tudo bem *dizer* coisas assim – mas uma mulher *de verdade* jamais se casaria por dinheiro. Tuppence era absolutamente fria, insensível e egoísta, e ele ficaria feliz da vida se nunca mais a visse! E o mundo era uma porcaria!

A voz de Julius interrompeu essas reflexões.

– Sim, nós vamos nos entender muito bem. Ouvi dizer que uma mulher sempre diz "não" da primeira vez... essa recusa inicial é uma espécie de convenção.

Tommy agarrou o braço dele.

– Recusa? Você disse *recusa*?

– Claro! Não contei? Ela soltou um "não", e nem sequer apresentou uma razão para isso. O "eterno feminino", dizem os chucrutes, foi o que ouvi dizer. Mas ela vai mudar de ideia, com certeza vai sim, talvez eu tenha forçado a...

Deixando de lado o decoro, Tommy o interrompeu:

– O que ela disse naquele bilhete? – indagou, ferozmente.

O prestativo Julius cedeu e entregou-lhe o papel.

– Não há nele a menor pista do paradeiro dela – assegurou –, mas se você não acredita em mim, pode ler por si mesmo.

No bilhete, escrito com a famosa caligrafia infantil de Tuppence, lia-se:

Caro Julius,

É sempre melhor pôr o preto no branco. Não sinto que sou capaz de pensar em casamento enquanto Tommy não for encontrado. Deixemos isso para depois.

Afetuosamente,

Tuppence

Os olhos de Tommy se iluminaram e ele devolveu o papel. Seus sentimentos tinham sido submetidos a uma violenta reação. Agora julgava que Tuppence era absolutamente nobre e abnegada. Ela não havia recusado Julius sem hesitar? Sim, verdade que o bilhete exprimia sinais de fraqueza, mas isso ele podia desculpar. Parecia quase um suborno para estimular Julius a continuar empreendendo esforços para encontrá-lo, mas Tommy supunha que essa não tinha sido a intenção da moça. Querida Tuppence, nenhuma garota do mundo chegava aos pés dela! Quando a visse de novo... seus pensamentos foram interrompidos com um súbito solavanco.

– Como você disse – comentou Tommy, voltando a si –, não há aqui a mínima indicação do paradeiro dela. Ei, Henry!

Obediente, o menino atendeu ao chamado. Tommy tirou cinco xelins do bolso.

– Mais uma coisa. Você se lembra do que a senhorita fez com o telegrama?

Henry ofegou e respondeu:

– Amassou até virar uma bola e jogou na grade da lareira e soltou uma espécie de grito assim "Viva!", senhor.

– Muito expressivo, Henry – disse Tommy. – Aqui estão cinco xelins. Vamos, Julius. Temos de encontrar aquele telegrama.

Às pressas, subiram as escadas. Tuppence tinha deixado a chave na porta. O quarto estava como ela o deixara. Na lareira havia uma bola amarrotada de papel, alaranjada e branca. Tommy desamassou e alisou o telegrama.

> *Venha imediatamente, Moat House, Ebury, Yorkshire, grandes novidades*
>
> TOMMY.

Os dois homens entreolharam-se, estupefatos. Julius foi o primeiro a falar:

– Não foi *você* quem mandou isso?

– Claro que não. O que significa esta mensagem?

– Coisa boa não é – declarou Julius com calma. – Pegaram Tuppence.

– *O quê?*

– Sim! Assinaram o seu nome e ela caiu como um patinho na armadilha.

– Meu Deus! O que vamos fazer?

– Vamos arregaçar as mangas e sair atrás dela! Agora! Não há tempo a perder. Foi uma sorte danada ela não ter levado o telegrama. Se tivesse feito isso, é provável que nunca mais conseguíssemos localizá-la. Mas precisamos agir! Onde está essa tal tabela de horários dos trens?

A energia de Julius era contagiosa. Se estivesse sozinho, Tommy provavelmente teria se sentado e perderia meia hora pensando e repensando em tudo antes de decidir seu plano de ação. Mas com Julius Hersheimmer por perto, a correria era inevitável.

Depois de resmungar algumas imprecações, ele entregou a tabela a Tommy, que era mais versado nas escalas dos trens. Tommy preferiu examinar o guia ferroviário.

– Aqui está. Ebury, Yorkshire. Partidas de King's Cross. Ou St. Pancras... o menino deve ter se enganado. Era King's Cross, não *Charing* Cross. Ela pegou o trem das 12h50; o das 14h10 já foi; o próximo é o das 15h20 – e é lento demais.

– E se fôssemos de carro?

Tommy balançou a cabeça.

– Mande levarem o carro para lá, se quiser, mas é melhor irmos de trem. O negócio é manter a calma.

Julius resmungou.

– É verdade. Mas fico furioso de pensar que aquela menina inocente está em perigo!

Tommy inclinou a cabeça, absorto. Estava pensando. Alguns momentos depois, perguntou:

– Julius, diga-me uma coisa: com que intenção eles raptaram Tuppence?

– Hã? Não entendi.

– O que quero dizer é que não acho que eles estejam dispostos a fazer mal a Tuppence – explicou Tommy, cuja testa estava enrugada por causa do extenuante esforço mental. – Ela é uma refém, só isso. Não está correndo risco imediato, porque se tentarmos alguma ação contra o bando, Tuppence será muito útil para eles. Enquanto ela estiver em poder da quadrilha, nossas mãos continuarão atadas. A vantagem é toda deles. Compreendeu?

– Claro – respondeu Julius, pensativo. – É isso mesmo.

– Além disso – Tommy fez um adendo –, tenho muita fé em Tuppence.

A viagem foi cansativa e enfadonha, com muitas paradas e vagões lotados. Tiveram de fazer duas baldeações, uma em Doncaster e outra num pequeno entroncamento. Ebury era uma estação deserta, com um solitário carregador de bagagens, a quem Tommy se dirigiu:

– Pode me dizer qual é o caminho para Moat House?

– Moat House? É pertinho daqui. O casarão de frente para o mar, não é?

Tommy assentiu, descaradamente. Depois de escutar as meticulosas mas desconcertantes instruções do carregador, prepararam-se para deixar a estação. Estava começando a chover, e os dois homens levantaram a gola do casaco e avançaram com dificuldade pela estradinha lamacenta.

De repente, Tommy estacou.

– Espere um momento – e voltou correndo à estação para falar de novo com o carregador.

– Escute uma coisa, você se lembra de uma jovem que chegou mais cedo, no trem que partiu de Londres no horário de 12h10? Talvez ela tenha perguntado o caminho para Moat House.

Descreveu Tuppence da melhor maneira que pôde, mas o carregador balançou a cabeça. Muita gente tinha chegado no trem em questão. Ele não era capaz de se lembrar de uma moça em particular. Mas tinha certeza absoluta de que ninguém perguntara qual o caminho para Moat House.

Tommy alcançou Julius e explicou tudo. O desânimo desabou sobre ele como um peso de chumbo. Estava convencido de que a busca seria infrutífera. O inimigo tinha três horas de vantagem. Três horas era tempo mais que suficiente para o sr. Brown, que não ignoraria a possibilidade de o telegrama ter sido encontrado.

A estradinha parecia não ter fim. A certa altura pegaram um atalho errado, o que resultou num desvio de rumo de oitocentos metros. Passava das sete horas quando um menino informou à dupla de que Moat House ficava logo depois da primeira esquina.

Um portão enferrujado rangia sinistramente nos gonzos. A trilha que levava até a casa estava coberta por uma espessa e fofa camada de folhas. Pairava no ambiente algo que gelou o coração dos dois homens. Subiram a alameda deserta. As folhas mortas abafavam o ruído dos passos. A luz do dia chegava ao fim. Era como caminhar num mundo de fantasmas. Acima de suas cabeças os galhos das árvores balançavam e sussurravam, numa nota musical lamurienta. Vez ou outra uma folha úmida deslizava em silêncio ao sabor do vento e pousava com um toque gelado sobre o rosto dos dois homens, que se amedrontavam.

Depois de uma curva na alameda, avistaram a casa, que também parecia vazia e abandonada. As janelas estavam fechadas, os degraus da porta, cobertos de musgo. Tuppence teria mesmo sido atraída para aquele lugar desolado? Parecia difícil acreditar que algum ser humano houvesse colocado os pés ali nos últimos meses.

Julius puxou a corda da enferrujada campainha. Soou um badalar estridente e desafinado, que ecoou pelo vazio do interior da casa. Ninguém atendeu. Acionaram a campainha inúmeras vezes, mas nem sinal de vida. Então contornaram a casa. Por toda a parte reinava o silêncio e viam-se apenas janelas fechadas. A julgar por aquilo que seus olhos viam, não havia vivalma na casa.

– Não há nada aqui – disse Julius.

Caminhando a passos lentos, refizeram o caminho de volta até o portão.

– Deve haver um vilarejo aqui perto – continuou o jovem norte-americano. – É melhor perguntar por lá. Os moradores vão saber alguma coisa sobre a casa e se alguém apareceu por aqui nos últimos tempos.

– Sim, não é má ideia.

Avançaram pela estrada e logo chegaram a uma pequena vila, em cujas cercanias encontraram um operário munido de sua caixa de ferramentas; Tommy deteve o homem para fazer uma pergunta.

– Moat House? Está vazia. Ninguém mora lá faz muitos anos. A sra. Sweeney tem a chave, se os senhores quiserem dar uma olhada na casa. É ali, passando o correio.

Tommy agradeceu. Não demoraram a achar a agência do correio, que também fazia as vezes de confeitaria e loja de enfeites, e bateram à porta da pequena casa ao lado. Quem atendeu foi uma senhora asseada, de aparência saudável. Ela prontamente buscou a chave de Moat House.

– Mas duvido que seja o tipo de lugar adequado para os senhores. Está num lamentável estado de conservação. Infiltrações no teto e tudo mais. Seria preciso gastar muito dinheiro na reforma.

– Obrigado – agradeceu Tommy, todo alegre. – Acho que vai ser uma decepção, mas hoje em dia as casas andam escassas.

– Isso é verdade – concordou a mulher, entusiasmada. – Minha filha e meu genro estão procurando uma casinha decente já faz nem sei quanto tempo. É por causa da guerra. Bagunçou tudo. Mas, se me permite dizer, senhor, está muito escuro para olhar a casa hoje. Os senhores não vão conseguir ver muita coisa. Não é melhor esperar até amanhã?

– A senhora está certa. Em todo caso, vamos dar só uma olhada rápida ainda hoje. Era para termos chegado mais cedo, mas acabamos nos perdendo no caminho. Qual o melhor lugar para se passar a noite por essas bandas?

A sra. Sweeney ficou na dúvida.

– Há a Yorkshire Arms, mas não é um lugar à altura de cavalheiros distintos como os senhores.

– Ah, vai servir muito bem. Muito obrigado. E mais uma coisa: não veio hoje aqui uma moça pedindo a chave?

A senhora balançou a cabeça.

– Faz muito tempo que ninguém vem olhar a casa.

– Muito obrigado.

Voltaram pelo mesmo caminho para Moat House. Assim que a porta da frente cedeu, rangendo nos gonzos e protestando com estrépito, Julius riscou um fósforo e examinou cuidadosamente o assoalho. Depois balançou a cabeça.

– Sou capaz de jurar que ninguém passou por aqui. Olhe só a poeira. Grossa. Nem sinal de pegadas.

Zanzaram pela casa deserta. Por toda parte, o mesmo cenário. Espessas camadas de pó, aparentemente intocadas.

– Isso me dá nos nervos – disse Julius. – Não acredito que Tuppence tenha estado nesta casa.

– Ela deve ter estado.

Julius balançou a cabeça, sem responder.

– Amanhã faremos uma busca completa – disse Tommy. – Com a luz do dia pode ser que a gente consiga descobrir alguma coisa.

No dia seguinte vasculharam de novo a casa e, ainda que relutantes, foram obrigados a concluir que ninguém entrava ali havia um bom tempo. E teriam inclusive ido embora do vilarejo não fosse por uma feliz descoberta de Tommy. Quando já se encaminhavam para o portão, o rapaz soltou um grito inesperado e se abaixou para pegar alguma coisa em meio às folhas; ergueu o achado e mostrou-o a Julius. Era um pequenino broche de ouro.

– Isto aqui é de Tuppence!

– Tem certeza?

– Absoluta. Já a vi usando muitas vezes.

Julius respirou fundo.

– Creio que isso liquida o assunto. Ela chegou até aqui, de qualquer modo. Vamos transformar aquela hospedaria no nosso quartel-general e pintar o diabo aqui até encontrá-la. Alguém *deve* ter visto Tuppence.

No mesmo instante a campanha de guerra teve início. Tommy e Julius trabalhavam separados e juntos, mas o resultado era sempre o mesmo. Nenhuma pessoa correspondendo à descrição de Tuppence tinha sido vista nas vizinhanças. Os dois estavam aturdidos, mas não desanimaram. Por fim, mudaram de tática. Certamente Tuppence não tinha ficado muito tempo nas imediações de Moat House. Isso indicava que alguém a subjugara e a levara de carro. Tommy e Julius empreenderam uma nova rodada de investigações. Será que ninguém tinha visto um carro parado nas proximidades de Moat House naquele dia? Mais uma vez, não obtiveram resultado.

Julius telegrafou para a cidade pedindo que mandassem seu carro; sem esmorecer, a dupla usou o veículo para explorar as redondezas, com todo cuidado do mundo. Depositaram grandes esperanças numa limusine cinza que acabou sendo localizada na cidade de Harrogate, mas no final das contas descobriram que pertencia a uma respeitável velhota solteirona!

Dia após dia os dois empenhavam-se em novas pesquisas. Julius parecia um cão na correia. Perseguia toda e qualquer pista, por mais insignificante. Rastrearam todos os carros que haviam passado pelo vilarejo no dia fatídico. Invadiam propriedades rurais e submetiam os donos de automóveis a exaustivos interrogatórios. Depois se desmanchavam em pedidos de desculpas tão pormenorizados e minuciosos quanto seus métodos de investigação, e quase sempre conseguiam desarmar a indignação de suas vítimas; porém, os dias foram passando e nada de pistas sobre o paradeiro de Tuppence. O sequestro tinha sido tão bem planejado que a jovem parecia ter desaparecido no ar.

E outra preocupação assolava a mente de Tommy.

– Sabe há quanto tempo estamos aqui? – ele perguntou certo dia a Julius enquanto tomavam o café da manhã. – Uma semana! E não chegamos nem perto de encontrar Tuppence, *e domingo que vem é dia 29!*

– Caramba! – exclamou Julius, pensativo. – Eu já tinha quase me esquecido do dia 29. Não tenho pensado em mais nada a não ser em Tuppence.

– Eu também. Pelo menos não esqueci o dia 29, mas isso nem se compara com a importância de encontrar Tuppence. Mas hoje é 23 e o tempo está acabando. Se é que vamos conseguir encontrá-la, tem de ser antes do dia 29; depois disso a vida dela vai estar por um fio. Eles vão se cansar desse jogo de manter uma refém. Estou começando a achar que cometemos um erro. Perdemos tempo e não fizemos avanço algum.

– Concordo com você. Fomos um par de idiotas, quisemos dar um passo maior do que as pernas. Vou parar de bancar o imbecil, e é já!

– Como assim?

– Eu explico. Vou fazer o que já deveríamos ter feito uma semana atrás. Seguirei direto para Londres e colocarei o caso nas mãos da polícia britânica. A gente quis fazer papel de detetives. Detetives! Que bela estupidez! Para mim chega! Quero a Scotland Yard!

– Você tem razão – disse Tommy pausadamente. – Meu Deus, a gente devia ter ido à polícia logo no início.

– Antes tarde do que nunca. Parecemos uma dupla de criancinhas brincando de pega-pega e esconde-esconde. Agora vou bater à porta da Scotland Yard e pedir que me peguem pela mão e me digam direitinho o que fazer. Acho que o profissional é sempre melhor que o amador. Você vem comigo?

Tommy balançou a cabeça.

– De que adianta? Um de nós é suficiente. Acho melhor ficar por aqui e xeretar por mais algum tempo. *Talvez* aconteça alguma coisa. Nunca se sabe.

– Sim... Tudo bem. Então, até mais. Vou num pé e volto no outro, trazendo comigo alguns inspetores da polícia. Vou pedir para selecionarem os melhores e mais experientes.

Mas as coisas não saíram como Julius planejara. Mais tarde, naquele mesmo dia, Tommy recebeu um telegrama:

Encontre-se comigo no Midland Hotel de Manchester. Notícias importantes

JULIUS.

Às sete e meia da noite Tommy desembarcou de um vagaroso trem, cuja linha cortava o país de uma ponta à outra. Julius já estava na plataforma.

– Achei mesmo que, se você não tivesse saído e lesse o meu telegrama assim que o recebesse, viria neste trem.

Tommy agarrou-o pelo braço.

– O que aconteceu? Encontraram Tuppence?

Julius balançou a cabeça de um lado para o outro.

– Não. Mas encontrei isto aqui me esperando em Londres. Tinha acabado de chegar.

Entregou o telegrama a Tommy, que leu e arregalou os olhos:

Jane Finn encontrada. Venha imediatamente ao Midland Hotel em Manchester

– PEEL EDGERTON.

Julius pegou de novo o telegrama e dobrou-o.

– Estranho – disse o norte-americano, absorto. – Achei que aquele advogado tinha abandonado o caso!

Capítulo 19

Jane Finn

– O meu trem chegou há meia hora – explicou Julius enquanto saíam da estação. – Achei que você viria neste mesmo, e antes de partir de Londres telegrafei a sir James avisando-o. Ele já reservou quartos para nós e virá jantar conosco às oito.

– O que fez você pensar que ele tinha perdido o interesse pelo caso? – perguntou Tommy, com curiosidade.

– O que ele mesmo disse – respondeu Julius secamente. – O velho é fechado como uma ostra! Como todos os malditos advogados, ele não ia se comprometer enquanto não tivesse certeza de que daria conta do recado.

– Estou aqui pensando com meus botões – disse Tommy com ar meditativo.

Julius virou-se para ele.

– Pensando em quê?

– Se esse foi o verdadeiro motivo dele.

– Claro que sim. Pode apostar sua vida.

Tommy balançou a cabeça, sem se convencer.

Sir James chegou pontualmente às oito horas e Julius apresentou-o a Tommy. Sir James apertou com entusiasmo a mão do rapaz.

– Muito prazer em conhecê-lo pessoalmente, sr. Beresford. A srta. Tuppence falou tantas vezes a seu respeito – sorriu involuntariamente – que tenho a impressão de que já o conheço bem.

– Obrigado, senhor – respondeu Tommy, com o seu sorrisinho simpático. Com olhar perscrutador, examinou o advogado de alto a baixo. Como Tuppence, sentiu o magnetismo da personalidade do homem. Lembrou-se do sr. Carter. Embora fossem totalmente diferentes na aparência física, ambos causavam no interlocutor a mesma impressão. Por trás do semblante cansado de um e sob a discrição profissional do outro, o mesmo tipo de intelecto, afiado como uma espada.

Por sua vez, Tommy percebeu que também era alvo do escrutínio de sir James, que o observava atentamente com um olhar penetrante. Quando o advogado baixou os olhos, o rapaz teve a impressão de que seu íntimo havia sido lido como um livro aberto da primeira à última página. Tommy podia apenas imaginar qual tinha sido o juízo formulado pelo advogado, mas era ínfima a chance de que viesse a descobrir. Sir James absorvia tudo, mas soltava apenas o que queria. Segundos depois ocorreu uma prova disso.

Imediatamente após os primeiros cumprimentos, Julius desatou a disparar uma enxurrada de perguntas ansiosas. Como sir James conseguira encontrar a jovem desaparecida? Por que não avisou que continuava trabalhando no caso? E assim por diante.

Sir James alisava o queixo e sorria. Por fim, disse:

– Certo! Certo! Bem, a jovem foi encontrada. E isso é o principal, não é? Então! Diga, não é o mais importante?

– Claro. Mas como o senhor descobriu a pista certa? A srta. Tuppence e eu pensamos que o senhor tinha abandonado de vez o caso.

– Ah! – o advogado fuzilou com os olhos o norte-americano e retomou os afagos no queixo. – O senhor pensou isso, foi? Pensou mesmo? Hum, puxa!

– Mas acho que posso concluir que estávamos enganados – prosseguiu Julius.

– Bem, não sei se eu iria tão longe a ponto de afirmar isso com todas as letras. Mas com certeza é uma tremenda sorte para todos os interessados que tenhamos conseguido encontrar a jovem.

– Mas onde está ela? – quis saber Julius, desviando para outro rumo seus pensamentos. – Pensei que o senhor faria questão de trazê-la consigo.

– Isso dificilmente seria possível – justificou sir James, com o semblante carregado.

– Por quê?

– Porque a jovem se envolveu num acidente de trânsito: foi atropelada e teve ferimentos leves na cabeça. Foi levada a uma enfermaria e, quando recobrou a consciência, disse que se chamava Jane Finn. Quando... ah!... tive conhecimento dessa notícia, tomei providências para que ela fosse transferida para a clínica de um médico, um amigo meu, e imediatamente enviei o telegrama ao senhor. Ela teve uma recaída e voltou a ficar inconsciente; desde então, não falou mais.

– Os ferimentos são graves?

– Ah, apenas um hematoma e um ou dois arranhões; a bem da verdade, do ponto de vista médico é absurdo que ferimentos tão leves tenham produzido esses sintomas. O mais provável é que o estado dela seja atribuído ao choque mental consequente da recuperação da memória.

– A memória dela voltou? – perguntou Julius, com um berro eufórico.

Sir James bateu na mesa, com evidente impaciência.

– Sem dúvida, sr. Hersheimmer, já que ela soube dizer o nome verdadeiro. Julguei que o senhor tivesse prestado atenção a esse ponto.

– E, por um feliz acaso, o senhor estava no local certo – comentou Tommy. – Parece um conto de fadas.

Mas sir James era precavido demais para morder a isca da insinuação.

– Coincidências são coisas curiosas – rebateu, secamente.

Contudo, agora Tommy tinha certeza do que antes apenas suspeitara. A presença de sir James em Manchester não era acidental. Longe de ter abandonado o caso, conforme Julius supusera, o velho saiu por conta própria ao encalço da jovem desaparecida e foi bem-sucedido na missão de localizá-la. A única coisa que intrigava Tommy era o motivo de tanto sigilo. Concluiu que era um defeito dos homens que têm uma "mente jurídica".

Julius continuava falando.

– Depois do jantar – anunciou –, sairei imediatamente daqui para ver Jane.

– Isso será impossível, creio eu – disse sir James. – É muito pouco provável que ela tenha permissão para receber visitas a esta hora da noite. Sugiro que o senhor vá amanhã, por volta de dez da manhã.

Julius corou. Havia em sir James alguma coisa que sempre o instigava ao antagonismo. Era um conflito de duas personalidades um tanto ativas e prepotentes.

– Mesmo assim, acho que a visitarei esta noite, e verei se consigo dar um jeitinho de convencê-los a me poupar desses regulamentos imbecis.

– Será totalmente inútil, sr. Hersheimmer.

Essas palavras saíram da boca do advogado como um estampido de revólver; Tommy ergueu os olhos, sobressaltado. Julius estava nervoso e agitado. A mão com que levou o copo aos lábios tremia um pouco, mas os seus olhos enfrentaram os de sir James numa expressão desconfiada, de desafio. Por um momento a hostilidade entre os dois homens parecia fadada a explodir e se converter em chamas, mas por fim Julius baixou os olhos, derrotado.

– Por ora, acho que o senhor é que manda.

– Obrigado – respondeu sir James. – Estamos combinados então, às dez da manhã? – Com a mais perfeita naturalidade de gestos, o jurista voltou-se para Tommy. – Devo confessar, sr. Beresford, que para mim foi uma surpresa vê-lo aqui esta noite. A última vez que ouvi falar no senhor, os seus amigos estavam por demais angustiados por sua causa. Havia dias que não recebiam notícias suas, e a srta. Tuppence parecia inclinada a acreditar que o senhor estava metido em sérias dificuldades.

– E estava mesmo! – Tommy sorriu ao se lembrar dos eventos do passado recente. – Nunca na minha vida me vi numa enrascada tão grande.

Com a ajuda das perguntas de sir James, o rapaz fez um relato abreviado das suas aventuras. Quando chegou ao fim da narrativa, o advogado fitou-o com renovado interesse.

– O senhor se livrou muito bem do aperto – disse o jurista, extremamente sério. – Meus parabéns. Demonstrou uma boa dose de inteligência e desempenhou muito bem o seu papel.

Com o elogio, Tommy enrubesceu e seu rosto adquiriu um matiz avermelhado semelhante à cor do camarão.

– Eu jamais teria escapado se não fosse pela moça, senhor.

– Não – Sir James esboçou um sorriso. – Foi sorte sua que ela tenha acabado... hã... simpatizando com a sua pessoa. – Tommy quis protestar, mas sir James continuou. – Não resta dúvida de que ela faz parte da quadrilha, estou certo?

– Creio que não, senhor. Pensei que talvez o bando a mantivesse lá à força, mas o comportamento dela não está de acordo com essa hipótese. Como o senhor já sabe, ela voltou para junto deles quando teve a chance de escapar!

Sir James meneou a cabeça, pensativo.

– O que ela disse? Alguma coisa sobre querer voltar para junto de Marguerite?

– Sim. Creio que ela se referia à sra. Vandemeyer.

– Que sempre assinava como Rita Vandemeyer. Todos os amigos a chamavam de Rita. Mas suponho que talvez a moça tivesse o hábito de chamá-la pelo nome inteiro. E no momento em que ela exigia ser levada para junto de Marguerite, a sra. Vandemeyer estava morta ou à beira da morte! Curioso! Há um ou dois pontos que para mim ainda são obscuros, por exemplo, a repentina mudança de atitude da moça com relação ao senhor. A propósito, a polícia revistou a casa, não?

– Sim, senhor, mas o bando já tinha fugido.

– É claro – disse sir James, curto e grosso.

– E não deixaram pista alguma.

– Não me admiro... – o advogado tamborilou a mesa, distraído com os próprios pensamentos.

Algo no tom da sua voz fez Tommy encará-lo. Seria possível que os olhos daquele homem tinham visto um vislumbre de luz quando os dele estiveram cegos? De maneira irrefletida, declarou:

– Eu gostaria que o senhor tivesse estado lá para revistar a casa!

– Eu também gostaria – respondeu sir James serenamente. Ficou em silêncio por um momento. Depois ergueu os olhos. – E desde então? O que o senhor tem feito?

Tommy fitou-o por um momento. Então se deu conta de que obviamente o advogado ainda não sabia.

– Eu me esqueci que o senhor não sabe a respeito de Tuppence – argumentou o rapaz, pausadamente. Mais uma vez foi tomado pela mesma dolorosa ansiedade, por algum tempo esquecida na euforia de saber que Jane Finn fora por fim encontrada.

Com um movimento brusco, o advogado largou a faca e o garfo.

– Aconteceu alguma coisa com a srta. Tuppence? – A sua voz era como um gume afiado.

– Ela desapareceu – disse Julius.

– Quando?

– Há uma semana.

– Como?

Sir James disparou uma batelada de perguntas. No intervalo entre uma e outra, Tommy e Julius narraram a história da última semana e as suas investigações inúteis.

Sir James foi imediatamente ao cerne da questão.

– Um telegrama assinado com o seu nome? Para lançarem mão desse ardil eles tinham de saber muita coisa a respeito da sua relação com a srta. Tuppence. Não estavam tão certos de quanto o senhor descobrira naquela casa. O sequestro da srta. Tuppence é o contragolpe à sua fuga. Meu jovem, se necessário eles calarão a sua boca usando a ameaça do que pode acontecer à srta. Tuppence.

Tommy assentiu.

– É exatamente o que eu penso, senhor.

Sir James fitou-o com olhar penetrante.

– *O senhor* já tinha chegado a essa mesma conclusão, não? Nada mal, nada mal mesmo. O curioso é que quando o fizeram prisioneiro eles por certo nada sabiam a seu respeito. O senhor tem realmente certeza de que não acabou, de alguma maneira, revelando a sua identidade?

Tommy balançou a cabeça.

– Isso mesmo – concordou Julius, assentindo. – Portanto, sou da opinião de que alguém abriu o bico e avisou a quadrilha... e não antes de domingo à tarde.

– Sim, mas quem?

– O tal do todo-poderoso e onisciente sr. Brown, é claro!

Na voz do norte-americano havia uma leve nota de zombaria, o que levou sir James a erguer os olhos rispidamente.

– O senhor não acredita no sr. Brown, sr. Hersheimmer?

– Não, senhor, não acredito – retrucou Julius enfaticamente. – Não como os senhores imaginam, quero dizer. A meu ver ele é um testa de ferro, uma lenda, apenas um nome de fantasma para assustar crianças. O verdadeiro cabeça desse negócio é aquele sujeito russo, Kramenin. Acho que, se ele quiser, é bem capaz de comandar revoluções em três países ao mesmo tempo! O tal Whittington talvez seja o chefão da sucursal inglesa.

– Discordo do senhor – rebateu sir James, lacônico. – O sr. Brown existe. – Voltou-se para Tommy. – Por acaso o senhor observou de onde o telegrama foi passado?

– Não, senhor. Infelizmente não.

– Hum. Ele está com o senhor?

– Está lá em cima, na minha mala.

– Eu gostaria de dar uma olhada no telegrama. Não há pressa. Os senhores já desperdiçaram uma semana – Tommy baixou a cabeça –, então um dia a mais não faz diferença. Primeiro trataremos da questão da srta. Jane Finn. Depois tentaremos resgatar a srta. Tuppence do cativeiro. A meu ver ela não corre perigo imediato. Isto é, pelo menos enquanto eles ignorarem que estamos com Jane Finn e que ela recuperou a memória. Precisamos manter essa informação em sigilo a todo custo. Os senhores compreendem?

Os outros dois concordaram; e depois de acertar os detalhes do encontro do dia seguinte, o formidável advogado se despediu.

Às dez horas em ponto os dois rapazes estavam no lugar marcado. Sir James encontrou-os nos degraus da porta de entrada. O jurista era o único que parecia estar calmo. Apresentou-os ao médico.

– Sr. Hersheimmer, sr. Beresford, dr. Roylance. Como está a paciente?

– Passa bem. Evidentemente ela não tem noção da passagem do tempo. Hoje de manhã perguntou quantos passageiros do *Lusitania* foram salvos. E se a notícia já tinha saído nos jornais. Isso era de se esperar, é claro. Contudo, ela parece preocupada com alguma coisa.

– Acho que podemos aliviar a ansiedade dela. Temos permissão para subir?

– É claro.

O coração de Tommy começou a pulsar perceptivelmente mais rápido enquanto o pequeno grupo seguia o médico escada acima. Jane Finn, afinal! A tão procurada, a misteriosa, a esquiva Jane Finn! Até então, encontrá-la parecia uma façanha absurdamente improvável! E ali naquela clínica, com a memória recuperada quase que por milagre, estava a moça que tinha nas mãos o futuro da Inglaterra. Tommy não conseguiu evitar que uma espécie de gemido irrompesse de seus lábios. Se ao menos Tuppence pudesse estar ao seu lado para compartilhar o triunfante desfecho do empreendimento de aventuras que a dupla havia idealizado! Depois, decidido, deixou de lado a lembrança de Tuppence. Sua confiança em sir James tinha aumentado. Ali estava um homem que com toda certeza não se cansaria de escarafunchar até descobrir o paradeiro de Tuppence. Nesse meio-tempo, Jane Finn! Mas, de repente, uma sensação de pavor oprimiu seu coração. Parecia fácil demais... E se a encontrassem morta... fulminada pela mão do sr. Brown?

Um minuto depois ele estava rindo dessas fantasias melodramáticas. O médico abriu e segurou a porta de um dos quartos e eles entraram. Na cama branca, com a cabeça envolta em ataduras, estava a jovem. Em certo sentido a cena toda parecia irreal. Tudo correspondia com tanta exatidão ao que era de se esperar que o efeito resultante dava a impressão de ser uma bela encenação.

Com olhos bem abertos de admiração, a moça fitou um por um. Sir James foi o primeiro a falar.

– Srta. Finn, este é seu primo, o sr. Julius P. Hersheimmer.

Um ligeiro rubor passeou pelo rosto da jovem quando Julius avançou e segurou sua mão.

– Como está, prima Jane? – ele perguntou, em tom alegre. Mas Tommy detectou um tremor na voz do norte-americano.

– Você é mesmo o filho do tio Hiram? – perguntou a jovem, surpresa.

A voz dela, com algo da calorosa simpatia do sotaque do Oeste, tinha uma qualidade quase emocionante. Tommy teve a sensação de que a voz era vagamente familiar, mas julgou impossível e descartou a impressão.

– Com certeza.

– Costumávamos ler sobre tio Hiram nos jornais – continuou a jovem, com sua voz suave. – Mas nunca pensei que um dia conheceria você. A mamãe dizia que o tio Hiram nunca a perdoaria, nunca deixaria de sentir rancor dela.

– O velho era assim – admitiu Julius. – Mas acho que a geração nova é um tanto diferente. Rixas de família não servem de nada. Assim que a guerra terminou, a primeira coisa em que pensei foi vir para cá e procurar você.

Uma sombra passou pelo rosto da moça.

– Eles me contaram coisas... coisas pavorosas... que eu perdi minha memória, que nunca vou conseguir me lembrar de certos anos, anos perdidos da minha vida.

– E você não se deu conta disso?

A moça arregalou os olhos.

– Não. Para mim parece que foi ontem que nos empurraram dentro daqueles botes salva-vidas. Ainda agora posso ver tudo! – Fechou os olhos, num estremecimento de medo.

Julius olhou para sir James, que meneou a cabeça.

– Não precisa se preocupar. Não vale a pena. Agora escute, srta. Jane. Há uma coisa que desejamos saber. A bordo daquele navio havia um homem portando papéis muito importantes, e pessoas influentes deste país foram informadas de que esses papéis foram entregues à senhorita. É verdade?

A jovem hesitou, olhando de relance para os dois outros homens. Julius compreendeu.

– O sr. Beresford foi contratado pelo governo britânico para recuperar aqueles documentos. Sir James Peel Edgerton é membro do Parlamento e, se quisesse, poderia ser uma figura de destaque do Governo. Foi graças a ele que finalmente conseguimos encontrar você. Por isso, pode ficar tranquila, e conte-nos toda a história. Danvers entregou os papéis à senhorita?

– Sim. Ele disse que comigo os documentos teriam melhores chances, porque no navio as mulheres e as crianças seriam salvas primeiro.

– Exatamente como pensamos – disse sir James.

– Ele disse que eram muito importantes, que poderiam fazer toda a diferença para os Aliados. Mas, se isso já foi há tanto tempo, e se a guerra já terminou, de que isso importa agora?

– Creio que a história se repete, Jane. Primeiro houve um estardalhaço por causa desses papéis, depois a coisa esfriou, agora o alvoroço recomeçou de novo... por motivos muito diferentes. A senhorita pode então nos entregar imediatamente os documentos?

– Não posso.

– O quê?

– Não estão comigo.

– Não estão... com... a senhorita? – Julius pontuou as palavras com pequenas pausas.

– Não. Eu os escondi.

– *Escondeu*?

– Sim. Fiquei apreensiva. Parecia que eu estava sendo vigiada. Fiquei com medo, muito medo – ela levou a mão à cabeça. – É quase a última coisa de que me lembro antes de acordar no hospital...

– Continue – pediu sir James, com a sua voz calma e penetrante. – De que a senhorita se lembra?

Ela virou-se para ele, obedientemente.

– Eu estava em Holyhead. Tomei aquele caminho, não me lembro por quê...

– Isso não importa. Continue.

– Na confusão do cais eu me esgueirei e saí de fininho. Ninguém me viu. Peguei um táxi. Pedi ao motorista que me levasse para fora da cidade. Quando chegamos à estrada, fiquei atenta. Nenhum outro automóvel nos seguia. Vi uma trilha ao lado da estrada. Pedi ao taxista que parasse e me esperasse.

Fez uma pausa, depois continuou.

– A trilha levava a um penhasco e de lá desembocava no mar, em meio a uma porção de tojos amarelos... arbustos que pareciam chamas douradas. Olhei ao redor. Não havia vivalma à vista. Na pedra, bem na altura da minha cabeça, notei um buraco. Era bem pequeno, mal consegui enfiar a minha mão, mas vi que era bastante fundo. Desatei do pescoço o pacotinho de lona e empurrei-o buraco adentro, o mais longe que eu pude. Depois arranquei uns pedaços de tojos... minha nossa, como eram pontiagudos!, e com eles tapei o buraco, de modo que ninguém conseguiria perceber que havia uma fenda ali. Depois observei atentamente o lugar e gravei-o na mente, para assim poder encontrá--lo de novo. Naquele exato ponto da trilha havia uma pedra arredondada e esquisita, muito parecida com um cachorro de pé sobre duas patas, em posição de expectativa. Voltei para a estrada. O carro estava me esperando e voltamos para a cidade. Entrei no trem. Senti um pouco de vergonha por achar que talvez estivesse imaginando coisas, mas logo depois reparei que o homem sentado à minha frente piscava para a mulher ao meu lado, e mais uma vez fiquei apavorada, mas contente por ter deixado os papéis a salvo. Saí ao corredor para tomar um pouco de ar. Pensei em mudar de vagão, mas a mulher me chamou e me avisou que eu tinha deixado cair alguma coisa no chão, e quando me abaixei para ver, alguém me acertou uma pancada, aqui – colocou a mão na parte de trás da cabeça. – Não me lembro de mais nada, até que acordei no hospital.

Silêncio.

– Muito obrigado, srta. Finn – foi sir James quem falou. – Espero que não tenhamos feito a senhorita se cansar.

– Oh, não, tudo bem. A minha cabeça está doendo um pouco, mas de resto sinto-me bem.

Julius deu um passo à frente e mais uma vez segurou a mão da moça.

– Até breve, prima Jane. Estarei ocupado procurando esses papéis, mas voltarei em dois tempos e prometo levar você comigo para Londres, e garanto que você vai se divertir como nunca na vida; depois vamos voltar de vez para os Estados Unidos. Estou falando sério. Por isso trate de ficar boa bem depressa.

Capítulo 20

Tarde demais

Na rua, os três homens realizaram um conselho de guerra informal. Sir James tirou o relógio do bolso.

– O trem até os barcos de Holyhead para em Chester às 12h14. Se os senhores se puserem a caminho imediatamente, conseguirão pegar a baldeação.

Tommy encarou-o, intrigado.

– Para que tanta pressa, senhor? Hoje ainda é dia 24.

– Sou da opinião que é sempre uma boa coisa acordar bem cedo – intrometeu-se Julius, antes que o advogado tivesse tempo de responder.

– Vamos correndo para a estação.

Um pequeno vinco surgiu na testa de sir James.

– Eu adoraria acompanhá-los. Mas tenho uma reunião às duas horas. Infelizmente.

Era mais que evidente o tom de relutância da sua voz. Por outro lado, Julius pareceu bastante inclinado a suportar com a maior tranquilidade do mundo a ausência do advogado.

– Acho que essa história não tem complicação alguma – ele comentou. – É apenas uma brincadeira de esconde-esconde, nada mais.

– Espero que sim – disse sir James.

– Claro que é. O que mais poderia ser?

– O senhor ainda é jovem, sr. Hersheimmer. Quando chegar à minha idade, talvez já tenha aprendido uma lição: "Nunca subestime seu adversário".

O tom solene da sua voz impressionou Tommy, mas não teve o menor efeito sobre Julius.

– O senhor pensa que o sr. Brown é capaz de aparecer? Se ele der as caras, estou prontinho para ele! – deu uma palmada no bolso. – Eu ando com uma arma. O meu Pequeno Willie* aqui me acompanha aonde quer que eu vá – ele sacou do bolso uma automática de aparência mortífera e deu nela tapinhas afetuosos antes de guardá-la de novo. – Mas nesta viagem não vou precisar usá-la. Não há como alguém avisar o sr. Brown.

O advogado encolheu os ombros.

– Ninguém poderia ter informado o sr. Brown do fato de que a sra. Vandemeyer tinha a intenção de traí-lo. Contudo, *a sra. Vandemeyer morreu sem falar.*

Pela primeira vez, Julius se calou; com voz mais branda, sir James acrescentou:

– Quero apenas prevenir os senhores. Adeus e boa sorte. Depois que estiverem de posse dos papéis, não corram riscos desnecessários. Se tiverem algum motivo para acreditar que estão sendo seguidos, destruam imediatamente os documentos. Boa sorte. Agora o resultado do jogo depende dos senhores.

– Apertou a mão dos rapazes.

Dez minutos depois os dois jovens estavam sentados no vagão da primeira classe, *en route* para Chester.

Durante um longo tempo nenhum deles falou. Quando por fim Julius interrompeu o silêncio, fez um comentário totalmente inesperado.

– Diga-me uma coisa, você nunca fez papel de idiota por causa de um rosto de mulher? – perguntou, absorto.

Após um momento de espanto, Tommy vasculhou a mente.

---

* Referência a "Little Willie", o primeiro protótipo de tanque de guerra testado pelos ingleses em 1915, durante a Primeira Guerra Mundial. (N.T.)

– Acho que não – respondeu por fim. – Não que eu me lembre. Por quê?

– Porque nos últimos dois meses venho bancando o pateta sentimental por causa de Jane! No primeiro instante em que pus os olhos no retrato dela, o meu coração aprontou todas as estripulias que se lê nos romances. Tenho um pouco de vergonha de confessar isto, mas vim para cá determinado a encontrá-la, consertar as coisas e levá-la de volta como sra. Julius P. Hersheimmer!

– Oh! – exclamou Tommy, pasmo.

Julius descruzou bruscamente as pernas e continuou:

– Isso mostra como um homem pode fazer papel de bobo! Bastou botar meus olhos nela em pessoa, e fiquei curado!

Cada vez mais sem palavras, Tommy soltou outro "Oh!".

– Não que eu esteja desfazendo de Jane, veja bem – continuou o norte-americano. – Ela é uma garota muito bacana e não faltarão homens que se apaixonem por ela.

– Achei ela muito bonita – disse Tommy, readquirindo a fala.

– Claro que é. Mas nem um pouco parecida com a foto, nem de longe. Quer dizer, acho que em certo sentido ela é um pouco parecida, deve ser, porque a reconheci logo de cara. Se eu a visse no meio de uma multidão, eu diria "conheço o rosto daquela garota", na mesma hora e sem qualquer hesitação. Mas havia alguma coisa naquele retrato – Julius balançou a cabeça e soltou um suspiro. – Acho que casos de amor são uma coisa muito esquisita!

– Devem ser – rebateu Tommy com frieza –, se você vem para cá apaixonado por uma garota e quinze dias depois pede outra em casamento.

Julius teve a dignidade de se mostrar desconcertado.

– Veja bem, tive a enfadonha sensação de que nunca encontraria Jane... e de qualquer modo aquilo foi pura tolice da minha parte. E, depois... bem, os franceses, por exemplo, são muito mais sensatos na maneira de encarar as coisas. Para eles, casos de amor e casamento são diferentes.

Tommy corou.

– Raios me partam! Quer dizer então...

Julius se apressou em interrompê-lo.

– Calma, não tire conclusões precipitadas. Eu não quero dizer o que você pensa que eu quero dizer. Acho inclusive que os norte-americanos são mais moralistas do que vocês. O que eu quis dizer é que os franceses encaram o casamento como um negócio, uma transação comercial... duas pessoas adequadas uma para a outra se encontram, acertam a questão financeira e resolvem tudo em termos práticos, com espírito mercantil.

– Na minha opinião – disse Tommy –, hoje em dia todos nós somos mercantis até demais. Estamos sempre perguntando, "quanto isso vai me render?". Os homens já são terríveis nesse quesito, e as mulheres ainda piores!

– Esfrie a cabeça, rapaz. Não se exalte.

– Eu me sinto exaltado – rebateu Tommy.

Julius fitou o interlocutor e julgou melhor não dizer mais nada.

Entretanto, Tommy teve tempo de sobra para se acalmar até chegarem a Holyhead, e o alegre sorriso já tinha voltado ao seu rosto quando desembarcaram em seu destino.

Depois de pedirem informações e consultarem um mapa rodoviário, os dois rapazes já tinham uma boa ideia do caminho a seguir; sem mais demora, pegaram um táxi e rumaram para a estrada que levava a Treaddur Bay. Instruíram o taxista a ir bem devagar e observaram minuciosamente toda a área, a fim de que a trilha mencionada por Jane não passasse despercebida. Não muito tempo depois de terem saído da cidade, chegaram ao local que correspondia à descrição. Tommy imediatamente pediu ao motorista que parasse o carro e, num tom informal, perguntou se aquela vereda levava ao mar. O taxista respondeu que sim, e Tommy pagou a corrida com uma generosa gorjeta.

Momentos depois o táxi deu meia-volta e retornou vagarosamente para Holyhead. Tommy e Julius esperaram até que o carro sumisse de vista e depois se encaminharam para a estreita trilha.

– Será que esta é a certa? – perguntou Tommy com ar de dúvida. – Simplesmente deve haver milhares destas por aqui.

– Claro que é. Olhe o tojo. Lembra-se do que Jane disse?

Tommy fitou as densas sebes cobertas de flores amarelo-douradas que margeavam a trilha de ambos os lados e se convenceu.

Desceram um atrás do outro, Julius à frente. Por duas vezes Tommy olhou por cima dos ombros, inquieto. Julius se virou.

– O que há?

– Não sei. Por algum motivo, fiquei com medo. Fico imaginando que há alguém seguindo a gente.

– Impossível – disse Julius, categórico. – Teríamos visto.

Tommy teve de admitir que isso era verdade. Contudo, sua sensação de desassossego foi ficando cada vez maior. Mesmo a contragosto, acreditava na onisciência do inimigo.

– Eu bem que queria que o tal sujeito aparecesse – disse Julius, batendo no bolso. – O meu Pequeno William aqui está doido para fazer um pouco de exercício!

– Você sempre leva... seu canhão... a toda parte? – perguntou Tommy, com inflamada curiosidade.

– Quase sempre. Acho que a gente nunca sabe o que pode acontecer.

Tommy se manteve em respeitoso silêncio. Estava impressionado com o Pequeno William. A arma parecia afastar para longe a ameaça do sr. Brown.

Agora a trilha costeava a borda do despenhadeiro, paralela ao mar. De repente Julius estacou, de maneira tão inesperada que Tommy tropeçou nele.

– O que foi? – Tommy quis saber.

– Olhe. É ou não é de fazer o coração bater mais depressa?

Tommy olhou. Sobressaindo na paisagem e obstruindo quase por completo a trilha havia uma enorme pedra arredondada, sem dúvida com uma singular semelhança com um cãozinho de pé sobre duas patas, "querendo atenção".

– Bem – comentou Tommy, recusando-se a compartilhar da emoção de Julius –, é o que esperávamos encontrar, não é?

Julius fitou-o com tristeza e balançou a cabeça.

– Fleuma britânica! Sim, é o que esperávamos, mas mesmo assim me deixa aturdido ver a pedra paradinha ali, exatamente onde prevíamos!

Tommy, cuja calma talvez fosse mais fingida que natural, avançou com impaciência.

– Vamos em frente. Cadê o buraco?

Esquadrinharam palmo a palmo a superfície do rochedo. Tommy ouviu-se dizer estupidamente:

– Depois de todos esses anos, os arbustos já não devem estar no mesmo lugar de antes.

Ao que Julius respondeu num tom solene:

– Acho que você tem razão.

De repente Tommy apontou, com a mão trêmula.

– E aquela fenda ali?

Julius respondeu com voz apavorada:

– É ali, com certeza.

Os dois entreolharam-se.

Uma recordação passou pela mente de Tommy:

– Quando eu estava na França, toda vez que por um ou outro motivo o meu bagageiro não conseguia me ver a fim de prestar serviços, mais tarde sempre me dizia que tinha experimentado uma sensação esquisita. Nunca acreditei muito naquele praça. Mas se era ou não verdade, essa sensação *existe*. Estou sentindo-a agora. E intensamente!

Tommy contemplou a rocha com uma espécie de paixão agônica.

– Com mil diabos! – gritou. – É impossível! Cinco anos! Pense nisso! Garotos procurando ninhos de pássaros, piqueniques, milhares de pessoas passando nesta área! Não pode estar aí! A probabilidade é de um em cem. É ilógico, contrário à razão!

De fato ele julgava ser impossível – mais ainda, talvez, porque não era capaz de acreditar no seu próprio êxito onde tantos outros haviam fracassado. A coisa parecia fácil demais, portanto não podia ser verdade. O buraco estaria vazio.

Julius fitou Tommy com um largo sorriso.

– Agora acho que você está aturdido – declarou alegremente. – Bom, lá vamos nós! – Enfiou a mão fenda adentro e fez uma ligeira careta. – É estreito. A mão de Jane deve ser bem menor do que a minha. Não estou sentindo nada... não... espere aí, o que é isto? Meu Deus do céu! – e, com um gesto ágil, agitou no ar um pequeno pacote desbotado. – São os papéis. Costurados num invólucro de lona. Segure-o enquanto pego o meu canivete.

O inacreditável tinha acontecido. Tommy segurou com ternura o precioso pacotinho entre as mãos. Haviam triunfado!

– É esquisito – murmurou –, mas era de se pensar que as costuras já tivessem apodrecido. Estas parecem novas em folha.

Com cuidado, cortaram e arrancaram a lona. Dentro havia uma pequena folha de papel dobrada. Com dedos trêmulos, eles a abriram. A folha de papel estava em branco! Os dois rapazes entreolharam-se mutuamente, atônitos.

– Uma farsa! – arriscou Julius. – Danvers era apenas uma isca?

Tommy balançou a cabeça. Essa solução não o satisfazia. De repente, a sua fisionomia iluminou-se.

– Já sei! *Tinta invisível!*

– Você acha?

– Em todo caso, vale a pena tentar. Geralmente o calor dá conta do recado. Junte uns gravetos. Vamos acender o fogo.

Em poucos minutos a pequena fogueira de gravetos e folhas ardia alegremente. Tommy aproximou da chama a folha de papel. Com o calor o papel enrugou um pouco. Nada mais.

De repente Julius agarrou o braço do companheiro e indicou o ponto em que começavam a aparecer letras numa pálida cor marrom.

– Meu Deus do céu! Você tinha razão! Vou dizer uma coisa, sua ideia foi genial! Eu nunca teria pensado nisso.

Tommy manteve o papel na mesma posição por mais alguns minutos até que julgou que o calor já tinha feito seu trabalho. E então o retirou. Um momento depois, soltou um grito.

Na folha de papel, em nítidas letras de imprensa marrons, liam-se as palavras:

Com os cumprimentos do sr. Brown.

Capítulo 21

Tommy faz uma descoberta

Por alguns instantes os dois ficaram imóveis, entreolhando-se com expressão embasbacada, confusos com o choque. De algum modo, inexplicavelmente, o sr. Brown tinha se antecipado a eles. Tommy aceitou a derrota em silêncio. Julius, não:

– Mas como diabos ele chegou aqui primeiro? É isso que eu queria saber!

Tommy balançou a cabeça e, com tristeza, disse:

– Isso explica por que as costuras pareciam recentes. Devíamos ter deduzido...

– Esqueça as malditas costuras! Como foi que ele tomou a dianteira? Viemos às pressas. Era absolutamente impossível alguém chegar aqui mais rápido que nós. E, afinal de contas, como é que ele soube? Você acha que havia um ditafone no quarto de Jane? Devia haver.

Mas o bom senso de Tommy apresentou objeções.

– Ninguém poderia saber de antemão que ela estaria naquela clínica, e muito menos naquele quarto específico.

– Pois é – concordou Julius. – Então uma das enfermeiras era uma criminosa e escutou à porta. O que você acha?

– Em todo caso, agora isso já não importa – disse Tommy, impaciente. – Talvez ele tenha descoberto meses atrás, veio aqui, tirou os papéis, e depois... Não, por Deus, isso não cola! Eles teriam divulgado imediatamente o documento.

– Claro! Não, alguém chegou aqui antes de nós hoje, com uma vantagem de uma hora ou mais. Mas o que me dá nos nervos é como conseguiram fazer isso.

– Eu gostaria que aquele Peel Edgerton tivesse vindo conosco – disse Tommy, pensativo.

– Por quê? – Julius encarou-o. – A brincadeira de mau gosto foi feita enquanto estávamos a caminho daqui.

– Sim... – Tommy hesitou. Não sabia explicar os seus próprios sentimentos: a ideia ilógica de que a presença do advogado poderia de alguma maneira ter evitado a catástrofe. Retomou o seu ponto de vista anterior: – De nada adianta discutir sobre como isso aconteceu. O jogo acabou. Fracassamos. Só me resta uma coisa a fazer.

– O que é?

– Voltar a Londres o quanto antes. O sr. Carter deve ser avisado. Agora é uma questão de poucas horas até a bomba explodir. Mas, em todo caso, ele precisa receber a péssima notícia.

Era uma tarefa bastante desagradável, mas Tommy não tinha a intenção de se esquivar ao dever. Devia informar o sr. Carter de seu fracasso. Depois disso a sua missão estaria terminada. Pegou o trem-postal da meia-noite para Londres. Julius preferiu passar a noite em Holyhead.

Meia hora depois de desembarcar, exausto, faminto e pálido, Tommy apresentou-se ao seu chefe.

– Vim prestar contas, senhor. Fracassei, fracassei retumbantemente.

O sr. Carter encarou-o com olhar penetrante.

– Quer dizer que o tratado...

– Está nas mãos do sr. Brown, senhor.

– Ah! – o sr. Carter parecia calmo e a expressão do seu rosto não se alterou, mas Tommy percebeu nos olhos dele um bruxuleio de desespero. Isso, mais do que qualquer outra coisa, convenceu o rapaz de que a situação era desoladora.

– Bem – disse o sr. Carter após um ou dois minutos –, fico satisfeito que agora tenhamos confirmado essa hipótese. Não devemos fraquejar, cair de joelhos, creio eu. Precisamos fazer o que estiver ao nosso alcance.

Pela mente de Tommy faiscou a seguinte certeza: "Não há esperanças, e ele sabe que não há esperanças!".

O sr. Carter fitou o jovem.

– Não leve isso a sério demais – ele disse, com toda bondade. – O senhor fez o que pôde. Enfrentou um dos intelectos mais brilhantes do século. E chegou muito perto da vitória. Lembre-se disso.

– Obrigado, senhor. É muita bondade da sua parte.

– Culpo a mim mesmo. Tenho culpado a mim mesmo desde que recebi esta outra notícia.

Algo no tom de voz do sr. Carter atraiu a atenção de Tommy. Um novo receio afligiu seu coração.

– Há... mais alguma coisa, senhor?

– Creio que sim – respondeu o sr. Carter, solene. Estendeu a mão para pegar uma folha de papel sobre a mesa.

– Tuppence? – gaguejou Tommy.

– Leia o senhor mesmo.

As palavras datilografadas dançaram diante dos seus olhos. Era a descrição de um chapéu verde e um casaco contendo no bolso um lenço marcado com as iniciais P.L.C. A expressão angustiada do olhar de Tommy lançou uma pergunta ao sr. Carter, que respondeu:

– Apareceram na praia na costa de Yorkshire, perto de Ebury. Receio que... parece uma patifaria das mais repugnantes.

– Meu Deus! – exclamou Tommy, ofegante. – *Tuppence*! Aqueles demônios! Não descansarei enquanto não acertar as contas com eles! Vou caçar um por um! Vou...

A compaixão no rosto do sr. Carter deteve a explosão de Tommy.

– Sei como se sente, meu pobre rapaz. Mas de nada adianta. O senhor gastará inutilmente as suas forças. Pode parecer grosseria da minha parte, mas o meu conselho é: tire isso da cabeça. O tempo é misericordioso. O senhor esquecerá.

– Esquecer Tuppence? Nunca!

O sr. Carter balançou a cabeça.

– É o que o senhor pensa agora. Bem, será insuportável pensar naquela... jovem tão corajosa! Sinto muito por essa história toda, lamento terrivelmente.

Tommy voltou a si, num sobressalto.

– Estou tomando o seu tempo, senhor – ele disse, com esforço. – O senhor não precisa se culpar. Creio que eu e ela fomos um par de jovens tolos por termos aceitado essa missão. O senhor nos advertiu mais de uma vez. Mas juro por Deus que eu preferia que *eu*, e não ela, acabasse pagando o pato. Adeus, senhor.

De volta ao Ritz, Tommy colocou na mala as suas coisas, maquinalmente, com o pensamento distante. Ainda se sentia desnorteado pela introdução da tragédia na sua existência alegre e banal. Como haviam se divertido juntos, ele e Tuppence! E agora... ah, ele mal podia acreditar – não podia ser verdade! *Tuppence morta!* A pequena Tuppence, transbordante de vida! Era um sonho, um sonho horrível. Nada mais.

Trouxeram-lhe um bilhete, algumas bondosas palavras de solidariedade enviadas por Peel Edgerton, que tinha lido a notícia nos jornais. Publicou-se uma manchete em letras garrafais: ex-voluntária de guerra teria morrido afogada. O bilhete terminava com uma oferta de emprego numa fazenda na Argentina, onde sir James tinha negócios.

– Sujeito generoso! – murmurou Tommy, jogando o papel para o lado.

A porta se abriu e Julius entrou com a sua habitual violência. Trazia na mão um jornal.

– Escute aqui, que história é esta? Parece que tiveram uma ideia louca a respeito de Tuppence.

– É a verdade – murmurou Tommy.

– Está me dizendo que deram cabo dela?

Tommy fez que sim com a cabeça.

– Minha teoria é a seguinte: assim que encontraram o tratado, Tuppence deixou de ter utilidade para eles e ficaram com medo de libertá-la.

– Malditos sejam! – exclamou Julius. – A pequena pobre Tuppence! Era a garota mais corajosa...

Mas de repente alguma coisa pareceu estalar no cérebro de Tommy. Ele se pôs de pé.

– Ora, não me venha com essa! O fato é que você não dá a mínima, vá se danar! Você a pediu em casamento desse seu jeito frio e nojento, mas eu a *amava*. Eu daria a minha alma para impedir que ela sofresse. Eu me resignaria, não diria uma só palavra e deixaria que ela se casasse com você, porque você poderia dar a Tuppence o tipo de vida que ela merecia ter, enquanto eu não passo de um pobre coitado sem um tostão no bolso. Mas eu jamais ficaria indiferente!

– Escute uma coisa – pediu Julius, comedido.

– Ora, vá para o diabo que o carregue! Não aguento mais ouvir você falando da "pequena Tuppence". Vá cuidar da sua prima. Tuppence é a minha garota! Eu sempre a amei, desde que brincávamos juntos quando crianças. Crescemos e tudo continuou igual. Nunca me esquecerei de quando eu estava no hospital e ela entrou com aquela touca e avental ridículos. Foi como um milagre ver a garota que eu amava aparecer num uniforme de enfermeira...

Mas Julius o interrompeu.

– Uniforme de enfermeira! Minha nossa! Devo estar perdendo o juízo! Eu poderia jurar que também vi Jane com uma touca de enfermeira. E isso é absolutamente impossível! Não, por Deus, já sei! Foi ela que eu vi conversando com Whittington naquela clínica em Bournemouth. Ela não era uma paciente lá! Era enfermeira!

– Pois eu acho – disse Tommy, furioso – que provavelmente ela está do lado deles desde o início. Para começo de conversa, não me espantaria se foi ela quem roubou os papéis de Danvers...

– Diabos me carreguem se ela fez uma coisa dessas! – gritou Julius. – Ela é minha prima e é a garota mais patriota que existe!

– Não dou a mínima para o que ou quem ela é, mas suma já daqui! – rebateu Tommy, em altos brados.

Os dois rapazes estavam a ponto de trocar socos. Mas, de repente, de forma abrupta e quase mágica, antes que chegassem às vias de fato, o furor de Julius amainou.

– Tudo bem, meu caro – ele disse, com calma. – Vou embora. Não culpo você por essas coisas que está dizendo. Sorte minha que você as tenha dito. Fui o maior imbecil e estúpido que se possa imaginar. Acalme-se – Tommy tinha feito um gesto de impaciência. – Já estou indo, e ao sair daqui vou para a estação da ferrovia London and North Western, se quiser saber.

– Pouco me interessa para onde você vai – vociferou Tommy.

Quando a porta se fechou atrás de Julius, Tommy retomou a arrumação de sua bagagem.

– Tudo pronto – murmurou e tocou a campainha.

– Leve a minha bagagem para baixo.

– Sim, senhor. Está indo embora, senhor?

– Estou indo para o diabo que me carregue – rosnou Tommy, sem consideração pelos sentimentos do mensageiro do hotel.

Contudo, apesar da grosseria, o funcionário limitou-se a responder respeitosamente:

– Sim, senhor. Quer que eu chame um táxi?

Tommy fez que sim com a cabeça.

Para onde iria? Não fazia a menor ideia. Além de uma determinação fixa de ajustar as contas com o sr. Brown, não tinha plano algum. Releu a carta de sir James e balançou a cabeça. Precisava vingar Tuppence. Contudo, fora bondade do velho.

– Acho que é melhor responder – ele foi até a escrivaninha. Com a habitual frieza dos quartos de hotel, em meio ao material de correspondência disponível encontrou numerosos envelopes, mas nenhuma folha de papel. Tocou a campainha. Ninguém veio. Tommy ficou furioso com a demora. Depois se lembrou de que no quarto de Julius havia uma boa quantidade de papel de carta. O norte-americano anunciara sua partida imediata. Não haveria perigo de encontrá-lo. Além disso, não se importaria se o encontrasse. Estava começando a sentir vergonha do que dissera. O bom Julius até que tinha encarado tudo na esportiva. Se o encontrasse lá, pediria desculpas.

Mas o quarto estava deserto. Tommy foi até a escrivaninha e abriu a gaveta do meio. Uma fotografia, ali enfiada com o rosto descuidadamente voltado para cima, chamou sua atenção. Por um momento, ficou plantado no mesmo lugar. Depois pegou a fotografia, fechou a gaveta, caminhou vagarosamente até uma poltrona e se sentou, olhando fixamente para o retrato em sua mão.

O que diabos uma fotografia de Annette, a jovem francesa, estava fazendo na escrivaninha de Julius P. Hersheimmer?

Capítulo 22

Na Downing Street

Com dedos nervosos, o primeiro-ministro tamborilou a mesa à sua frente. Sua fisionomia estava cansada e aflita. Recomeçou a conversa com o sr. Carter no ponto em que a interrompera.

– Não entendo – ele disse. – Quer dizer então que o estado de coisas não é tão desesperador, apesar de tudo?

– É o que este rapaz parece pensar.

– Deixe-me dar uma olhada nessa carta outra vez.

O sr. Carter entregou-lhe a folha de papel, coberta por uma esparramada caligrafia infantil.

Caro sr. Carter,

Ocorreu algo que me deixou chocado. É claro que posso estar simplesmente cometendo uma ridícula asneira, mas creio que não. Se as minhas conclusões estiverem corretas, aquela jovem de Manchester não passa de um embuste. A coisa toda foi arranjada de antemão, o pacote falso e tudo mais, com o objetivo de nos fazer pensar que o caso estava liquidado – portanto, julgo que estávamos na pista certa.

Acho que sei quem é a verdadeira Jane Finn, e tenho inclusive uma boa ideia sobre o paradeiro dos papéis. Quanto aos documentos, trata-se apenas de uma hipótese, mas de certo modo sinto que no fim das contas minha teoria se provará correta. De qualquer forma, pelo sim pelo não, incluo em anexo um envelope fechado contendo as explicações. Peço que não seja aberto até o último momento, até a meia-noite do dia 28, para ser exato. Em um minuto o senhor compreenderá o porquê. Cheguei à conclusão de que aquela história sobre Tuppence também é uma farsa, e ela não morreu afogada coisa nenhuma. Meu raciocínio é o seguinte: como último recurso, eles deixarão Jane Finn escapar, na esperança de que ela esteja apenas fingindo a perda da memória e que, assim que ganhar a liberdade, volte diretamente ao esconderijo. É evidente que estão correndo um tremendo risco, porque ela sabe tudo a respeito deles, mas o fato é que estão absolutamente desesperados para pôr as mãos naquele tratado. Mas se souberem que nós recuperamos os papéis, *as duas jovens não terão muito tempo de vida. Preciso fazer de tudo para libertar Tuppence antes da fuga de Jane.*

Preciso de uma cópia do telegrama que foi enviado a Tuppence no Ritz. Sir James Peel Edgerton disse que o senhor pode conseguir isso. Ele é de uma inteligência espantosa.

Uma última coisa: por favor, certifique-se de aquela casa no Soho seja mantida sob vigilância dia e noite.

Atenciosamente etc.

THOMAS BERESFORD

O primeiro-ministro ergueu os olhos:

– E o envelope?

O sr. Carter esboçou um sorrisinho seco.

– Nos cofres do Banco. Não quero correr riscos.

– Não acha – o primeiro-ministro hesitou – que seria melhor abri-lo agora? Claro que imediatamente teríamos de guardar em segurança o documento, isto é, contanto que a suposição do rapaz esteja correta. Podemos manter a coisa em sigilo absoluto.

– Podemos mesmo? Não tenho tanta certeza. Estamos rodeados de espiões por todos os lados. Assim que o segredo se tornasse conhecido, eu não daria isto aqui – estalou os dedos – pela vida das duas jovens. Não, o rapaz confiou em mim e não pretendo decepcioná-lo.

– Tudo bem, tudo bem, deixemos o segredo nos cofres, então. E o rapaz, o que me diz dele?

– Exteriormente, é o tipo comum dos jovens ingleses, de boa compleição física e cabeça-dura. É lento nos processos mentais. Por outro lado, é absolutamente impossível tirá-lo do rumo por meio da imaginação. Não tem imaginação alguma... por isso é difícil enganá-lo. Ele é lento para resolver problemas e, quando enfia algo na cabeça, não arreda pé e nunca muda de opinião. A moça é bem diferente. Mais intuição e menos bom senso. Trabalhando juntos, formam um belo par. Cadência e vigor.

– Ele parece confiante – comentou o primeiro-ministro.

– Sim, e é isso que me dá esperança. Ele é o tipo de rapaz desconfiado que só se arrisca a emitir uma opinião quando está *muito* seguro.

Um ligeiro sorriso apareceu nos lábios do primeiro-ministro.

– E é esse menino que vai derrotar a mente criminosa mais brilhante de nossa época?

– Esse menino, como o senhor diz! Mas às vezes imagino ver uma sombra por trás dele.

– Como assim?

– Peel Edgerton.

– Peel Edgerton? – disse o primeiro-ministro, perplexo.

– Sim. Vejo a mão dele *nisto* – mostrou a carta aberta. – Ele está lá, trabalhando na sombra, em silêncio, discretamente. Sempre tive a impressão de que se alguém perseguir o rastro do sr. Brown até o fim, encontrará Peel Edgerton. Escute o que eu digo: ele está no caso agora, mas não quer que ninguém saiba. A propósito, outro dia recebi um estranho pedido da parte dele.

– Qual?

– Ele me enviou o recorte de um jornal norte-americano, com uma notícia sobre o cadáver de um homem encontrado perto das docas de Nova York há cerca de três semanas. E me pediu para recolher toda e qualquer informação possível sobre o caso.

– E?

Carter deu de ombros.

– Não consegui muita coisa. Era um jovem de uns 35 anos, malvestido, rosto terrivelmente desfigurado. Não foi possível identificá-lo.

– E o senhor acredita que os dois casos têm algum tipo de ligação?

– De certo modo acredito, sim. Posso estar enganado, é claro.

Os dois homens ficaram em silêncio, depois o sr. Carter continuou:

– Pedi a Peel Edgerton que venha aqui. Não que conseguiremos arrancar dele qualquer informação que ele não queira nos dar. Os seus instintos de jurista são fortes demais. Mas não há dúvida de que ele pode lançar alguma luz sobre alguns pontos obscuros da carta de Beresford. Ah, ele acaba de chegar!

Os dois homens se levantaram para cumprimentar o recém-chegado. Um pensamento extravagante passou como um raio pela mente do premiê: "Meu sucessor, talvez!".

– Recebemos uma carta do jovem Beresford – disse o sr. Carter, indo diretamente ao assunto. – O senhor o viu, suponho.

– O senhor supõe errado – respondeu o advogado.

– Ah! – o sr. Carter ficou um pouco confuso.

Sir James sorriu, afagou o queixo e disse de bom grado:

– Ele me telefonou.

– O senhor teria alguma objeção em nos contar exatamente o que se passou entre os dois?

– Não, absolutamente não. Ele agradeceu-me por uma certa carta que eu lhe enviara, na qual, a bem da verdade, ofereci-lhe um emprego. Então ele me lembrou de algo que eu tinha dito em Manchester a respeito daquele telegrama falso que serviu de isca no rapto da srta. Cowley. Perguntei-lhe se havia acontecido alguma coisa desagradável. Ele respondeu que sim, que numa gaveta do quarto do sr. Hersheimmer ele encontrara uma fotografia – o advogado fez uma pausa, depois prosseguiu: – Perguntei se na fotografia havia o nome e o endereço de um fotógrafo da Califórnia. Ele respondeu: "Acertou na mosca, senhor. Há". Depois ele me disse algo que eu *não* sabia. Quem aparece na fotografia é a jovem francesa, Annette, que salvou a vida dele.

– O quê?

– Exatamente. Movido por certa curiosidade, perguntei ao rapaz o que ele tinha feito com a fotografia. Ele respondeu que a colocou de novo no mesmo lugar onde a encontrara – o advogado fez nova pausa. – Foi uma boa manobra, como os senhores podem ver, definitivamente uma decisão muito boa. Aquele rapaz sabe usar o cérebro. Eu o parabenizei. A descoberta foi providencial. Claro que, desde o momento em que se comprovou que a jovem de Manchester é uma farsa, tudo se alterou. O jovem Beresford chegou a essa conclusão por conta própria, sem que eu precisasse lhe dizer. Mas ele sentiu que não podia confiar no seu juízo referente ao tema srta. Cowley. Perguntou-me se eu achava que ela estava viva. Ponderando sobre todas as evidências, respondi que havia uma boa possibilidade disso. O que nos levou de volta à questão do telegrama.

– Sim?

– Aconselhei-o a pedir ao senhor uma cópia do telegrama original. Ocorreu-me que era provável que, depois que a srta. Cowley jogou o telegrama no chão, certas palavras talvez pudessem ter sido apagadas e alteradas, com a intenção expressa de colocar numa pista falsa quem eventualmente investigasse o paradeiro da jovem.

O sr. Carter concordou com um meneio de cabeça. Ato contínuo, tirou do bolso uma folha de papel e leu em voz alta:

> *Venha imediatamente, Astley Priors, Gatehouse, Kent. Grandes novidades*
>
> – TOMMY.

– Muito simples – disse sir James – e muito engenhoso. Bastou alterarem algumas palavras e a cilada estava armada. Mas a pista mais importante eles deixaram passar.

– Qual?

– A informação fornecida pelo menino, o mensageiro do hotel, de que a srta. Cowley rumou para Charing Cross. Eles estavam tão seguros de si que deram como favas contadas que o garoto cometeu um equívoco.

– Então o jovem Beresford encontra-se agora...?

– Em Gatehouse, Kent, a não ser que eu esteja muito enganado.

O sr. Carter fitou-o com expressão de curiosidade.

– Muito me espanta que o senhor também não esteja lá, Peel Edgerton.

– Ah, estou muito atarefado com uma causa judicial.

– O senhor não estava de férias?

– Oh, eu não estava sabendo disso. Talvez fosse mais correto dizer que estou preparando uma causa. O senhor tem mais alguma informação para mim sobre aquele norte-americano?

– Infelizmente não. É importante descobrir quem ele era?

– Ah, eu sei quem ele era – esclareceu sir James pausadamente. – Ainda não posso provar. Mas sei.

Os outros dois homens não fizeram perguntas. Instintivamente julgaram que seria pura perda de tempo.

– Mas o que eu não compreendo – disse subitamente o primeiro-ministro – é como essa fotografia foi parar na gaveta do sr. Hersheimmer.

– Talvez ela nunca tenha saído de lá – sugeriu calmamente o advogado.

– Mas e o falso inspetor? O inspetor Brown?

– Ah! – exclamou sir James, absorto. Ergueu-se. – Não quero roubar o tempo dos senhores. Continuem tratando dos problemas da nação. Devo voltar à minha causa.

Dois dias depois, Julius Hersheimmer retornou de Manchester. Sobre a mesa de seu quarto havia um bilhete de Tommy:

> *Meu caro Hersheimmer,*
> *Sinto muito por ter perdido a calma. Caso eu não volte a vê-lo, fica aqui o meu adeus. Recebi uma oferta de emprego na Argentina, e acho que é melhor aceitá-la.*
> *Seu amigo,*
> *Tommy Beresford*

Um estranho sorriso demorou-se um momento no rosto de Julius. Ele arremessou o bilhete dentro da cesta de papéis.

– Aquele tolo irritante! – murmurou.

Capítulo 23

Uma corrida contra o tempo

Depois de telefonar a sir James, o passo seguinte de Tommy foi fazer uma visita a South Audley Mansions. Encontrou Albert em pleno exercício dos seus deveres profissionais e, sem delongas, apresentou-se como amigo de Tuppence. Imediatamente Albert ficou à vontade.

– Nos últimos tempos tudo tem andado muito calmo – disse o garoto, pensativo. – Espero que a senhorita esteja bem, senhor.

– Essa é justamente a questão, Albert. Ela desapareceu.

– Não me diga que ela caiu nas garras dos bandidos?

– Sim.

– E agora ela está nos subterrâneos do submundo?

– Não, com mil diabos! Do que está falando?

– É só uma expressão – explicou Albert. – Nos filmes os bandidos, essa gente do submundo, sempre têm algum esconderijo subterrâneo, um porão. Será que mataram a senhorita?

– Espero que não. Por falar nisso, por acaso você não tem alguma tia velha, uma prima ou uma avó, ou qualquer outra parente do tipo que você possa alegar que esteja prestes a bater as botas?

Um leve risinho espalhou-se lentamente pelo rosto de Albert.

– Sim, senhor. A minha pobre tia que mora no campo está à beira da morte faz muito tempo, e pediu pra me ver antes de exalar o último suspiro.

Tommy inclinou a cabeça em sinal de aprovação.

– Você pode comunicar isso ao seu patrão e me encontrar na Charing Cross daqui a uma hora?

– Estarei lá, senhor. Pode contar comigo.

Como Tommy tinha imaginado, o fiel Albert revelou-se um aliado valioso. Os dois alojaram-se numa hospedaria de Gatehouse. Albert foi incumbido da tarefa de coletar informações. O que não foi nada difícil.

Astley Priors era a propriedade de um certo dr. Adams. O dono da hospedaria acreditava que o médico já não exercia mais a medicina, havia se aposentado, mas atendia alguns pacientes particulares – aqui o bom homem deu pancadinhas com o dedo na testa, num gesto de quem sabe das coisas: "Gente com um parafuso a menos! Você compreende, não?". O médico era uma figura popular no vilarejo, sempre contribuía com generosas quantias em dinheiro para apoiar os esportes locais – "um cavalheiro muito simpático e afável". Morava ali havia muito tempo? Ah, coisa de uns dez anos, talvez até mais. O cavalheiro era um cientista. Professores e outras pessoas sempre vinham da cidade para vê-lo. De qualquer modo, era uma casa alegre, sempre cheia de visitas.

Diante de toda essa volubilidade, Tommy teve dúvidas. Seria possível que aquela figura amável, sorridente, tão conhecida, na verdade fosse um perigoso criminoso? A vida do homem parecia um livro aberto, um exemplo de honestidade. Nenhum indício de ações sinistras. E se tudo não passasse de um gigantesco engano? Esse pensamento provocou um arrepio gelado em Tommy.

Depois ele se lembrou dos pacientes particulares – "gente com um parafuso a menos". Com toda cautela, perguntou se entre eles havia uma moça, e descreveu Tuppence. Mas quase nada se sabia sobre os enfermos, que raramente eram vistos do lado de fora da propriedade. E nem mesmo com uma cuidadosa descrição de Annette o dono da hospedaria deu sinais de tê-la reconhecido.

Astley Priors era um belo edifício de tijolos vermelhos, rodeado por um terreno bastante arborizado que protegia a casa e servia como um eficiente escudo contra a observação de quem passasse pela estrada.

Na primeira noite Tommy, acompanhado de Albert, explorou a área. Por causa da insistência do menino, rastejaram dolorosamente de barriga no chão, produzindo muito mais ruído do que se tivessem caminhado de pé. Em todo caso, essas precauções eram totalmente desnecessárias. A propriedade – como de resto todas as outras casas particulares após o cair da noite – parecia desabitada. Tommy tinha imaginado um possível encontro com o mais feroz cão de guarda. Na fantasia de Albert, haveria um puma ou uma serpente domesticada. Mas os dois chegaram ilesos e tranquilos a uma densa moita de arbustos perto da casa.

As cortinas da janela da sala de jantar estavam abertas. Ao redor da mesa estava reunido um numeroso grupo. O vinho do Porto passava de mão em mão. Parecia uma reunião festiva, comum e agradável. Pela janela aberta, fragmentos desconexos da conversa flutuavam desconjuntadamente e sumiam no ar da noite. Era uma acalorada discussão sobre o torneio de críquete do condado!

Mais uma vez Tommy sentiu aquele arrepio gelado da incerteza. Parecia impossível crer que aquelas pessoas não eram o que aparentavam ser. Será que mais uma vez ele tinha sido enganado? O cavalheiro de barba loura e de óculos sentado à cabeceira da mesa tinha um semblante extraordinariamente honesto e normal.

Nessa noite Tommy dormiu mal. Na manhã seguinte o incansável Albert, após firmar uma aliança com o filho do verdureiro, tomou o lugar deste e caiu nas graças da cozinheira da casa. Voltou com a informação de que ela sem dúvida era uma "dos bandidos", mas Tommy desconfiou da vivacidade da imaginação do garoto, que, quando questionado, não foi capaz de apresentar nenhum argumento que corroborasse sua afirmativa, a não ser a sua opinião pessoal de que havia na mulher algo fora do comum. Algo que se percebia logo no primeiro olhar.

Repetindo a substituição na manhã seguinte (com grandes vantagens pecuniárias para o verdadeiro filho do quitandeiro), Albert voltou com a primeira notícia auspiciosa. *Havia* uma senhorita francesa hospedada na casa. Tommy deixou de lado suas dúvidas. Ali estava a confirmação da sua teoria. Mas o tempo urgia. Já era dia 27. O dia 29 seria o alardeado "Dia dos Trabalhadores", sobre o qual crescia uma farta onda de comentários e boatos de toda espécie. Os jornais estavam ficando agitados. Insinuações sobre um *coup d'état* dos trabalhistas corriam livremente de boca em boca. O Governo nada dizia. Sabia e estava preparado. Circulavam rumores de divergências entre os líderes sindicalistas, entre os quais não havia consenso. Os mais previdentes compreendiam que aquilo que se propunham a fazer poderia resultar num golpe mortal para a Inglaterra, que no fundo eles amavam. Tinham pavor da fome e da penúria que uma greve geral acarretaria e estavam dispostos a chegar a um acordo com o Governo. Mas por trás deles estavam em ação forças sutis, insistentes, que incitavam a greve trazendo à tona lembranças de erros passados, protestando contra a fraqueza das meias-medidas, fomentando a discórdia.

Graças ao sr. Carter, Tommy julgava entender claramente a situação. Com o documento fatal nas mãos do sr. Brown, a opinião pública penderia para o lado dos revolucionários extremistas e dos líderes trabalhistas radicais. Se isso fracassasse, a batalha seria travada em condições de igualdade e haveria cinquenta por cento de chance de vitória para cada lado. Contando com um exército leal e com a força policial, o Governo talvez saísse vitorioso, mas à custa de grande sofrimento. Tommy, porém, acalentava outro sonho, absurdo. Se o sr. Brown fosse desmascarado e capturado, o rapaz acreditava, com ou sem razão, que toda a organização se esfacelaria, de maneira instantânea e vergonhosa. A estranha e profunda influência do chefe invisível é que os mantinha unidos. Sem ele, Tommy acreditava que o pânico se instalaria; abandonados à própria sorte, os homens honestos encontrariam um modo de arquitetar uma reconciliação de última hora.

– Isso é obra de um só homem – disse Tommy para si mesmo. – É preciso capturar esse homem.

Foi em parte para proteger esse ambicioso propósito que Tommy pedira ao sr. Carter que não abrisse o envelope fechado. A minuta do tratado era a isca de Tommy. De vez em quando ele se espantava com sua própria presunção. Como se atrevia a pensar que descobrira o que tantos homens mais sábios e inteligentes tinham deixado passar em brancas nuvens? Contudo, aferrou-se obstinadamente à sua ideia.

Nessa noite, ele e Albert foram mais uma vez sondar o terreno de Astley Priors. A ambição de Tommy era conseguir, de alguma maneira, acesso ao interior da casa. Quando os dois se aproximavam com toda cautela, Tommy soltou um repentino arquejo.

No segundo andar havia uma pessoa de pé entre a janela e a luz da sala, o que projetava uma silhueta na cortina. Era alguém que Tommy reconheceria em qualquer lugar! Tuppence estava naquela casa!

Segurou o ombro de Albert.

– Fique aqui! Quando eu começar a cantar, olhe para aquela janela.

Retirou-se às pressas para um porto da alameda que levava à entrada principal da casa e, num rugido gutural e dando passos instáveis, entoou a seguinte cançoneta:

Sou um soldado,
Um alegre soldado inglês,
Pelos meus pés dá pra ver que sou soldado...

Tocada no gramofone, tinha sido uma das canções preferidas de Tuppence no tempo em ela trabalhava no hospital. Tommy não tinha dúvidas de que ela a reconheceria e chegaria a suas próprias conclusões. Tommy não sabia cantar, sua voz nada tinha de musical, mas seus pulmões eram excelentes. A barulheira que ele produziu foi medonha.

No mesmo instante um impecável mordomo, acompanhado de um criado igualmente irrepreensível, saiu pela porta da frente da casa. O mordomo reclamou da barulhenta cantoria. Tommy continuou cantando e dirigiu-se afetuosamente ao mordomo como "meu querido senhor costeletas". O criado segurou o rapaz por um braço, o mordomo por outro. E depois encaminharam Tommy alameda abaixo e portão afora. O mordomo ameaçou chamar a polícia se ele voltasse a invadir a propriedade. Foi um belo trabalho – executado com sobriedade e perfeito decoro. Qualquer pessoa teria jurado que o mordomo era um mordomo de verdade e o criado, um criado de verdade – o único senão é que o mordomo era Whittington!

Tommy voltou para a hospedaria e esperou o regresso de Albert. Por fim o valoroso garoto apareceu.

– E então? – perguntou Tommy, com um berro ansioso.

– Tudo bem. Enquanto eles enxotavam o senhor pra rua, a janela se abriu e alguém jogou alguma coisa – ele entregou a Tommy um pedaço de papel. – Estava enrolado num peso de papel.

Tommy leu as palavras rabiscadas: "Amanhã – mesma hora".

– Bom garoto! – exclamou Tommy. – Estamos começando a progredir.

– E eu escrevi um bilhete num pedaço de papel, enrolei numa pedra redonda e joguei janela adentro – continuou Albert, esbaforido.

Tommy resmungou.

– O seu entusiasmo será a nossa ruína, Albert. O que você escreveu?

– Eu disse que a gente estava na hospedaria. E que, se ela conseguir escapar, é pra vir até aqui e coaxar feito uma rã.

– Ela vai saber que é você – disse Tommy, com um suspiro de alívio. – A sua imaginação levou a melhor sobre você, sabia, Albert? Ora, você não reconheceria uma rã coaxando se ouvisse uma.

Albert ficou um pouco abatido.

– Ânimo – disse Tommy. – Não há problema algum. O mordomo é um velho amigo meu... aposto que ele me reconheceu, embora não tenha demonstrado. O jogo deles é não levantar suspeitas. Foi por isso que tivemos tanta facilidade. Mas eles também não querem me desencorajar de vez. Por outro lado, também não querem facilitar demais as coisas. Sou um peão no tabuleiro de xadrez deles, Albert, é isso que eu sou. Você compreende, se a aranha deixa a mosca escapar com demasiada facilidade, a mosca desconfia que é alguma maquinação. Daí a utilidade deste jovem promissor aqui, o sr. T. Beresford, que cometeu uma asneira no momento mais oportuno para eles. Mas depois o sr. T. Beresford ficou mais precavido!

Nessa noite Tommy foi dormir num estado de grande entusiasmo. Já tinha elaborado um cuidadoso plano para a noite seguinte. Tinha certeza de que os residentes de Astley Priors não interfeririam em suas ações até certo ponto. Com base nessa suposição, Tommy pretendia fazer-lhes uma surpresinha.

Mais ou menos ao meio-dia, entretanto, sua calma sofreu um abrupto abalo. O rapaz foi informado de que um homem queria falar com ele no bar. Era um carroceiro de aspecto rude, coberto de lama.

– Então, meu bom sujeito, do que se trata? – perguntou Tommy.

– Isto é para o senhor. – O carroceiro entregou-lhe um bilhete dobrado, bastante sujo, em cuja parte de fora estava escrito: "Leve isto ao cavalheiro da hospedaria perto de Astley Priors. Ele lhe dará dez xelins".

A letra era de Tuppence. Tommy ficou grato pela perspicácia da amiga ao deduzir que ele talvez estivesse na hospedaria com nome falso. Agarrou o bilhete.

– Tudo bem.

O homem não largou o papel.

– E os meus dez xelins?

Tommy apressou-se em entregar ao carroceiro uma nota de dez xelins e o homem cedeu. Tommy desdobrou o papel.

Querido Tommy,

Eu soube que era você ontem. Não venha esta noite. Eles estarão à sua espera. Estão nos levando embora daqui agora de manhã. Ouvi algo sobre o País de Gales – Holyhead, acho. Vou jogar este bilhete na estrada se tiver chance. Annette me contou sobre como você escapou. Ânimo!

Twopence

Antes mesmo de terminar de ler atentamente a carta típica de Tuppence, Tommy chamou Albert, aos berros.

– Ponha minhas coisas na mala! Vamos embora!

– Sim, senhor – o garoto subiu as escadas e suas botinas fizeram estrépito.

Holyhead? Isso queria dizer que, no fim das contas... Tommy ficou intrigado. Leu de novo, mais devagar.

As botinas de Albert continuavam a pleno vapor no andar de cima.

De repente Tommy soltou um segundo grito:

– Albert! Sou um completo idiota! Tire as coisas dessa mala!

– Sim, senhor.

Tommy alisou o papel, pensativo.

– Sim, sou um completo idiota – ele repetiu, calmamente. – Mas há outra pessoa que também é! E finalmente sei de quem se trata!

Capítulo 24

Julius dá uma mãozinha

Reclinado num sofá em sua suíte no Claridge's, Kramenin ditava ao seu secretário em russo sibilante.

Pouco depois o telefone junto ao cotovelo do secretário tocou; o homem tirou o fone do gancho, falou por um ou dois minutos e depois passou o telefone para o patrão.

– Há alguém lá embaixo perguntando pelo senhor.

– Quem é?

– Deu o nome de Julius P. Hersheimmer.

– Hersheimmer – repetiu Kramenin, pensativo. – Já ouvi esse nome antes.

– O pai dele foi um dos reis do aço nos Estados Unidos – explicou o secretário, cuja tarefa era saber tudo. – Esse rapaz deve ser multimilionário ao cubo.

Os olhos de Kramenin se estreitaram, em sinal de que ele estava refletindo sobre a questão.

– É melhor você descer e falar com ele, Ivan. Descubra o que ele quer.

O secretário obedeceu e fechou a porta, sem ruído, atrás de si. Voltou minutos depois.

– Ele se recusa a dizer a que veio... alega que se trata de um assunto inteiramente pessoal e particular e que precisa muito falar com o senhor.

– Um multimilionário ao cubo – murmurou Kramenin. – Mande-o subir, meu caro Ivan.

Mais uma vez o secretário saiu do quarto e voltou acompanhado de Julius.

– Monsieur Kramenin? – disse o norte-americano, abruptamente.

Com seus olhos pálidos e peçonhentos estudando atentamente a fisionomia do rapaz, o russo fez uma mesura.

– Muito prazer em conhecê-lo – disse o norte-americano. – Tenho um assunto muito importante que eu gostaria de discutir com o senhor, de preferência a sós – ele fuzilou com o olhar o outro homem.

– Não tenho segredos para o meu secretário, o monsieur Grieber.

– Pode ser, mas eu tenho – rebateu Julius, secamente. – Por isso eu ficaria agradecido se o senhor o mandasse sair depressinha daqui.

– Ivan – pediu o russo com voz calma –, talvez você não se importe de ir para a sala ao lado...

– A sala ao lado não serve – interrompeu Julius. – Conheço essas suítes ducais, e quero esta aqui completamente vazia, sem outra pessoa a não ser o senhor e eu. Mande-o dar uma volta e comprar um pacote de amendoim.

Embora não gostasse nem um pouco da maneira sem-cerimoniosa de falar do norte-americano, Kramenin estava sendo devorado pela curiosidade.

– O assunto que o traz aqui requer tempo?

– Talvez o senhor demore a noite inteira para compreender.

– Muito bem, Ivan. Não precisarei de seus serviços esta noite. Vá ao teatro, tire a noite de folga.

– Obrigado, Excelência.

O secretário inclinou a cabeça em sinal de respeito e partiu.

Julius ficou parado junto à porta, observando de perto a saída do homem. Por fim, com um suspiro de satisfação, fechou a porta e retomou sua posição no centro da sala.

– Agora, sr. Hersheimmer, talvez o senhor queira ter a bondade de ir direto ao assunto?

– Creio que isso demorará um minuto – disse Julius, arrastando as palavras. Ato contínuo, com uma súbita mudança de atitude: – Mãos para o alto, ou eu atiro!

Por um momento Kramenin encarou, desconcertado, a enorme pistola automática; depois, com uma pressa quase cômica, jogou os braços acima da cabeça. Nesse instante Julius avaliou o caráter do russo. O homem com quem tinha de lidar era uma criatura de abjeta covardia física – o resto seria fácil.

– Isto é um ultraje! – berrou o russo, numa voz histérica e aguda. – Um ultraje! O senhor pretende me matar?

– Não se o senhor falar em voz baixa. Pode ir parando de se mover na direção daquela campainha. Assim é melhor.

– O que o senhor quer? Não cometa nenhuma imprudência. Lembre-se de que a minha vida é de extremo valor para o meu país. Talvez eu tenha sido vítima de calúnias...

– Na minha opinião o homem que der cabo do senhor fará um grande favor à humanidade. Mas não precisa se preocupar. Não pretendo matá-lo desta vez, isto é, se o senhor tiver alguma sensatez.

O russo tremeu diante da ríspida ameaça nos olhos de Julius. Passou a língua pelos lábios secos.

– O que o senhor quer? Dinheiro?

– Não. Quero Jane Finn.

– Jane Finn? Eu... nunca ouvi falar dela!

– O senhor é um maldito mentiroso! Sabe perfeitamente de quem estou falando.

– Estou dizendo que jamais ouvi falar nela.

– E eu afirmo – retrucou Julius – que o meu pequeno canhão aqui está louco para ser disparado!

O russo murchou a olhos vistos.

– O senhor não teria coragem...

– Ah, teria sim, meu filho!

Kramenin deve ter reconhecido na voz do rapaz algum indício de decisão, porque disse em tom taciturno:

– Bem, supondo que eu saiba de quem o senhor está falando. E daí?

– O senhor vai me dizer, aqui e agora, onde ela está.

Kramenin balançou a cabeça.

– Não me atrevo.

– Por que não?

– Não me atrevo. O que o senhor me pede é impossível.

– Está com medo, é? De quem? Do sr. Brown? Ah, isso perturba o senhor! Existe essa pessoa, então? Eu duvidava. E a simples menção dele deixa o senhor morrendo de pavor!

– Eu o vi – disse pausadamente o russo. – Falei com ele cara a cara. Mas só mais tarde eu soube. Ele era um rosto na multidão. Eu jamais o reconheceria de novo. Quem é ele na realidade? Não sei. Mas sei disto: ele é um homem que deve ser temido.

– Ele nunca saberá – alegou Julius.

– Ele sabe tudo, e a vingança dele é imediata. Mesmo eu, Kramenin, não seria poupado!

– Então o senhor não fará o que estou pedindo?

– O senhor me pede uma impossibilidade.

– Sem dúvida, é uma pena para o senhor – disse Julius, alegremente. – Mas o mundo inteiro sairá ganhando – e ergueu o revólver.

– Pare! – guinchou o russo. – Não é possível que o senhor pretenda de fato me matar!

– É claro que pretendo. Sempre ouvi dizer que os revolucionários dão pouco valor à vida, mas parece que há uma diferença quando é a vida deles que está correndo perigo. Estou dando ao senhor uma única oportunidade de salvar a sua pele imunda, e o senhor se recusa!

– Eles me matariam!

– Bom – rebateu Julius com voz alegre –, a decisão é sua. Mas digo apenas uma coisa: o meu Pequeno Willie aqui é tiro e queda, e se eu fosse o senhor me arriscaria com o sr. Brown!

– Se atirar em mim o senhor será enforcado – murmurou o russo, indeciso.

– Não, forasteiro, é aí que o senhor se engana. Está esquecendo o poder dos dólares. Uma multidão de advogados colocará mãos à obra, e arranjarei uns médicos sabichões que no final das contas vão provar que meu cérebro estava fora dos eixos. Passarei alguns meses num sanatório tranquilo, a minha sanidade mental vai melhorar, e os médicos vão declarar que meu juízo voltou, e tudo terminará bem para o pequeno Julius. Creio que posso suportar um recolhimento de alguns meses para livrar o mundo do senhor, mas não se engane achando que vão me enforcar por isso!

Kramenin acreditou nele. Uma vez que o russo era ele próprio um corrupto, implicitamente acreditava no poder do dinheiro. Tinha lido sobre casos de assassinato nos Estados Unidos cujo desfecho nos tribunais seguira o roteiro descrito por Julius. Ele próprio já tinha comprado a justiça. Aquele viril rapaz norte-americano, com a sua voz arrastada e expressiva, o havia dominado.

– Vou contar até cinco – continuou Julius –, e creio que, se o senhor me deixar passar do quatro, não precisará mais se preocupar com o sr. Brown. Talvez ele envie flores para o funeral, mas *o senhor* não vai nem sentir o cheiro delas! Está pronto? Vou começar. Um, dois, três, quatro...

O russo o interrompeu com um grito agudo.

– Não atire! Farei tudo que o senhor desejar!

Julius baixou a arma.

– Achei mesmo que o senhor teria bom senso. Onde está a garota?

– Em Gatehouse, em Kent. Chamam o lugar de Astley Priors.

– Ela é prisioneira lá?

– Ela não tem permissão para sair da casa, embora esteja em perfeita segurança lá. A pobrezinha perdeu a memória, coitada!

– Imagino que isso seja um aborrecimento para o senhor e os seus amigos. O que me diz da outra jovem, aquela que caiu numa armadilha há uma semana?

– Ela está lá também – respondeu o russo, carrancudo.

– Que bom – disse Julius. – As coisas estão indo bem, não estão? E que noite agradável para um passeio!

– Que passeio? – quis saber o russo, arregalando os olhos.

– Até Gatehouse, é claro. Espero que o senhor goste de andar de carro!

– Como assim? Eu me recuso a ir.

– Ora, não perca as estribeiras. O senhor deve entender que não sou criança para deixá-lo aqui. Assim que eu virasse as costas, a primeira coisa que o senhor faria seria passar a mão no telefone e chamar seus amigos. Ah! – ele percebeu a decepção no rosto do russo. – Viu só, o senhor já tinha pensado em tudo. Não, o senhor vem comigo. Esta é a porta do seu quarto? Entre aí. O Pequeno Willie e eu vamos logo atrás. Vista um casaco bem grosso, isso mesmo. Forro de pele? E o senhor é um socialista! Agora estamos prontos. Vamos descer a escada e sair pelo saguão, meu carro está esperando. E não se esqueça de que está na minha mira. Posso muito bem atirar com a pistola no bolso do casaco. Basta uma palavra, um olhar de relance que seja para um daqueles criados, e juro que o mandarei para o fogo do inferno!

Juntos os dois homens desceram as escadas e se dirigiram para o automóvel que os aguardava. O russo tremia de ódio. Estavam rodeados por criados do hotel. Um grito se insinuou entre os lábios de Kramenin, mas no último minuto faltou-lhe coragem. O norte-americano era um homem de palavra. Quando chegaram ao carro, Julius soltou um suspiro de alívio, pois a zona de perigo tinha sido vencida. O medo conseguira hipnotizar o homem ao seu lado.

– Entre – ele ordenou. Depois, ao flagrar uma olhadela de lado do russo, disse: – Não, o motorista não ajudará o senhor em nada. Ele é um homem da Marinha. Estava num submarino na Rússia quando a revolução foi deflagrada. Um irmão dele foi assassinado por sua gente. George!

– Senhor! – O motorista virou a cabeça.

– Este cavalheiro é um bolchevique russo. Não queremos dar um tiro nele, mas talvez seja necessário. Você compreende?

– Perfeitamente, senhor!

– Quero ir a Gatehouse, em Kent. Conhece a estrada?

– Sim, senhor, fica a uma hora e meia de viagem.

– Chegue lá em uma hora. Estou com pressa.

– Farei o meu melhor, senhor. – O carro saiu em disparada.

Julius acomodou-se confortavelmente ao lado de sua vítima.

Manteve a mão dentro do bolso do casaco, mas as suas maneiras eram absolutamente corteses.

– Certa vez atirei num homem no Arizona – ele começou a narrar, alegremente.

Depois de uma hora de viagem o infeliz Kramenin estava mais morto do que vivo. Após a narrativa do homem do Arizona seguiram-se uma rusga com um valentão de Frisco e um episódio nas Rochosas. O estilo narrativo de Julius não tinha muita exatidão, mas era bastante pitoresco!

Diminuindo a marcha, o motorista avisou por cima do ombro que estavam entrando em Gatehouse. Julius ordenou ao russo que apontasse o caminho. Seu plano era seguir diretamente para a casa. Lá Kramenin mandaria chamar as duas moças. Julius explicou que o Pequeno Willie no seu bolso não toleraria falhas. A essa altura Kramenin era uma massa de modelar nas mãos de Julius. A tremenda velocidade com que fizeram a viagem serviu para intimidá-lo ainda mais. O russo já tinha perdido as esperanças e se considerava um homem morto.

O automóvel subiu a alameda que levava até a casa e parou junto à varanda. O motorista aguardou instruções.

– Vire o carro primeiro, George. Depois toque a campainha e volte para o seu lugar. Mantenha o motor ligado e prepare-se para sair cantando pneus quando eu mandar.

– Muito bem, senhor.

A porta da frente foi aberta por um mordomo. Kramenin sentia o cano da arma contra suas costelas.

– Agora – sibilou Julius. – E tenha cuidado.

O russo fez que sim com um meneio de cabeça. Seus lábios estavam brancos e sua voz não era tão firme:

– Sou eu, Kramenin! Tragam imediatamente a moça! Não há tempo a perder!

Whittington desceu os degraus da escada. Ao ver o russo, soltou uma exclamação de espanto.

– Você! O que houve? Sem dúvida sabe que o plano...

Kramenin interrompeu-o, usando palavras que criaram muito pânico desnecessário:

– Fomos traídos! Os planos devem ser abandonados. Devemos salvar nossa própria pele. A garota! Imediatamente! É a nossa única chance.

Whittington hesitou, mas apenas por uma fração de segundo.

– Você recebeu ordens *dele*?

– Naturalmente que sim! Caso contrário eu estaria aqui? Depressa! Não há tempo a perder. É melhor que aquela outra tolinha venha também.

Whittington girou sobre os calcanhares e entrou correndo na casa. Passaram-se minutos de agonia. Até que dois vultos de mulher envoltos às pressas em mantos surgiram nos degraus da porta e foram empurrados carro adentro. A menor das duas moças mostrou-se disposta a resistir, mas foi violentamente impulsionada por Whittington. Julius inclinou-se para a frente, e nesse instante a luz da porta aberta banhou o seu rosto. Outro homem, que estava nos degraus atrás de Whittington, soltou uma exclamação de espanto. O segredo tinha sido descoberto.

– Pé na tábua, George! – gritou Julius.

O motorista engatou a embreagem e, com um solavanco, o carro arrancou.

O homem nos degraus soltou um palavrão. Enfiou a mão no bolso. Viu-se um clarão e ouviu-se um estampido. Por questão de centímetros a bala não acertou a moça mais alta.

– Abaixe-se, Jane! – gritou Julius.

– No chão do carro! – empurrou a moça para a frente, depois se ergueu e atirou.

– Acertou? – perguntou Tuppence, com um berro.

– Claro – respondeu Julius. – Mas ele não morreu. Não é nada fácil matar patifes como esses. Você está bem, Tuppence?

– Claro que estou! Onde está Tommy? E quem é este? – Apontou para o trêmulo Kramenin.

– Tommy zarpou para a Argentina. Acho que ele pensou que você tinha batido as botas. Arrebente o portão, George! Isso mesmo. Eles vão levar pelo menos uns cinco minutos para saírem em nosso encalço. Suponho que vão usar o telefone, então cuidado com armadilhas à frente, e não pegue a rota direta. Você perguntou quem é este, Tuppence? Permita-me apresentar-lhe monsieur Kramenin. Convenci-o a me acompanhar nesta viagem para o bem da própria saúde dele. O russo se manteve em silêncio, ainda lívido de terror.

– Mas o que convenceu o bando a nos deixar sair da casa? – quis saber Tuppence, desconfiada.

– Creio que monsieur Kramenin aqui pediu com tanta delicadeza que eles simplesmente não tinham como recusar!

Isso foi demais para o russo, que explodiu, furibundo:

– Maldito, maldito! Agora eles sabem que os traí. Minha vida não vai durar nem mais uma hora neste país.

– O senhor tem razão – concordou Julius. – Eu o aconselho a partir sem demora para a Rússia.

– Deixe-me ir, então – exigiu Kramenin aos berros. – Fiz o que me pediu. Por que ainda me retém aqui?

– Não é pelo prazer da sua companhia. Creio que o senhor pode descer do carro agora, se quiser. Achei que o senhor preferia que eu o levasse de volta a Londres.

– Talvez o senhor jamais chegue a Londres – rosnou o russo. – Deixe-me descer aqui e agora.

– Claro. Pare o carro, George. O cavalheiro não quer fazer a viagem de regresso. Se algum dia eu for à Rússia, monsieur Kramenin, espero uma recepção estrondosa e...

Mas antes que Julius pudesse terminar seu discurso, e antes mesmo que o automóvel parasse por completo, o russo atirou-se carro afora e desapareceu na noite.

– Estava um pouco impaciente para nos deixar – comentou Julius. – E nem se deu ao trabalho de se despedir de maneira educada das damas. Jane, você pode se sentar no banco agora. Pela primeira vez a moça falou.

– Como foi que você o "convenceu"? – ela perguntou.

Julius deu tapinhas na arma.

– O crédito fica todo com o Pequeno Willie aqui!

– Esplêndido! – exclamou a jovem, que fitou Julius com olhos admirados e o rosto afogueado.

– Annette e eu não sabíamos o que ia acontecer com a gente – disse Tuppence. – Aquele Whittington nos arrancou de lá às pressas. Pensamos que éramos ovelhas sendo levadas para o matadouro.

– Annette – disse Julius. – Foi assim que você a chamou? – A mente dele parecia estar se adaptando a uma nova ideia.

– É o nome dela – disse Tuppence, arregalando os olhos.

– Caramba! – exclamou Julius. – Talvez ela acredite que esse seja o nome dela porque perdeu a memória, tadinha. Mas é a Jane Finn verdadeira e original que temos aqui.

– O quê? – berrou Tuppence.

Mas ela foi interrompida. Num jato impetuoso, uma bala penetrou a almofada do carro, pouco atrás da cabeça de Tuppence.

– Abaixem-se! – gritou Julius. – É uma emboscada. Aqueles sujeitos não perderam tempo em nos perseguir. Acelere um pouco, George.

O carro ganhou velocidade. Ouviram-se mais três tiros, mas por sorte as balas passaram longe do alvo. De pé, Julius inclinou-se sobre a traseira do automóvel.

– Não há no que atirar – ele anunciou, com tristeza. – Mas acho que a coisa não vai parar por aqui.

Levou a mão à maçã do rosto.

– Você está ferido? – perguntou Annette.

– Apenas um arranhão.

Com um salto, a moça se pôs de pé.

– Deixem-me sair! Deixem-me sair, estou pedindo! Pare o carro. É a mim que eles querem. Só a mim. Vocês não devem perder a vida por minha causa. Deixem-me ir – ela remexia no trinco da porta.

Julius agarrou-a pelos dois braços e fitou-a. Ela tinha falado sem o menor vestígio de sotaque estrangeiro.

– Sente-se, menina – ele disse gentilmente. – Creio que não há nada de errado com a sua memória. Conseguiu enganá-los esse tempo todo, hein?

A garota olhou para ele e fez que sim com a cabeça; depois, subitamente, irrompeu em lágrimas. Julius afagou seu ombro.

– Calma, calma, tudo bem, fique sentadinha. Não deixaremos você sair daqui.

Por entre os soluços, a jovem disse nitidamente:

– Você é da minha terra. Posso perceber por sua voz. Isso me deixa com saudade de casa.

– É claro que sou da sua terra. Sou seu primo, Julius Hersheimmer. Vim à Europa apenas para encontrar você, e você me colocou numa bela enrascada.

O carro diminuiu a velocidade. George falou por cima do ombro:

– Uma encruzilhada aqui, senhor. Não sei ao certo o caminho.

O carro foi desacelerando até quase parar. Nesse momento, um vulto empoleirou-se de repente no estribo e enfiou a cabeça no meio dos ocupantes do automóvel.

– Desculpem – disse Tommy, soltando-se.

O rapaz foi saudado por uma mixórdia de exclamações confusas. E respondeu a cada uma separadamente:

– Eu estava nos arbustos junto à alameda. Pendurei-me atrás do carro. Por causa da velocidade em que vocês iam, não tive chance de me revelar. Tudo o que pude fazer foi segurar as pontas agarrado ao carro. Agora desçam, meninas!

– Descer?

– Sim. Há uma estação ali adiante, estrada acima. O trem chega daqui a três minutos. Se vocês se apressarem, vão conseguir pegá-lo.

– Mas de que diabos você está falando? – perguntou Julius. – Acha que vamos enganá-los saindo do carro?

– Você e eu não sairemos do carro. Apenas as garotas.

– Você está louco, Beresford. Louco varrido! Não pode deixar as moças partirem sozinhas. Se você fizer isso, será o fim da picada.

Tommy voltou-se para Tuppence.

– Tuppence, desça do carro de uma vez. Leve-a com você, e faça exatamente o que eu digo. Ninguém vai fazer mal a vocês. Vocês estão a salvo. Tomem o trem para Londres. Sigam diretamente para a casa de sir James Peel Edgerton. O sr. Carter reside fora da cidade, mas com o advogado vocês estarão seguras.

– Maldito seja! – berrou Julius. – Você está louco. Jane, fique onde está.

Com um movimento brusco, Tommy tomou a pistola da mão de Julius e apontou-a para o norte-americano.

– Agora vocês acreditam que estou falando sério? Saiam daqui, vocês duas, e façam o que digo – senão eu atiro!

Tuppence saltou do carro, arrastando atrás de si a relutante Jane.

– Vamos, está tudo bem. Se Tommy tem certeza, ele tem certeza. Rápido. Vamos perder o trem.

As duas começaram a correr.

O furor contido de Julius explodiu.

– Mas que diabos...

Tommy interrompeu-o.

– Cale a boca! Quero ter uma conversinha com você, sr. Julius Hersheimmer.

Capítulo 25

A história de Jane

Com o braço grudado no braço de Jane, arrastando-a pelo caminho, Tuppence chegou à estação. Seus ouvidos atentos perceberam o som do trem que se aproximava.

– Depressa! – ela arquejou –, ou vamos perder o trem.

Chegaram à plataforma no exato momento em que o trem parava. Tuppence abriu a porta de um compartimento vazio de primeira classe e as duas desabaram, sem fôlego, sobre os assentos acolchoados.

Um homem espiou o compartimento, depois seguiu em frente para o vagão seguinte. Jane ficou nervosa e teve um sobressalto. Seus olhos dilataram-se de terror. Fitou Tuppence com expressão interrogativa.

– Acha que é um deles? – murmurou.

Tuppence balançou a cabeça.

– Não, não. Está tudo bem – segurou a mão de Jane. – Tommy não teria nos mandado fazer isso a menos que tivesse certeza de que não correríamos perigo.

– Mas ele não os conhece como eu conheço! – a moça tremia. – Você não pode entender. Cinco anos! Cinco longos anos! Às vezes eu achava que ia enlouquecer.

– Deixe para lá. Tudo isso já passou.

– Já?

Agora o trem se movia, rasgando a noite a uma velocidade cada vez maior. De repente, Jane se assustou:

– O que foi isso? Acho que vi um rosto espreitando pela janela.

– Não, não há nada. Olhe – Tuppence foi até a janela e abaixou a cortina.

– Tem certeza?

– Absoluta.

A outra pareceu achar que era necessário formular uma desculpa:

– Acho que estou agindo como um coelho assustado, mas é que não consigo evitar. Se eles me pegassem agora, eles... – arregalou os olhos, que estavam pasmados.

– Não! – implorou Tuppence. – Encoste a cabeça, e *não pense*. Esteja certa de que Tommy não teria dito que estamos seguras se de fato não estivéssemos.

– O meu primo não pensava assim. Ele não queria que fizéssemos isso.

– Não – admitiu Tuppence, um pouco desconcertada.

– Em que você está pensando? – perguntou Jane, de repente.

– Por quê?

– A sua voz parecia tão... esquisita!

– Eu *estava* pensando numa coisa – confessou Tuppence. – Mas não quero dizer o que era, não agora. Posso estar errada, mas creio que não estou. É apenas uma ideia que me apareceu na cabeça faz muito tempo. Tommy também pensou na mesma coisa, disso eu tenho quase certeza. Mas *você* não tem com que se preocupar, teremos tempo de sobra para tratar disso mais tarde. E talvez nem seja verdade! Faça o que estou dizendo: encoste a cabeça aí no banco e não pense em coisa alguma.

– Vou tentar – os longos cílios caíram, cobrindo os olhos cor de avelã.

Tuppence, por sua vez, sentou-se com a espinha reta – numa postura parecida com um atento cão de guarda. A contragosto, estava nervosa. Seus olhos moviam-se como flechas de uma janela para a outra.

Ela reparou na posição exata do cordão de emergência. Teria sido difícil expressar em palavras o que ela temia. Mas em sua mente Tuppence estava bem longe de sentir a confiança exibida em suas palavras. Não que ela não acreditasse em Tommy, mas de vez em quando era assolada por dúvidas de que uma pessoa tão simples e honesta como ele pudesse ser páreo para a sutileza diabólica do arquicriminoso.

Se conseguissem chegar em segurança à casa de sir James Peel Edgerton, tudo ficaria bem. Mas será que conseguiriam? As silenciosas forças do sr. Brown já não estariam mobilizadas contra elas? Mesmo a última imagem de Tommy, com a arma em punho, era incapaz de confortá-la. A essa altura ele já poderia ter sido subjugado, sobrepujado pela pura superioridade numérica dos adversários... Tuppence traçou seu plano de ação.

Quando por fim o trem foi parando lentamente em Charing Cross, Jane arrumou-se no banco, sobressaltada.

– Chegamos? Nunca achei que conseguiríamos!

– Ah, já eu achei que chegaríamos sãs e salvas a Londres sem problemas. Se é que vai haver alguma diversão, vai começar agora. Depressa, desça. Vamos pegar um táxi.

Um minuto depois passaram pela catraca, pagaram as passagens e entraram num táxi.

– King's Cross – Tuppence instruiu o motorista. Ato contínuo, deu um pulo no banco. No exato instante em que o carro se pôs em movimento, um homem enfiou a cabeça janela adentro. Ela tinha quase certeza de que era o mesmo homem que havia entrado no trem logo atrás delas. Teve a horrível sensação de estar sendo lentamente cercada por todos os lados.

– Veja – ela explicou a Jane –, se eles acham que estamos indo para a casa de sir James, isso vai desviá-los da nossa pista. Aí vão imaginar que estamos indo falar com o sr. Carter. A casa de campo dele fica em algum lugar no norte de Londres.

No cruzamento de Holborn havia um obstáculo na rua e o táxi foi obrigado a parar. Era o que Tuppence estava esperando.

– Depressa – sussurrou. – Abra a porta da direita!

As duas moças desceram no meio do tráfego. Dois minutos depois estavam sentadas dentro de outro táxi, voltando pelo mesmo caminho, dessa vez na direção de Carlton House Terrace.

– Pronto – disse Tuppence, com grande satisfação. – Isso vai dar um jeito neles. Não consigo evitar o pensamento de que sou mesmo um bocado inteligente! Imagino como aquele taxista vai xingar! Mas tomei nota do número do carro dele e amanhã mandarei um vale-postal, para que ele não saia prejudicado se for um homem honesto. Mas que guinada é esta? Oh!

Ouviu-se um ruído áspero e estridente e um baque. Outro táxi colidira com o delas.

Num átimo Tuppence saiu do carro para a calçada. Um policial vinha se aproximando. Antes que ele chegasse, Tuppence entregou cinco xelins ao motorista e em seguida ela e Jane misturaram-se à multidão.

– Fica a coisa de um ou dois passos daqui – disse Tuppence, ofegante. – O acidente ocorreu em Trafalgar Square.

– Você acha que a colisão foi um acidente ou foi de propósito?

– Não sei. Pode ter sido uma coisa ou outra.

De mãos dadas, as duas jovens caminharam às pressas.

– Talvez seja a minha imaginação – disse Tuppence de repente –, mas sinto que há alguém atrás de nós.

– Depressa! – murmurou a outra. – Oh, depressa!

Elas estavam agora na esquina de Carlton House Terrace, e ficaram mais aliviadas. Subitamente um homenzarrão, que parecia estar bêbado, barrou a passagem.

– Boa noite, senhoritas – soluçou ele. – Pra onde vão com tanta pressa?

– Deixe-nos passar, por favor – exigiu Tuppence, categórica.

– Quero apenas bater um papo com a sua linda amiguinha aqui – ele estendeu uma mão trêmula e agarrou o ombro de Jane. Tuppence ouviu passos atrás de si. Não perdeu tempo sequer para averiguar se quem se aproximava era amigo ou inimigo. Abaixando a cabeça, repetiu uma manobra dos tempos de infância e acertou uma cabeçada na volumosa barriga do homem. O sucesso dessa tática tão pouco cavalheiresca foi imediato. O homem caiu estatelado na calçada. Tuppence e Jane chisparam. A casa que procuravam ficava a poucos metros dali. Quando chegaram à porta de sir James, estavam quase sem fôlego, mal conseguiam respirar. Tuppence agarrou a campainha e Jane, a aldraba.

O homem que havia impedido a passagem chegou ao pé da escada. Por um momento ele hesitou, e nesse instante a porta se abriu. Aos tropeções as moças entraram juntas no vestíbulo. Sir James surgiu, saindo da biblioteca.

– Olá! Que é isto?

Ele avançou e amparou Jane, cujo corpo cambaleava de um lado para o outro. Praticamente carregou-a para a biblioteca e a acomodou no sofá de couro. De um licoreiro sobre a mesa despejou algumas gotas de conhaque num copo e obrigou a moça a beber. Com um suspiro, ela endireitou o corpo, ainda de olhos ansiosos e amedrontados.

– Está tudo bem. Não tenha medo, minha filha. Aqui a senhorita está em segurança.

A moça começou a respirar de modo mais normal e seu rosto recuperou a cor. Sir James fitou Tuppence com um olhar zombeteiro.

– Então a senhorita não está morta, srta. Tuppence, assim como aquele seu rapaz, Tommy, também não estava!

– Não é fácil dar cabo dos Jovens Aventureiros – gabou-se Tuppence.

– É o que parece – disse sir James, secamente. – Estou certo de que o seu empreendimento de aventuras chegou a um final feliz e de que esta moça aqui – voltou-se para o sofá – é a srta. Jane Finn...

Jane sentou-se reta.

– Sim – ela respondeu calmamente. – Sou Jane Finn. Tenho muito para contar.

– Quando a senhorita estiver mais forte...

–Não... Agora! – ela ergueu um pouco a voz. – Depois que eu contar tudo, me sentirei fora de perigo.

– Como a senhorita quiser – concordou o advogado.

Sir James sentou-se numa das grandes poltronas de frente para o sofá. Num fiapo de voz, Jane começou a narrar sua história.

– Embarquei no *Lusitania* para assumir um emprego em Paris. Eu estava tremendamente arrebatada pela guerra e disposta a ajudar de uma maneira ou outra. Eu fazia aulas de francês, e o meu professor me disse que estavam precisando de auxiliares num hospital de Paris, então escrevi oferecendo os meus serviços e fui aceita. Eu não tinha parente nenhum, assim esse foi o jeito mais fácil de arranjar as coisas.

"Quando o *Lusitania* foi torpedeado, um homem veio falar comigo. Eu já tinha reparado nele antes e já tinha percebido que ele estava com medo de alguém ou de alguma coisa. Ele me perguntou se eu era uma norte-americana patriota e me disse que transportava papéis capazes de decidir a vida ou a morte para os Aliados. E me pediu para tomar conta deles. Eu devia ficar atenta a um anúncio que seria publicado no *The Times*. Se o anúncio não saísse eu deveria levar os documentos ao embaixador dos Estados Unidos.

"A maior parte do que aconteceu a seguir ainda me parece um pesadelo. Às vezes vejo nos meus sonhos... Vou passar rápido por essa parte. O sr. Danvers havia me dito para ficar alerta. Ele devia estar sendo seguido desde Nova York, mas achava que não. A princípio não tive desconfiança alguma, mas no barco para Holyhead comecei a ficar inquieta. Havia uma mulher que sempre fazia questão de me procurar a bordo para conversar comigo e em geral era muito simpática, uma tal sra. Vandemeyer. No começo eu me senti bastante grata a ela por me tratar com tanta bondade; mas o tempo todo eu sentia que havia nela alguma coisa de que eu não gostava, e no barco irlandês eu a vi conversando com homens de aspecto estranho, e pela maneira com que me lançavam olhares deduzi que estavam falando de mim. Eu me lembrei que ela estava bem perto de mim no *Lusitania* quando o sr. Danvers me entregou o pacote, e de que, antes disso, ela tinha tentado conversar com ele em uma ou duas ocasiões. Comecei a ficar apavorada, mas não sabia o que fazer.

"Tive a ideia maluca de descer em Holyhead e não seguir para Londres naquele dia, mas logo vi que isso seria uma tremenda tolice. A única coisa que eu podia fazer era agir como se não houvesse notado coisa alguma, e torcer pelo melhor. A meu ver não conseguiriam me pegar contanto que eu não baixasse a guarda. Uma coisa eu já tinha feito como precaução, rasguei o pacote de lona, substituindo os documentos por papéis em branco, depois costurei de novo. Assim, se alguém conseguisse me roubar, não teria importância.

"Minha preocupação agora era o que fazer com o documento verdadeiro. Por fim, desdobrei os papéis, eram apenas duas folhas, e coloquei-os entre duas páginas de anúncios de uma revista. Juntei e colei as duas extremidades usando um pouco da goma de um envelope. Enrolei e enfiei a revista no bolso do sobretudo e saí andando despreocupadamente.

"Em Holyhead, tentei embarcar num vagão com pessoas que não me inspirassem medo, mas estranhamente parecia haver sempre uma multidão ao meu redor empurrando-me e forçando-me justamente na direção para onde eu não queria ir. Havia nisso algo de sobrenatural e assustador. No fim das contas me vi no mesmo vagão em que viajava a sra. Vandemeyer. Saí para o corredor, mas todos os carros estavam lotados, por isso tive de voltar e me sentar. Eu me consolei com o pensamento de que havia outras pessoas no vagão, inclusive um homem bastante bonito e sua esposa, sentados bem à minha frente. Então eu me senti quase feliz até o trem chegar nos arredores de Londres. Eu tinha me recostado e fechei os olhos. Acho que eles devem ter pensado que eu estava dormindo, mas os meus olhos não estavam exatamente fechados por completo, e de repente vi o homem bonito retirar alguma coisa de dentro de sua maleta e entregá-la à sra. Vandemeyer, e, quando ele fez isso, *piscou para mim*...

"Não sou capaz de dizer como essa piscadela de certo modo me deixou congelada dos pés à cabeça. O meu único pensamento foi escapar corredor afora o mais rápido possível. Eu me levantei, pelejando para aparentar naturalidade e calma. Talvez eles tenham visto alguma coisa, eu não sei, mas de repente a sra. Vandemeyer gritou 'Agora!' e jogou alguma coisa no meu nariz e na minha boca quando tentei gritar. No mesmo instante senti uma violenta pancada na parte de trás da cabeça..."

Jane estremeceu. Sir James murmurou algumas palavras de solidariedade. Depois de alguns minutos ela continuou:

– Não sei quanto tempo fiquei desacordada até recobrar a consciência. Eu me sentia doente e nauseada. Eu me vi deitada numa cama imunda, ladeada por um biombo, mas ouvi duas pessoas conversando no quarto. Uma delas era a sra. Vandemeyer. Tentei escutar o que diziam, mas a princípio não consegui entender quase nada. Quando por fim comecei a me dar conta do que estava acontecendo, fiquei aterrorizada! Não sei como não soltei um berro ali mesmo.

"Eles não tinham encontrado os papéis. Acharam o pacote de lona com as folhas em branco e simplesmente ficaram loucos da vida! Não sabiam se *eu* tinha trocado os papéis ou se Danvers estava carregando uma mensagem falsa enquanto a verdadeira era enviada de outra maneira. Eles falaram em – ela fechou os olhos – me torturar para descobrir!

"Até então eu nunca soube o que era o medo, o verdadeiro pânico. A certa altura eles vieram me ver. Fechei os olhos e fingi que ainda estava ainda inconsciente, mas temia que eles ouvissem as batidas do meu coração. Porém, foram embora de novo. Comecei a pensar feito doida. O que eu poderia fazer? Se me submetessem à tortura, eu sabia que não seria capaz de resistir por muito tempo.

"De repente pensei na ideia da perda da memória. O assunto sempre me interessou e eu já tinha lido muita coisa a respeito. A coisa toda estava ao alcance das minhas mãos. Se eu conseguisse levar adiante o fingimento, talvez me salvasse. Fiz uma oração e respirei fundo. Depois abri os olhos e comecei a balbuciar em *francês*!

"Na mesma hora a sra. Vandemeyer apareceu detrás do biombo. O rosto dela era tão maligno que quase morri, mas esbocei um sorriso hesitante e perguntei, em francês, onde é que eu estava.

"Dava para ver que ela ficou intrigada. Ela chamou o homem com quem eu a vira conversando. Ele parou junto ao biombo, com o rosto na sombra. Falou comigo em francês. A sua voz era bastante comum e calma, mas por alguma razão, não sei por que, ele me assustou mais do que a mulher. Parecia que ele enxergava através de mim, mas segui em frente e continuei encenando meu papel. Perguntei mais uma vez onde eu estava, e disse também que havia algo de que eu *tinha* de me lembrar, *tinha* de me lembrar, mas *no momento* a coisa tinha sumido completamente da minha cabeça. Fiz força para me mostrar cada vez mais aflita. Ele perguntou o meu nome. Eu disse que não sabia, que não conseguia me lembrar de coisa alguma.

"De repente ele agarrou meu pulso e começou a torcê-lo. A dor era tremenda. Gritei. Ele continuou. Gritei e berrei, mas consegui emitir guinchos em francês. Não sabia quanto tempo eu seria capaz de aguentar, mas por sorte desmaiei. A última coisa que ouvi foi a voz dele dizendo: 'Isto não é um embuste! De todo modo, uma menina da idade dela não teria como saber tanto assim'. Ele esqueceu que as moças norte-americanas são mais maduras para a sua idade do que as inglesas e que se interessam mais por assuntos científicos.

"Quando recobrei os sentidos, a sra. Vandemeyer estava doce como mel e me tratou muito bem. Acho que deve ter recebido ordens. Falou comigo em francês, disse que eu tinha sofrido um abalo e estava muito doente. Mas que em breve estaria melhor. Fingi estar bastante confusa, murmurei alguma coisa a respeito do 'médico' que havia machucado meu pulso. Ela pareceu aliviada quando eu disse isso.

"Logo depois ela saiu do quarto. Eu ainda estava desconfiada e por um bom tempo fiquei deitada em silêncio. No fim das contas, porém, eu me pus de pé e caminhei pelo quarto, examinando o lugar. Pensei que mesmo que alguém *estivesse* me vigiando de algum lugar, o que eu estava fazendo pareceria bastante natural sob aquelas circunstâncias. Era um quarto esquálido e imundo. Não havia janelas, o que parecia estranho. Supus que a porta estava trancada, mas não tentei abri-la. Nas paredes havia alguns quadros bastante velhos e danificados, representando cenas do *Fausto*."

Os dois ouvintes do relato de Jane soltaram um "Ah!" em uníssono. A jovem meneou a cabeça.

– Sim, era a casa no Soho onde o sr. Beresford foi aprisionado. É claro que naquele momento eu nem sequer sabia que estava em Londres. Uma coisa me afligia de maneira pavorosa, mas o meu coração palpitou de alívio quando vi meu sobretudo atirado displicentemente sobre o espaldar de uma cadeira. *E a revista ainda estava enrolada dentro do bolso!*

"Se ao menos eu pudesse ter certeza de que não estava sendo vigiada! Examinei minuciosamente as paredes. Não parecia haver nenhum tipo de orifício por onde pudessem me espiar... mesmo assim eu estava quase certa de que devia haver alguém de olho em mim. De repente me sentei na borda da mesa, escondi o rosto entre as mãos e solucei: 'Mon Dieu! Mon Dieu!'. Tenho a audição muito apurada. Ouvi nitidamente o roçar de um vestido e um leve rangido. Isso foi o suficiente para mim. Eu estava sendo vigiada!

"Eu me deitei de novo na cama, e logo depois a sra. Vandemeyer apareceu trazendo uma refeição. Ela continuava um doce comigo. Acho que havia sido instruída a ganhar minha confiança. A seguir ela me mostrou o pacote de lona e, fitando-me com olhos de lince, perguntou se eu reconhecia aquilo.

"Peguei o pacote, virei-o de um lado para o outro, simulando estar intrigada. Depois balancei a cabeça. Eu disse que a minha sensação era a de que eu *devia* me lembrar de alguma coisa referente ao pacote, que era como se tudo estivesse voltando, e depois, num piscar de olhos, antes que eu pudesse recordar qualquer fato, a coisa me fugia de novo. Então ela disse que eu era sobrinha dela e deveria chamá-la de 'Tia Rita'. Obedeci, e ela me disse que eu não precisava me preocupar, minha memória voltaria em breve.

"Essa noite foi horrível. Enquanto esperava por ela, elaborei o meu plano. Até aquele momento os papéis estavam a salvo, mas eu não podia me arriscar a deixá-los ali por mais tempo. A qualquer minuto poderiam jogar fora a revista. Fiquei deitada na cama de olhos abertos, de vigília, até que julguei que já eram duas horas da manhã. Então eu me levantei sem fazer ruído e, devagarinho, pé ante pé, tateei na escuridão a parede da esquerda. Com a maior delicadeza possível, desenganchei um dos quadros, *Margarida com o estojo de joias*. Rastejei até o sobretudo e peguei a revista e alguns envelopes que eu tinha enfiado entre as páginas. Depois fui até a pia e umedeci bem o papel pardo da parte de trás do quadro. Não demorou muito até que eu conseguisse arrancá-lo. Eu já havia destacado da revista as duas páginas coladas e as coloquei, com o seu precioso anexo, entre o quadro e sua camada traseira de papel pardo. Um pouco de goma dos envelopes ajudou-me a colar de novo o papel. Ninguém sonharia que o quadro havia sido manipulado. Pendurei-o novamente, coloquei a revista de volta no bolso do casaco e voltei para a cama. Estava satisfeita com o esconderijo que eu havia improvisado. Eles jamais pensariam em despedaçar um de seus próprios quadros. Minha esperança era que chegassem à conclusão de que Danvers estivera o tempo todo carregando documentos falsos, e que no fim me deixassem ir embora.

"A bem da verdade, creio que no começo foi isso que eles pensaram, e que em certo sentido isso era perigoso para mim. Depois eu soube que estiveram na iminência de acabar comigo ali mesmo, não havia muita esperança de 'me deixarem ir embora', mas o primeiro homem, que era o chefe, preferiu me manter viva, por pensar que talvez eu tivesse escondido os papéis e pudesse dizer onde estavam se recuperasse a memória. Durante semanas fui submetida a uma vigilância constante. Às vezes me faziam perguntas de hora em hora, pareciam saber tudo a respeito de interrogatórios exaustivos, mas de alguma maneira, não sei como, consegui segurar as pontas. Porém, a tensão era terrível...

"Levaram-me de volta para a Irlanda, refazendo passo a passo o trajeto, para o caso de eu haver escondido os documentos em algum lugar *en route*. A sra. Vandemeyer e outra mulher não desgrudaram de mim um só momento. Falavam de mim como uma jovem parente da sra. Vandemeyer cuja mente fora afetada pelo abalo sofrido com o naufrágio do *Lusitania*. Não havia ninguém a quem eu pudesse pedir ajuda sem que me denunciasse a *eles*, e se eu me arriscasse e fracassasse... e a sra. Vandemeyer parecia tão rica, vestida com tanta elegância, que me convenci de que seria a minha palavra contra a deles, e que alegariam que era parte da minha perturbação mental achar que estava sendo 'perseguida'. Eu tinha a sensação de que os horrores à minha espera seriam terríveis demais tão logo descobrissem que eu estivera apenas fingindo."

Sir James meneou a cabeça, demonstrando compreensão.

– A sra. Vandemeyer era uma mulher de personalidade poderosa. Com isso e a posição social de que ela desfrutava, teria pouca dificuldade em fazer valer os pontos de vista dela contra os seus, srta. Jane. Suas acusações espetaculares contra ela não teriam crédito.

– Foi o que pensei. Acabaram me mandando para um sanatório em Bournemouth. No começo eu não consegui saber se aquilo era uma farsa ou se era de verdade. Uma enfermeira foi incumbida de cuidar de mim. Eu era uma doente especial. Ela parecia tão bondosa e normal que no fim das contas resolvi confiar nela. Uma providência misericordiosa salvou-me a tempo de cair na armadilha. Numa ocasião a porta do meu quarto ficou entreaberta e eu a ouvi conversando com alguém no corredor. *Ela era da quadrilha!* Eles ainda imaginavam que podia ser uma fraude da minha parte, e ela fora encarregada de tomar conta de mim para descobrir! Depois disso, perdi completamente as forças. Não ousava confiar em ninguém.

"Acho que entrei em um estado de hipnose. Depois de algum tempo, quase esqueci que eu era Jane Finn. Estava tão determinada a fazer o papel de Janet Vandemeyer que os meus nervos começaram a pregar peças em mim. Adoeci de verdade... durante meses mergulhei numa espécie de estupor. Tinha certeza de que em pouco tempo eu morreria, e nada mais me importava. Uma pessoa sã trancafiada num manicômio acaba invariavelmente ficando louca, é o que dizem. Acho que eu estava nessa situação. Representar meu papel tinha se tornado uma segunda natureza para mim. No fim eu já não estava nem mesmo infeliz, apenas apática. Nada mais parecia ter importância. E os anos foram passando.

"E então, de repente pareceu que as coisas começaram a mudar. A sra. Vandemeyer veio de Londres. Ela e o médico me fizeram perguntas, testaram diversos tratamentos. Ouvi conversas sobre me mandarem a um especialista em Paris, mas no fim não ousaram correr o risco. Ouvi algo que parecia mostrar que outras pessoas, amigos, estavam à minha procura. Mais tarde eu soube que a enfermeira que cuidara de mim tinha ido a Paris a fim de se consultar com o especialista e se apresentou ao doutor fingindo ser eu mesma. Ele a submeteu a exames minuciosos e constatou que a perda de memória por ela alegada era fraudulenta; mas ela tomou nota dos métodos do especialista e os reproduziu comigo. Creio que eu não teria conseguido enganar esse médico nem por uma fração de segundo, um homem que dedica toda a sua vida ao estudo de uma única coisa não tem paralelo, porém, mais uma vez consegui ludibriar aquela gente. O fato de que eu mesma já não me considerava Jane Finn facilitou as coisas.

"Certa noite fui levada às pressas para Londres, novamente para a casa no Soho. Assim que me vi fora do sanatório eu me senti diferente, como se alguma coisa sepultada havia muito tempo dentro de mim estivesse despertando.

"Mandaram-me para lá com o propósito de que eu servisse o sr. Beresford (é claro que naquela ocasião eu não sabia o nome dele). Fiquei desconfiada, achei que se tratava de outra armadilha. Mas ele parecia ser um homem tão honesto que eu mal podia acreditar nas minhas próprias suspeitas. Porém, mantive a cautela em tudo que eu dizia, pois sabia que poderiam estar à escuta. Havia um pequeno orifício no alto da parede.

"Mas numa tarde de domingo alguém apareceu na casa trazendo uma mensagem. Todos ficaram agitados. Sem que percebessem, escutei. Era uma ordem para matar o sr. Beresford. Não preciso contar a parte do que aconteceu a seguir, porque já sabem. Achei que teria tempo para correr lá em cima e tirar os papéis do esconderijo, mas me agarraram. Gritei que ele estava fugindo e que eu queria voltar para junto de Marguerite. Berrei o nome três vezes, com toda a força dos pulmões. Eu sabia que os outros pensariam que eu estava falando da sra. Vandemeyer, mas tinha a esperança de que o sr. Beresford pensasse no quadro. No primeiro dia lá ele tinha tirado o quadro da parede, foi o que me fez hesitar em confiar nele."

Fez uma pausa no relato.

– Então os papéis – disse sir James, pausadamente – ainda estão nas costas do quadro, naquele quarto.

– Sim – a jovem tinha afundado no sofá, exausta com o esforço da longa história.

Sir James se pôs de pé. Consultou o relógio.

– Venham – ele disse. – Devemos sair imediatamente.

– Hoje? – indagou Tuppence, surpresa.

– Amanhã talvez seja tarde demais – alegou sir James, em tom solene. – Além disso, se formos agora à noite temos uma chance de capturar o grande homem e supercriminoso, sr. Brown!

Seguiu-se um silêncio funesto e sir James continuou:

– As senhoritas foram seguidas até aqui, disso não há dúvida. Quando sairmos seremos seguidos novamente, mas ninguém nos molestará, pois *o plano do sr. Brown é que o guiemos*. Mas a casa no Soho está sob vigilância policial noite e dia. Há vários homens de guarda lá. Assim que entrarmos na casa, o sr. Brown não recuará, arriscará tudo diante da possibilidade de obter a faísca para fazer explodir a sua dinamite. E ele imagina que o risco não será dos maiores, pois entrará disfarçado de amigo!

Tuppence corou; depois abriu a boca impulsivamente.

– Mas há uma coisa de que o senhor não sabe, algo que não contamos ao senhor – perplexos, os olhos dela pousaram sobre Jane.

– O que é? – perguntou o advogado rispidamente. – Nada de hesitações, srta. Tuppence. Precisamos estar seguros dos nossos atos.

Mas Tuppence, pela primeira vez, parecia estar de língua atada.

– É tão difícil, o senhor compreende, se eu estiver enganada, ah, seria horrível! – fez uma careta ao olhar para a adormecida Jane. – Eu nunca me perdoaria – ela comentou, de maneira enigmática.

– A senhorita quer que eu a ajude?

– Sim, por favor. *O senhor* sabe quem é o sr. Brown, não sabe?

– Sim – respondeu sir James, muito sério. – Finalmente eu sei.

– Finalmente? – indagou Tuppence, em tom de dúvida. – Oh, mas eu pensei... – e se calou.

– A senhorita pensou corretamente, srta. Tuppence. Já faz algum tempo que tenho certeza absoluta quanto à identidade dele, desde a noite da morte misteriosa da sra. Vandemeyer.

– Ah! – exclamou Tuppence, ofegante.

– Porque estamos diante da lógica dos fatos. Só há duas soluções. Ou ela serviu a si mesma o cloral, teoria que rejeito peremptoriamente, ou então...

– Sim?

– Ou então a droga foi ministrada no conhaque que a senhorita deu a ela. Apenas três pessoas tocaram naquele conhaque: a senhorita, srta. Tuppence, eu, e... o sr. Julius Hersheimmer!

Jane Finn se remexeu, despertou e endireitou o corpo no sofá, fitando o advogado com olhos arregalados de espanto.

– A princípio a coisa parecia absolutamente impossível. O sr. Hersheimmer, filho de um milionário proeminente, é uma figura muito conhecida nos Estados Unidos. Aparentemente seria absurdo supor que ele e o sr. Brown fossem a mesma pessoa. Mas não se pode escapar à lógica dos fatos. Já que é assim, é preciso aceitar. Lembre-se da súbita e inexplicável agitação da sra. Vandemeyer. Outra prova, se é que havia necessidade de provas.

"Aproveitei a primeira oportunidade que tive para lhe fazer uma indireta a esse respeito, srta. Tuppence. Por conta de algumas palavras do sr. Hersheimmer em Manchester, concluí que a senhorita havia entendido minha insinuação e já começara a agir. Depois pus mãos à obra para provar que o impossível era possível. O sr. Beresford telefonou-me e me contou algo de que eu já suspeitava, que na realidade a fotografia da srta. Jane Finn jamais saíra do poder do sr. Hersheimmer..."

Mas a garota o interrompeu. Dando um salto do sofá, ela berrou, furiosa:

– Do que o senhor está falando? O que está tentando sugerir? Que o sr. Brown é *Julius*? Julius, o meu próprio primo!

– Não, srta. Finn – negou sir James, inesperadamente. – Não é seu primo. O homem que diz se chamar Julius Hersheimmer não tem parentesco algum com a senhorita.

Capítulo 26

Sr. Brown

As palavras de sir James tiveram o efeito de uma bomba. As duas moças pareciam igualmente perplexas. O advogado caminhou até a sua escrivaninha e voltou com um pequeno recorte de jornal, que entregou a Jane. Tuppence leu-o por cima do ombro da outra moça. O sr. Carter teria reconhecido o recorte. Era uma notícia referente ao misterioso homem encontrado morto em Nova York.

– Como eu estava dizendo para a srta. Tuppence – o advogado reiniciou sua fala –, pus mãos à obra no sentido de provar que o impossível era possível. O grande obstáculo era o fato inegável de que Julius Hersheimmer não era um nome falso. Quando me deparei com esta notícia no jornal, o problema estava resolvido. Julius Hersheimmer estava disposto a descobrir o que tinha acontecido com sua prima. Foi ao Oeste, onde obteve notícias da parente e uma fotografia dela para ajudá-lo em suas buscas. Na véspera da sua partida de Nova York, foi violentamente atacado e assassinado. Seu cadáver foi vestido com roupas esfarrapadas e seu rosto foi desfigurado para evitar a identificação. O sr. Brown tomou o lugar dele. Embarcou imediatamente para a Inglaterra. Nenhum amigo íntimo do verdadeiro Hersheimmer o viu antes de o navio zarpar, a bem da verdade pouco importaria se alguém tivesse visto, pois a personificação era perfeita. Desde então ele acompanha bem de perto os passos daqueles que juraram persegui-lo até capturá-lo. Sabe todos os segredos dos adversários. Somente numa ocasião esteve perto do desastre. A sra. Vandemeyer conhecia o segredo dele. Não fazia parte dos planos do sr. Brown que aquele vultoso suborno fosse oferecido à mulher. Não tivesse sido a feliz alteração nos planos da srta. Tuppence, a mulher já estaria longe do apartamento quando lá chegássemos. O sr. Brown encarou de perto o fim da fraude. Tomou uma medida desesperada, confiando na sua identidade falsa para evitar suspeitas. Quase obteve êxito, mas não exatamente.

– Não posso acreditar – murmurou Jane. – Ele parecia tão esplêndido!

– O verdadeiro Julius Hersheimmer *era* um sujeito esplêndido! E o sr. Brown é um perfeito ator. Mas pergunte à srta. Tuppence se ela também não tinha as suas próprias desconfianças.

Muda, Jane virou-se para Tuppence, que meneou a cabeça.

– Eu não queria dizer, Jane, sabia que você ficaria magoada. E, afinal de contas, eu não tinha certeza. Ainda não compreendo uma coisa: se ele é o sr. Brown, por que nos salvou?

– Foi Julius Hersheimmer quem as ajudou a escapar?

Tuppence narrou a sir James os emocionantes eventos da noite e concluiu:

– Mas não consigo entender o porquê!

– Não consegue? Eu consigo. E o jovem Beresford também consegue, a julgar pelas ações dele. Como última esperança, decidiram deixar Jane Finn fugir, e a fuga deveria ser orquestrada de forma que ela não levantasse a menor suspeita de que se tratava de um ardil. Eles nada fariam para evitar a presença de Beresford nas vizinhanças e, se necessário, permitiriam inclusive que ele se comunicasse com a senhorita, srta. Tuppence. Somente na hora certa tomariam alguma medida para tirá-lo do caminho. Então Julius Hersheimmer surge do nada e salva as duas em um estilo verdadeiramente melodramático. Tiros são disparados, mas ninguém é atingido. O que teria acontecido depois? As senhoritas rumariam diretamente para a casa no Soho a fim de reaver o documento, que a srta. Finn provavelmente entregaria aos cuidados do primo. Ou, se ele próprio empreendesse a busca, fingiria que o esconderijo já havia sido saqueado. Ele teria uma dúzia de maneiras para resolver a situação, mas o resultado seria o mesmo. E imagino que depois disso algum acidente aconteceria com a senhorita, srta. Tuppence, e também com a srta. Jane. Ambas sabem demais, entendem? Isso seria inconveniente para ele. Enfim, esse é apenas um esboço grosseiro. Admito que as senhoritas me pegaram desprevenido; mas há alguém que não estava desprevenido.

– Tommy – murmurou Tuppence.

– Sim. Evidentemente, quando chegou a hora de se livrar dele, o sr. Beresford mostrou que era esperto demais para o bando. Mesmo assim, não estou muito tranquilo a respeito daquele rapaz.

– Por quê?

– Porque Julius Hersheimmer é o sr. Brown – respondeu sir James, secamente. – E é preciso mais do que um homem e um revólver para deter o sr. Brown...

Tuppence empalideceu um pouco.

– O que podemos fazer?

– Nada enquanto não formos à casa no Soho. Se Beresford ainda estiver no controle da situação, não há o que temer. Caso contrário, o inimigo virá atrás de nós, e não nos encontrará despreparados! – de uma gaveta da escrivaninha o advogado tirou um revólver do Exército e colocou-o no bolso do casaco.

– Agora, estamos prontos. Aposto que é melhor nem sugerir que eu vá sem a senhorita, srta. Tuppence...

– Sim, de fato é melhor!

– Mas sugiro que a srta. Finn fique aqui. Ela estará em perfeita segurança, e creio que deve estar se sentindo absolutamente exausta depois de tudo por que passou.

Mas, para a surpresa de Tuppence, Jane balançou a cabeça.

– Não. Acho que eu também vou. Aqueles papéis foram confiados a mim. Devo ir até o fim com a minha incumbência. De todo modo, estou mil vezes melhor agora.

Sir James mandou trazerem o carro. Durante o curto trajeto, o coração de Tuppence batia violentamente. Apesar dos momentâneos e súbitos acessos de inquietação acerca de Tommy, era inevitável que se sentisse exultante. Eles venceriam!

O carro estacionou na esquina da praça e os três desceram. Sir James foi falar com um detetive que estava de serviço diante da casa juntamente com vários outros policiais à paisana também de guarda. Depois se reuniu de novo às duas moças.

– Até agora ninguém entrou na casa. Há guardas nos fundos também, por isso eles têm absoluta certeza disso. Qualquer pessoa que tentar entrar atrás de nós será presa imediatamente. Vamos lá?

Um dos policiais sacou uma chave. Todos eles conheciam sir James muito bem. Também haviam recebido ordens a respeito de Tuppence. Somente o terceiro membro do grupo era uma desconhecida para eles. Os três entraram na casa, fechando a porta atrás de si. Subiram devagar os raquíticos degraus da escada. No topo estava a cortina esfarrapada que ocultava o nicho onde Tommy se escondera naquele dia. Tuppence tinha ouvido a história da própria Jane (ainda em seu personagem "Annette"). Fitou com interesse o veludo em pedaços. Mesmo agora ela quase poderia jurar que o pano se movia, como se *alguém* estivesse ali atrás. A ilusão foi tão forte que ela quase imaginou ser capaz de distinguir o contorno de uma forma humana... E se o sr. Brown, Julius, estivesse ali esperando...?

Impossível, é claro! Mesmo assim ela quase voltou para afastar a cortina de lado, apenas para ter certeza...

Agora estavam entrando no quarto-prisão. Ali não havia lugar onde alguém pudesse se esconder, pensou Tuppence com um suspiro de alívio, enquanto repreendia a si mesma, indignada. Ela não podia se entregar a fantasias tolas – aquela curiosa e insistente sensação de que *o sr. Brown estava na casa*... Atenção! O que foi isso? Passos furtivos na escada? *Havia* alguém na casa! Absurdo! Ela estava ficando histérica.

Jane tinha ido imediatamente ao quadro de Margarida. Com mão firme, tirou-o do prego. Entre o quadro e a parede havia uma espessa camada de poeira e uma guirlanda de teias de aranha. Sir James entregou à moça um canivete e ela cortou o papel pardo da parte de trás... A página de um dos anúncios de revista caiu. Jane a pegou. Separando as esgarçadas margens coladas, retirou duas finas folhas de papel cobertas de texto!

Nada de documentos falsos desta vez! A coisa verdadeira!

– Conseguimos! – disse Tuppence. – Finalmente...

O momento era de tanta emoção que os três quase ficaram fora de si. Agora estavam esquecidos os leves rangidos, os ruídos imaginados de um minuto atrás. Nenhum deles tinha olhos para outra coisa que não fosse o que Jane segurava nas mãos.

Sir James tomou os papéis entre as mãos e examinou-os atenciosamente.

– Sim – ele disse, sossegado. – É a malfadada minuta do tratado!

– Tivemos êxito – disse Tuppence. Em sua voz havia medo e uma incredulidade quase espantada.

Sir James ecoou as palavras dela enquanto dobrou com cuidado os papéis e guardou-os em sua caderneta de anotações. Depois fitou com curiosidade o quarto esquálido.

– Então foi aqui que o seu jovem amigo ficou confinado por tanto tempo, não? – ele perguntou. – Um quarto verdadeiramente sinistro. Repare na ausência de janelas e na espessura desta porta sem frestas. O que acontecesse aqui jamais seria ouvido pelo mundo exterior.

Tuppence estremeceu. Essas palavras despertaram nela um vago sobressalto. E se alguém *estivesse* mesmo escondido na casa? Alguém que poderia trancar aquela porta por fora e abandoná-los à própria sorte, deixá-los para morrer ali dentro como ratos numa ratoeira? Imediatamente ela se deu conta do absurdo de seu pensamento. A casa estava cercada por policiais, que, caso eles não reaparecessem, não hesitariam em invadir e fazer uma busca meticulosa. Ela sorriu da sua própria tolice, depois ergueu os olhos e levou um susto ao perceber que sir James a fitava fixamente. O advogado meneou enfaticamente a cabeça.

– Muito bem, srta. Tuppence. A senhorita pressente o perigo. Eu também. E a srta. Finn também.

– Sim – admitiu Jane. – É absurdo, mas não posso evitar.

Sir James meneou novamente a cabeça.

– A senhorita sente, como todos nós sentimos, *a presença do sr. Brown*. Sim – Tuppence fez um movimento –, não há dúvida: *o sr. Brown está aqui*...

– Nesta casa?

– Neste quarto... A senhorita não compreende? Eu sou o sr. Brown...

Estupefatas, incrédulas, as duas jovens encararam o advogado. A própria fisionomia do homem havia se alterado. Era uma pessoa diferente que agora estava ali de pé diante delas. Ele abriu um sorriso lento e cruel.

– Nenhuma das duas sairá viva deste quarto! A senhorita acabou de dizer que nós vencemos. *Eu* venci! A minuta do tratado é minha – alargando ainda mais o sorriso, encarou Tuppence. – Devo dizer o que vai acontecer? Mais cedo ou mais tarde a polícia entrará na casa e encontrará três vítimas do sr. Brown, três, não duas, entenda bem, mas felizmente a terceira não estará morta, apenas ferida, e terá condições de descrever o ataque com riqueza de detalhes! O tratado? Está nas mãos do sr. Brown. Assim, ninguém pensará em revistar os bolsos de sir James Peel Edgerton!

O advogado voltou-se para Jane.

– A senhorita foi mais esperta do que eu. Reconheço. Mas isso nunca mais voltará a acontecer.

Ouviu-se um leve ruído por trás do homem; porém, inebriado pelo triunfo, ele nem sequer virou a cabeça para olhar.

Enfiou a mão no bolso.

– Xeque-mate nos Jovens Aventureiros – ele anunciou, e lentamente ergueu a enorme arma automática.

Mas nesse exato momento sentiu que dois pares de pulsos de ferro o agarravam por trás. O revólver foi arrancado de sua mão, e ouviu-se a voz arrastada de Julius Hersheimmer:

– Parece que o senhor foi pego em flagrante, com a boca na botija.

O rosto do Conselheiro Real ficou afogueado, mas seu autocontrole era admirável, e ele se limitou a fitar os dois homens que o detiveram. Seu olhar demorou-se mais em Tommy.

– O senhor – ele murmurou entredentes. – *O senhor*! Eu já devia saber.

Vendo que sir James não parecia disposto a oferecer resistência, Tommy e Julius afrouxaram o aperto. Rápido como um raio, o advogado levou aos lábios a mão esquerda, a mão com o anel de sinete...

– *Ave, Caesar! te morituri salutant** – ele disse, ainda fitando Tommy.

Depois seu rosto se alterou e, com um longo tremor convulsivo, seu corpo tombou para a frente e caiu amontoado, enquanto um odor de amêndoas amargas impregnava o ar.

* "Salve César, aqueles que morrerão saúdam-te", tradicional frase latina que os gladiadores dirigiam ao imperador antes dos combates na arena. (N.T.)

Capítulo 27

Um jantar no Savoy

O jantar oferecido pelo sr. Julius Hersheimmer a um pequeno grupo de amigos no dia 30 será eternamente lembrado nos círculos gastronômicos. O evento foi realizado num salão privativo e as ordens do sr. Hersheimmer foram sucintas e enérgicas. Ele deu carta branca – e quando um milionário dá carta branca, geralmente consegue o que quer!

No jantar serviu-se todo tipo de iguarias e guloseimas. Os garçons andavam de um lado para o outro carregando com cuidado e carinho garrafas de vinhos esplêndidos e clássicos. A decoração floral desafiava as estações e, como que por milagre, frutos colhidos em meses tão distantes como maio e novembro figuravam lado a lado. A lista de seletos convidados era pequena. O embaixador norte-americano e o sr. Carter, que – palavras dele – tomou a liberdade de levar consigo um velho amigo, sir William Beresford; o arquidiácono Cowley, o dr. Hall, os dois jovens aventureiros, a srta. Prudence Cowley e o sr. Thomas Beresford; e, por último, como convidada de honra, a srta. Jane Finn.

Julius não havia poupado esforços para que o aparecimento de Jane Finn fosse um sucesso. Uma batida misteriosa levara Tuppence à porta do apartamento que ela estava dividindo com a jovem norte-americana. Era Julius, em cujas mãos havia um cheque.

– Escute, Tuppence, você me faria um favor? Tome isto aqui e se encarregue de embelezar Jane com roupas chiques para hoje à noite. Vocês todos virão jantar comigo no Savoy. Certo? Não economize. Entendeu?

– Com certeza – Tuppence arremedou o norte-americano. – Vamos nos divertir! Será um prazer cuidar da roupa de Jane. Ela é a coisinha mais linda que eu já vi.

– Ela é mesmo – concordou o sr. Hersheimmer, entusiasticamente.

Tamanho fervor fez com que os olhos de Tuppence cintilassem por um momento.

– A propósito, Julius – ela comentou com seriedade fingida –, eu ainda não dei a minha resposta a você.

– Resposta? – repetiu Julius, com o rosto pálido.

– Você sabe... quando você me pediu em... em casamento – balbuciou Tuppence, hesitante, tropeçando nas palavras e olhando para os próprios pés, à maneira de uma legítima heroína vitoriana – e disse que não aceitaria "não" como resposta. Pensei muito no assunto...

– E então? – quis saber Julius, em cuja testa brotaram gotas de suor.

De súbito, Tuppence cedeu.

– Seu grande idiota! – ela exclamou. – Mas por que cargas d'água você teve a ideia de fazer aquilo? Na hora pude ver que você não dava a mínima para mim!

– Não é verdade. Sempre tive, e ainda tenho, por você os mais elevados sentimentos de estima e respeito... e admiração...

– Ahã! – zombou Tuppence. – Esse é o tipo de sentimento que logo vai para o brejo quando entra em cena um outro sentimento! Não é verdade, meu velho?

– Não sei do que você está falando – Julius se defendeu com veemência, mas a essa altura seu rosto estava tomado por uma vasta mancha de rubor.

– Ora bolas! – rebateu Tuppence. Ela gargalhou e bateu a porta, reabrindo-a para acrescentar, com ar de dignidade: – Do ponto de vista moral, para sempre hei de considerar que você me deu um fora.

– Quem era? – perguntou Jane assim que Tuppence foi falar com ela.

– Julius.

– O que ele queria?

– Na verdade, acho que queria ver você, mas não deixei. Só hoje à noite, quando você fizer uma entrada triunfal e deslumbrante como rei Salomão em toda a sua glória... Venha! *Vamos* às *compras!*

Para a maioria das pessoas, o dia 29, o tão alardeado "Dia dos Trabalhadores", passou como outro dia qualquer. Houve discursos no Hyde Park e em Trafalgar Square. Passeatas esparsas, entoando a *Bandeira Vermelha*, zanzaram a esmo pelas ruas, de maneira mais ou menos vaga. Os jornais que haviam insinuado uma greve geral e a instauração de um reinado de terror foram obrigados a esconder suas cabeças, envergonhados. Os mais ousados e mais astutos entre eles tentaram provar que a paz só fora obtida porque seus conselhos haviam sido seguidos. Nos jornais de domingo tinha sido publicada uma notinha sobre a morte repentina de sir James Peel Edgerton, o famoso advogado e conselheiro do rei para assuntos de Justiça. Os periódicos da segunda-feira enalteceram o falecido e rasgaram elogios à sua carreira nas leis. As circunstâncias exatas da morte repentina de sir James jamais vieram a público.

As previsões de Tommy acerca da situação se confirmaram. Tudo tinha sido obra de um só homem. Privada do chefe, a organização desmoronou. Kramenin voltou às pressas para a Rússia, partindo da Inglaterra ainda na manhã de domingo. A quadrilha fugiu em pânico de Astley Priors e, na afobação, deixou para trás diversos documentos que os comprometiam de maneira cabal e indefensável. Munidos dessas provas de conspiração, além de uma pequena caderneta marrom encontrada no bolso do morto e que continha um detalhado e condenatório sumário de toda a trama, o Governo convocara uma reunião de última hora. Os líderes trabalhistas se viram forçados a reconhecer que tinham sido usados como fantoches. O Governo fez certas concessões, avidamente aceitas. Haveria a Paz e não a Guerra!

Mas o Conselho de Ministros sabia muito bem que só escapara do completo desastre por um triz. E na mente do sr. Carter estava marcada a fogo a estranha cena ocorrida na noite da véspera naquela casa no Soho.

Ele tinha entrado no quarto imundo para encontrar ali o grande homem, o amigo de toda uma vida, morto – traído por suas próprias palavras. Do bolso do falecido ele retirou a malfadada minuta do tratado que, ali mesmo, na presença dos outros três, foi reduzida a cinzas... A Inglaterra estava salva!

E agora, na noite seguinte, dia 30, num salão reservado do Savoy, o sr. Julius P. Hersheimmer recebia seus convidados.

O sr. Carter foi o primeiro a chegar. Com ele vinha um cavalheiro de aspecto colérico; ao avistá-lo, Tommy enrubesceu até a raiz dos cabelos e caminhou ao encontro dos dois senhores.

– Ah! – disse o velho cavalheiro, examinando o rapaz dos pés à cabeça com um olhar apoplético. – Então você é o meu sobrinho, não? Não parece grande coisa, mas fez um belo trabalho, pelo que ouvi. Sua mãe deve tê-lo criado bem, apesar dos pesares. O passado deve ficar para trás, não é mesmo? Você é meu herdeiro, fique sabendo; e de agora em diante eu me proponho a pagar a você uma mesada, e pode considerar Chalmer Park como a sua casa.

– Obrigado, senhor, é muito digno da sua parte.

– Onde está essa moça de quem tanto tenho ouvido falar?

Tommy apresentou Tuppence.

– Ah! – exclamou sir William, fitando a moça. – As garotas já não são como eram na minha juventude.

– São, sim – rebateu Tuppence. – As roupas são diferentes, talvez, mas elas são iguaizinhas.

– Bem, talvez a senhorita tenha razão. Espertas naquele tempo, espertas agora!

– É isso aí – concordou Tuppence. – Eu mesma sou uma tremenda espertalhona.

– Eu acredito – disse o velho cavalheiro, soltando uma gargalhada, e, num gesto bem-humorado, beliscou a orelha da moça. Em sua maioria as jovens ficavam apavoradas diante daquele "urso velho", como o chamavam. Mas o atrevimento de Tuppence deixou encantado o velho misógino.

A seguir chegou o tímido arquidiácono, um pouco desnorteado pela companhia em meio a qual se encontrava, contente por julgarem que sua filha havia feito algo notável, mas, tomado de nervosa apreensão, era incapaz de conter a necessidade de olhar para ela de relance de tempos em tempos. Tuppence, porém, comportou-se de maneira admirável. Não cruzou as pernas, controlou a própria língua e se recusou com firmeza a fumar.

O dr. Hall chegou depois, seguido do embaixador norte-americano.

– Já podemos nos sentar – disse Julius, depois de apresentar os convidados uns aos outros. – Tuppence, você...

Com um gesto da mão, indicou o lugar de honra.

Mas Tuppence balançou a cabeça.

– Não, esse é o lugar de Jane! Levando-se em conta tudo que ela suportou durante todos estes anos, nada mais justo que fazer dela a rainha da festa hoje à noite.

Julius lançou um olhar de gratidão a Tuppence; timidamente, Jane encaminhou-se para o lugar designado. Se antes ela já parecia ser uma moça bonita, sua beleza anterior tornava-se insignificante se comparada ao encanto agora realçado por sua vistosa roupa e seus lindos adornos. Tuppence tinha desempenhado diligentemente sua tarefa. O modelo do vestido, obra de uma famosa costureira, chamava-se "Lírio-tigrino". Era todo em matizes de ouro e vermelho e marrom, e dele emergiam a pura coluna grega que era o pescoço alvo da moça, e as volumosas ondas castanhas da cabeleira que coroava sua formosa cabeça. Quando Jane se sentou, havia admiração em todos os olhares.

Logo o suntuoso jantar estava a pleno vapor, e por exigência unânime Tommy foi convocado a apresentar explicações completas e minuciosas.

– Você tem se mantido muito reservado sobre essa história toda – acusou-o Julius. – Enganou-me direitinho fingindo que ia partir para a Argentina, embora eu admita que você tivesse razões para isso. A ideia de que você e Tuppence achavam que eu era o sr. Brown me matou de rir!

– Originalmente a ideia não partiu deles – interveio o sr. Carter, em tom solene. – Foi sugerida, e o veneno foi cuidadosamente instilado por um antigo mestre nessa arte. A notícia do jornal de Nova York propiciou ao sr. Brown o mote para o plano, e por meio dela o vilão teceu uma teia na qual o senhor quase foi enredado de maneira fatal.

– Nunca gostei dele – disse Julius. – Desde o primeiro momento senti que havia alguma coisa errada com o sujeito, e sempre suspeitei que ele é quem havia silenciado a sra. Vandemeyer de modo tão conveniente. Mas só comecei a me convencer do fato de que ele era o chefão depois que soube que a ordem para a execução de Tommy veio logo após a nossa entrevista com ele naquele domingo.

– Eu nunca suspeitei de nada – lamentou Tuppence. – Sempre me achei muito mais inteligente do que Tommy, mas sem dúvida ele se saiu bem melhor do que eu, e com vantagem de sobra.

Julius concordou.

– Tommy foi o maioral nessa aventura! E em vez de ficar aí sentado, mudo feito uma porta, deixe a vergonha de lado e conte-nos tudo.

– Aprovado! Aprovado!

– Não há nada a contar – alegou Tommy, visivelmente constrangido. – Fui uma besta quadrada até o momento em que encontrei aquela fotografia de Annette e me dei conta de que ela era Jane Finn. Então me lembrei de como ela havia gritado com persistência a palavra "Marguerite", e pensei nos quadros, e, bem, é isso. Depois é claro que revisei cuidadosamente a coisa toda, a fim de ver onde eu tinha feito papel de idiota.

– Continue – pediu o sr. Carter, pois Tommy dava sinais de que voltaria a se refugiar no silêncio.

– Quando Julius me contou o que tinha acontecido com a sra. Vandemeyer, fiquei preocupado e confuso. Diante dos fatos, parecia que o culpado pelo envenenamento era ou ele ou sir James. Mas eu não sabia qual dos dois. Ao encontrar aquela fotografia na gaveta, depois da história de como ela tinha ido parar nas mãos do inspetor Brown, suspeitei de Julius. Aí me lembrei de que fora sir James quem descobrira a falsa Jane Finn. No fim das contas eu não conseguia me decidir, e resolvi não me arriscar culpando um ou outro. Escrevi um bilhete para Julius, para o caso de ele ser o sr. Brown, dizendo que eu estava de partida para a Argentina, e deixei sobre a escrivaninha a carta de sir James com a proposta de emprego, para que ele visse que eu estava dizendo a verdade. Depois escrevi minha carta ao sr. Carter e telefonei a sir James. Ganhar a confiança dele seria o melhor caminho, por isso contei-lhe tudo, exceto o local onde eu acreditava que estavam escondidos os papéis. A maneira como ele me ajudou a achar a pista de Tuppence e Annette quase me desarmou, mas não por completo. As minhas suspeitas continuavam recaindo entre um dos dois. E por fim recebi um bilhete falso de Tuppence, e aí eu soube a verdade!

– Mas como?

Tommy tirou do bolso o bilhete em questão e passou-o às mãos dos convidados.

– É a letra dela, sem dúvida, mas constatei que não era genuíno por causa da assinatura. Ela jamais assinaria "Twopence". Sei que essa palavra tem a mesma pronúncia de "Tuppence" e que qualquer pessoa que nunca tivesse visto o nome por escrito poderia cometer esse equívoco. Julius *já tinha* visto, uma vez ele me mostrou um bilhete dela, mas *sir James, não*! Depois disso tudo foi bem fácil. Mandei o menino Albert entregar uma carta urgente ao sr. Carter. Fingi que fui embora, mas voltei. Quando Julius entrou impetuosamente em cena com o seu carro, tive o palpite de que isso não fazia parte do plano do sr. Brown, e que provavelmente haveria encrenca. A menos que sir James fosse pego em flagrante, com a mão na massa, por assim dizer, eu sabia que o sr. Carter jamais levaria a sério o que eu dissesse contra o advogado, nunca acreditaria nas minhas meras palavras...

– E não acreditei – interrompeu o sr. Carter, pesaroso.

– Foi por isso que mandei as duas moças para a casa de sir James. Eu tinha a convicção de que mais cedo ou mais tarde eles apareceriam na casa do Soho. Ameacei Julius com o revólver porque eu queria que Tuppence contasse esse fato a sir James, para que ele não se preocupasse conosco. Assim que as garotas saíram da nossa vista, instruí Julius a dirigir feito um louco rumo a Londres, e ao longo do caminho eu o pus a par da história toda. Chegamos à casa no Soho com bastante tempo de antecedência e encontramos o sr. Carter do lado de fora. Depois de combinar as coisas com ele, entramos e nos escondemos atrás da cortina no nicho. Os policiais receberam a seguinte ordem: se alguém perguntasse, deveriam dizer que ninguém havia entrado na casa. Isso é tudo.

Tommy calou-se abruptamente.

Durante alguns momentos a mesa ficou em silêncio.

– A propósito – anunciou Julius de repente –, vocês estão todos enganados com relação à fotografia de Jane. Ela *foi* roubada de mim, mas eu a encontrei de novo.

– Onde? – gritou Tuppence.

– Naquele pequeno cofre embutido na parede do quarto da sra. Vandemeyer.

– Eu sabia que você tinha encontrado alguma coisa – disse Tuppence, em tom de reprovação. – Para falar a verdade, foi isso que me fez começar a suspeitar de você. Por que não me disse nada?

– Acho que eu também estava um bocado desconfiado. A fotografia já tinha sido tomada de mim uma vez, e decidi não revelar que a encontrara até que um fotógrafo tivesse feito uma dúzia de cópias!

– Todos nós escondemos uma coisa ou outra – disse Tuppence, pensativa. – Acho que trabalhar para o serviço secreto faz isso com a gente!

Na pausa que se seguiu, o sr. Carter tirou do bolso uma pequena e surrada caderneta de capa marrom.

– Beresford acabou de dizer que eu não acreditaria na culpa de sir James Peel Edgerton a menos que ele fosse pego com a mão na massa, por assim dizer. É verdade. De fato, foi só depois de ler as anotações neste caderninho que pude me convencer a dar pleno crédito à espantosa verdade. Esta caderneta será entregue à Scotland Yard, mas jamais será exibida publicamente. Por conta da longa associação de sir James com a lei isso seria indesejável. Mas para os senhores e senhoritas aqui presentes, que conhecem a verdade, proponho que sejam lidas certas passagens, que lançarão alguma luz sobre a extraordinária mentalidade desse grande homem.

Abriu a caderneta e virou as finas páginas.

> [...] É loucura guardar esta caderneta. Sei disso. É uma prova documental contra mim. Mas nunca me furtei a correr riscos. E sinto uma urgente necessidade de autoexpressão... Este caderninho só será tirado de mim se o arrancarem do meu cadáver...
> Desde a mais tenra idade compreendi que era dotado de aptidões excepcionais. Somente um tolo subestima suas habilidades. Minha capacidade cerebral era muito acima da média. Eu sabia que havia nascido para ter êxito. Meu único senão era minha aparência. Eu era silencioso e insignificante – absolutamente comum e desinteressante...
> Quando menino, assisti ao julgamento de um famoso caso de assassinato. Fiquei profundamente impressionado pelo vigor e eloquência do advogado

de defesa. Pela primeira vez cogitei a ideia de levar meus talentos para essa área de atuação específica... Então examinei o criminoso no banco dos réus... O homem era um imbecil – havia cometido uma estupidez ridícula, inacreditável. Nem mesmo a oratória do advogado poderia salvá-lo... Senti por ele um incomensurável desprezo... Depois ocorreu-me que o tipo padrão dos criminosos era de homens vulgares, vis. Quem descambava para o mundo do crime eram os vagabundos, os fracassados, a escória, a ralé geral da civilização... É estranho que os homens inteligentes nunca tenham se dado conta das extraordinárias oportunidades... Brinquei com a ideia... Que campo magnífico – que possibilidades ilimitadas! O meu cérebro se agitou intensamente... [...] Li as obras clássicas sobre crimes e criminosos. Todas confirmaram a minha opinião. Degenerescência, doença – nunca um homem perspicaz que abraçava deliberadamente uma carreira. Então ponderei. E se as minhas maiores ambições se concretizassem – se eu fosse aprovado no exame da Ordem e admitido como advogado no foro, e chegasse ao ponto mais alto da minha profissão? Se eu ingressasse na carreira política – digamos até que eu me tornasse primeiro-ministro da Inglaterra? E daí? Isso seria poder? Atrapalhado a cada passo pelos meus colegas, estorvado pelo sistema democrático do qual eu seria um mero títere, uma figura ornamental! – Não – o poder com que eu sonhava era absoluto! Um autocrata! Um ditador! E esse tipo de poder só poderia ser obtido se eu atuasse às margens da lei. Jogar com as fraquezas da natureza humana, depois com a fraqueza das nações – construir e controlar uma vasta organização,

e por fim destruir a ordem vigente, e dominar! Esse pensamento me inebriava...
Vi que eu devia levar uma vida dupla. Um homem como eu está fadado a atrair as atenções. Era preciso ter uma carreira bem-sucedida, com a qual eu poderia mascarar as minhas verdadeiras atividades... Além disso, eu também devia cultivar uma personalidade. Usei como modelo um famoso advogado e Conselheiro Real. Imitei seus maneirismos, reproduzi seu magnetismo. Se eu tivesse escolhido a carreira de ator, teria sido o maior ator do mundo! Nada de disfarces – nada de maquiagem, nada de barbas postiças! Personalidade! Eu a vestia como uma luva! Quando a tirava, voltava a ser eu mesmo, um homem comedido, discreto, um homem como qualquer outro. Eu me chamava sr. Brown. Há centenas de homens com esse nome, Brown – há centenas de homens iguais a mim.
[...] Triunfei na minha falsa carreira. Eu estava fadado ao sucesso. E também teria êxito na outra carreira. Um homem como eu não tem como fracassar...
[...] Andei lendo a biografia de Napoleão. Ele e eu temos muita coisa em comum...
[...] Habituei-me a defender criminosos. Um homem deve cuidar da sua gente...
[...] Numa ou duas ocasiões tive medo. A primeira vez foi na Itália. Fui a um jantar. O professor D., o grande alienista, estava presente. A conversa passou a girar em torno da insanidade. Ele disse: 'Muitos homens notáveis são loucos, e ninguém sabe. Nem eles mesmos sabem'. Não compreendo por que razão ele olhou de soslaio para mim quando disse isso. Seu olhar era estranho... Não gostei...

> [...] A guerra me deixou inquieto. Julguei que favoreceria os meus planos. Os alemães são tão eficientes. O sistema de espionagem germânico também era excelente. As ruas estão repletas desses soldados de uniforme cáqui. Todos eles uns jovens imbecis de cabeça oca... Mas não sei... Eles ganharam a guerra... Isso me perturba...
> Meus planos estão indo muito bem... Uma moça se intrometeu – a bem da verdade não creio que ela saiba de coisa alguma... Mas precisamos abandonar a "Estônia"... Nada de correr riscos agora...
> [...] Tudo corre bem. Essa tal perda de memória é irritante. Não pode ser uma farsa. Nenhuma moça seria capaz de *me* enganar!...
> [...] O dia 29... Próximo demais...

O sr. Carter parou de ler.

– Não lerei os detalhes do *coup* que foi planejado. Mas há duas anotações que fazem menção a três das pessoas aqui presentes. À luz do que aconteceu, são interessantes:

> [...] Ao induzir a moça a me procurar por sua própria iniciativa, obtive êxito em desarmá-la. Mas ela tem lampejos intuitivos que podem se tornar perigosos... É preciso tirá-la do meu caminho... Nada posso fazer com o norte-americano. Ele desconfia de mim e não gosta de mim. Mas ele não tem como saber. Creio que a minha armadura é inexpugnável... Às vezes receio ter subestimado o outro rapaz. Ele não é inteligente, mas é difícil fazer com que feche os olhos para os fatos...

O sr. Carter fechou o caderno.

– Um grande homem – ele disse. – Gênio ou loucura, quem é capaz de dizer?

Silêncio.

Depois o sr. Carter se pôs de pé.

– Proponho um brinde. A Jovens Aventureiros, cuja iniciativa se justificou amplamente pelo enorme sucesso obtido!

Todos beberam, entre vivas.

– Há mais uma coisa que queremos ouvir – continuou o sr. Carter, que olhou para o embaixador norte-americano. – Sei que falo também em seu nome. Pediremos à srta. Jane Finn que nos conte a história que, até agora, somente a srta. Tuppence ouviu, mas antes disso faremos um brinde à saúde dela. Beberemos à saúde da mais corajosa filha dos Estados Unidos, a quem são devidos o agradecimento e a gratidão de dois grandes países!

Capítulo 28

E depois

– Aquele foi um brinde e tanto, Jane – disse o sr. Hersheimmer dentro do Rolls-Royce, enquanto era levado junto com a prima de volta ao Ritz.

– O que ergueram a Jovens Aventureiros?

– Não, o que ergueram em homenagem a você. Não existe no mundo inteiro outra garota capaz de fazer o que você fez. Você foi simplesmente maravilhosa!

Jane balançou a cabeça.

– Não me sinto maravilhosa. No fundo eu me sinto cansada e solitária, e com saudade da minha terra.

– Isso me leva ao que eu queria falar. Ouvi o embaixador dizer que a esposa dele espera que você vá imediatamente se instalar na embaixada com eles. É uma boa ideia, mas tenho outro plano. Jane, eu quero que você se case comigo! Não se assuste nem me responda "não" de imediato. É claro que você não tem como me amar assim tão de repente, é impossível. Mas amo você desde o momento em que pus os olhos na sua foto, e agora que a vi em pessoa estou simplesmente louco por você! Se você se casar comigo, prometo que não lhe causarei aborrecimento algum... você poderá fazer o que quiser, na hora que quiser. Talvez você nunca me ame, e se isso acontecer deixarei você ir embora. Mas quero ter o direito de cuidar de você, de tomar conta de você.

– É justamente o que eu quero – disse Jane, com grande ansiedade. – Alguém que seja bom para mim. Oh, você não imagina como me sinto sozinha!

– Com certeza serei bom para você. Então acho que está tudo resolvido e combinado, e amanhã de manhã mesmo procurarei o arcebispo para obter uma licença especial.

– Ah, Julius!

– Bem, não quero apressar as coisas nem forçar a barra, Jane, mas não faz sentido algum esperar. Não se assuste, não espero que você me ame logo assim de imediato.

Mas uma mão pequenina segurou a mão do rapaz.

– Já amo você agora, Julius – disse Jane Finn. – Amo você desde aquele primeiro momento no carro, quando a bala roçou seu rosto...

Cinco minutos depois, Jane murmurou suavemente:

– Não conheço Londres muito bem, Julius, mas a distância entre o Savoy e o Ritz é tão grande assim?

– Depende do caminho que o motorista faz – explicou Julius, descaradamente. – Estamos indo pelo Regent's Park!

– Oh, Julius, o que o motorista vai pensar?

– Com o salário que pago a ele, meu motorista sabe que é melhor não ter muitas opiniões próprias. Sabe, Jane, o único motivo para eu ter oferecido o jantar no Savoy era poder levar você embora de carro. Não vi outra maneira de ficar a sós com você. Você e Tuppence não desgrudam uma da outra, parecem irmãs siamesas. Acho que se essa situação perdurasse por mais um dia, Beresford e eu ficaríamos feito dois loucos varridos!

– Oh. Ele está...?

– Claro que está! Está perdidamente apaixonado.

– Foi o que achei mesmo – disse Jane, pensativa.

– Por quê?

– Por todas as coisas que Tuppence não disse!

– Agora você me pegou direitinho. Não faço ideia do que você está falando – disse o sr. Hersheimmer.

Mas Jane apenas riu.

Enquanto isso, os Jovens Aventureiros estavam sentados com as costas retas, muito rígidos e cerimoniosos, dentro de um táxi que, com uma tremenda falta de originalidade, também fazia o caminho de volta para o Ritz via Regent's Park.

Um terrível constrangimento parecia ter se instalado entre eles. Sem que soubessem o que tinha acontecido, aparentemente tudo se modificara. Estavam ambos mudos, paralisados. Toda a velha *camaraderie* havia desaparecido.

Tuppence não conseguia pensar no que dizer.

Tommy estava igualmente aflito.

Ambos estavam sentados muito aprumados e evitavam olhar um para o outro.

Por fim Tuppence fez um esforço desesperado.

– Muito divertido, não foi?

– Muito.

Outro silêncio.

– Gosto de Julius – disse Tuppence, mais uma vez tentando puxar assunto.

De repente, como se tivesse recebido uma descarga elétrica, Tommy voltou à vida.

– Você não vai se casar com ele, está me ouvindo? – bradou em tom ditatorial. – Proíbo você.

– Oh! – exclamou Tuppence, humildemente.

– De maneira alguma, entendeu?

– Ele não quer se casar comigo; na verdade ele só me pediu em casamento por um gesto de bondade.

– Isso não é muito provável – zombou Tommy.

– É verdade. Ele está caidinho de amor por Jane. Creio que neste exato momento ele está se declarando para ela.

– Ela combina perfeitamente com ele – disse Tommy, em tom desdenhoso.

– Você não acha que ela é a criatura mais linda que você já viu?

– Ah, talvez.

– Mas suponho que você prefira as inglesas da gema – disse Tuppence, fingindo modéstia e seriedade.

– Eu... ah, com mil diabos, Tuppence, você sabe!

– Gostei de seu tio, Tommy – disse Tuppence, tentando, às pressas, mudar o rumo da conversa. – E me diga uma coisa: o que você vai fazer, aceitar o emprego no Governo oferecido pelo sr. Carter ou o convite de Julius para um cargo bem remunerado no rancho dele nos Estados Unidos?

– Ficarei na minha velha terra, embora a proposta de Hersheimmer seja muito boa. Mas creio que você se sentiria mais em casa em Londres mesmo.

– Não sei o que uma coisa tem a ver com outra.

– Mas eu sei – rebateu Tommy, categórico.

Tuppence fitou-o de soslaio.

– E há a questão do dinheiro também – ela comentou, pensativa.

– Que dinheiro?

– Vamos receber um cheque cada um. O sr. Carter me disse.

– Você perguntou qual é o valor? – quis saber Tommy, sarcástico.

– Sim – disse Tuppence, triunfante. – Mas não direi a você.

– Tuppence, você é inacreditável!

– Foi divertido, não foi, Tommy? Espero que tenhamos muitas outras aventuras.

– Você é insaciável, Tuppence. Já tive minha cota suficiente de aventuras para o momento.

– Bem, fazer compras é quase tão bom quanto – disse Tuppence, em tom sonhador. – Estou pensando em comprar móveis antigos, tapetes formidáveis, cortinas de seda futuristas, uma lustrosa mesa de jantar e um divã com pilhas de almofadas.

– Alto lá! – disse Tommy. – Para que tudo isso?

– Para uma casa, talvez, mas creio que um apartamento.

– Apartamento de quem?

– Você acha que me importo de dizer, mas não me importo nem um pouco! *Nosso*, pronto!

– Minha querida! – exclamou Tommy, abraçando-a com força. – Eu estava determinado a fazer você dizer. Eu precisava ficar quites com você, por causa da maneira implacável como você me esmagava toda vez que eu tentava ser sentimental.

Tuppence colou o rosto ao dele. O táxi continuava seu trajeto pelo lado norte do Regent's Park.

– Você ainda não formulou um pedido de casamento – observou Tuppence. – Pelo menos não à moda antiga, da maneira que as nossas avós chamariam de pedido de casamento. Mas depois de ter ouvido aquela detestável proposta de Julius, estou inclinada a deixar você passar impune.

– Você não vai conseguir escapar de casar comigo, então nem pense nisso.

– Vai ser muito divertido – respondeu Tuppence. – O casamento recebe todo tipo de definição: um abrigo, um refúgio, a suprema glória, uma condição de escravidão, e diversas outras. Mas sabe o que eu acho que o casamento é?

– O quê?

– Um divertimento!

– E um divertimento danado de bom – emendou Tommy.

Coleção L&PM POCKET

1000.**Diários de Andy Warhol (1)** – Editado por Pat Hackett
1001.**Diários de Andy Warhol (2)** – Editado por Pat Hackett
1002.**Cartier-Bresson: o olhar do século** – Pierre Assouline
1003.**As melhores histórias da mitologia: vol. 1** – A.S. Franchini e Carmen Seganfredo
1004.**As melhores histórias da mitologia: vol. 2** – A.S. Franchini e Carmen Seganfredo
1005.**Assassinato no beco** – Agatha Christie
1006.**Convite para um homicídio** – Agatha Christie
1008.**História da vida** – Michael J. Benton
1009.**Jung** – Anthony Stevens
1010.**Arsène Lupin, ladrão de casaca** – Maurice Leblanc
1011.**Dublinenses** – James Joyce
1012.**120 tirinhas da Turma da Mônica** – Mauricio de Sousa
1013.**Antologia poética** – Fernando Pessoa
1014.**A aventura de um cliente ilustre** *seguido de* **O último adeus de Sherlock Holmes** – Sir Arthur Conan Doyle
1015.**Cenas de Nova York** – Jack Kerouac
1016.**A corista** – Anton Tchékhov
1017.**O diabo** – Leon Tolstói
1018.**Fábulas chinesas** – Sérgio Capparelli e Márcia Schmaltz
1019.**O gato do Brasil** – Sir Arthur Conan Doyle
1020.**Missa do Galo** – Machado de Assis
1021.**O mistério de Marie Rogêt** – Edgar Allan Poe
1022.**A mulher mais linda da cidade** – Bukowski
1023.**O retrato** – Nicolai Gogol
1024.**O conflito** – Agatha Christie
1025.**Os primeiros casos de Poirot** – Agatha Christie
1027(25).**Beethoven** – Bernard Fauconnier
1028.**Platão** – Julia Annas
1029.**Cleo e Daniel** – Roberto Freire
1030.**Til** – José de Alencar
1031.**Viagens na minha terra** – Almeida Garrett
1032.**Profissões para mulheres e outros artigos feministas** – Virginia Woolf
1033.**Mrs. Dalloway** – Virginia Woolf
1034.**O cão da morte** – Agatha Christie
1035.**Tragédia em três atos** – Agatha Christie
1037.**O fantasma da Ópera** – Gaston Leroux
1038.**Evolução** – Brian e Deborah Charlesworth
1039.**Medida por medida** – Shakespeare
1040.**Razão e sentimento** – Jane Austen
1041.**A obra-prima ignorada** *seguido de* **Um episódio durante o Terror** – Balzac
1042.**A fugitiva** – Anaïs Nin
1043.**As grandes histórias da mitologia greco-romana** – A. S. Franchini
1044.**O corno de si mesmo & outras historietas** – Marquês de Sade
1045.**Da felicidade** *seguido de* **Da vida retirada** – Sêneca
1046.**O horror em Red Hook e outras histórias** – H. P. Lovecraft
1047.**Noite em claro** – Martha Medeiros
1048.**Poemas clássicos chineses** – Li Bai, Du Fu e Wang Wei
1049.**A terceira moça** – Agatha Christie
1050.**Um destino ignorado** – Agatha Christie
1051(26).**Buda** – Sophie Royer
1052.**Guerra Fria** – Robert J. McMahon
1053.**Simons's Cat: as aventuras de um gato travesso e comilão – vol. 1** – Simon Tofield
1054.**Simons's Cat: as aventuras de um gato travesso e comilão – vol. 2** – Simon Tofield
1055.**Só as mulheres e as baratas sobreviverão** – Claudia Tajes
1057.**Pré-história** – Chris Gosden
1058.**Pintou sujeira!** – Mauricio de Sousa
1059.**Contos de Mamãe Gansa** – Charles Perrault
1060.**A interpretação dos sonhos: vol. 1** – Freud
1061.**A interpretação dos sonhos: vol. 2** – Freud
1062.**Frufru Rataplã Dolores** – Dalton Trevisan
1063.**As melhores histórias da mitologia egípcia** – Carmem Seganfredo e A.S. Franchini
1064.**Infância. Adolescência. Juventude** – Tolstói
1065.**As consolações da filosofia** – Alain de Botton
1066.**Diários de Jack Kerouac – 1947-1954**
1067.**Revolução Francesa – vol. 1** – Max Gallo
1068.**Revolução Francesa – vol. 2** – Max Gallo
1069.**O detetive Parker Pyne** – Agatha Christie
1070.**Memórias do esquecimento** – Flávio Tavares
1071.**Drogas** – Leslie Iversen
1072.**Manual de ecologia (vol.2)** – J. Lutzenberger
1073.**Como andar no labirinto** – Affonso Romano de Sant'Anna
1074.**A orquídea e o serial killer** – Juremir Machado da Silva
1075.**Amor nos tempos de fúria** – Lawrence Ferlinghetti
1076.**A aventura do pudim de Natal** – Agatha Christie
1078.**Amores que matam** – Patricia Faur
1079.**Histórias de pescador** – Mauricio de Sousa
1080.**Pedaços de um caderno manchado de vinho** – Bukowski
1081.**A ferro e fogo: tempo de solidão (vol.1)** – Josué Guimarães
1082.**A ferro e fogo: tempo de guerra (vol.2)** – Josué Guimarães
1084(17).**Desembarcando o Alzheimer** – Dr. Fernando Lucchese e Dra. Ana Hartmann
1085.**A maldição do espelho** – Agatha Christie
1086.**Uma breve história da filosofia** – Nigel Warburton
1088.**Heróis da História** – Will Durant
1089.**Concerto campestre** – L. A. de Assis Brasil

1090.**Morte nas nuvens** – Agatha Christie
1092.**Aventura em Bagdá** – Agatha Christie
1093.**O cavalo amarelo** – Agatha Christie
1094.**O método de interpretação dos sonhos** – Freud
1095.**Sonetos de amor e desamor** – Vários
1096.**120 tirinhas do Dilbert** – Scott Adams
1097.**200 fábulas de Esopo**
1098.**O curioso caso de Benjamin Button** – F. Scott Fitzgerald
1099.**Piadas para sempre: uma antologia para morrer de rir** – Visconde da Casa Verde
1100.**Hamlet (Mangá)** – Shakespeare
1101.**A arte da guerra (Mangá)** – Sun Tzu
1104.**As melhores histórias da Bíblia (vol.1)** – A. S. Franchini e Carmen Seganfredo
1105.**As melhores histórias da Bíblia (vol.2)** – A. S. Franchini e Carmen Seganfredo
1106.**Psicologia das massas e análise do eu** – Freud
1107.**Guerra Civil Espanhola** – Helen Graham
1108.**A autoestrada do sul e outras histórias** – Julio Cortázar
1109.**O mistério dos sete relógios** – Agatha Christie
1110.**Peanuts: Ninguém gosta de mim... (amor)** – Charles Schulz
1111.**Cadê o bolo?** – Mauricio de Sousa
1112.**O filósofo ignorante** – Voltaire
1113.**Totem e tabu** – Freud
1114.**Filosofia pré-socrática** – Catherine Osborne
1115.**Desejo de status** – Alain de Botton
1118.**Passageiro para Frankfurt** – Agatha Christie
1120.**Kill All Enemies** – Melvin Burgess
1121.**A morte da sra. McGinty** – Agatha Christie
1122.**Revolução Russa** – S. A. Smith
1123.**Até você, Capitu?** – Dalton Trevisan
1124.**O grande Gatsby (Mangá)** – F. S. Fitzgerald
1125.**Assim falou Zaratustra (Mangá)** – Nietzsche
1126. **Peanuts: É para isso que servem os amigos (amizade)** – Charles Schulz
1127(27).**Nietzsche** – Dorian Astor
1128.**Bidu: Hora do banho** – Mauricio de Sousa
1129.**O melhor do Macanudo Taurino** – Santiago
1130.**Radicci 30 anos** – Iotti
1131.**Show de sabores** – J.A. Pinheiro Machado
1132.**O prazer das palavras** – vol. 3 – Cláudio Moreno
1133.**Morte na praia** – Agatha Christie
1134.**O fardo** – Agatha Christie
1135.**Manifesto do Partido Comunista (Mangá)** – Marx & Engels
1136.**A metamorfose (Mangá)** – Franz Kafka
1137.**Por que você não se casou... ainda** – Tracy McMillan
1138.**Textos autobiográficos** – Bukowski
1139.**A importância de ser prudente** – Oscar Wilde
1140.**Sobre a vontade na natureza** – Arthur Schopenhauer
1141.**Dilbert (8)** – Scott Adams
1142.**Entre dois amores** – Agatha Christie
1143.**Cipreste triste** – Agatha Christie
1144.**Alguém viu uma assombração?** – Mauricio de Sousa
1145.**Mandela** – Elleke Boehmer
1146.**Retrato do artista quando jovem** – James Joyce
1147.**Zadig ou o destino** – Voltaire
1148.**O contrato social (Mangá)** – J.-J. Rousseau
1149.**Garfield fenomenal** – Jim Davis
1150.**A queda da América** – Allen Ginsberg
1151.**Música na noite & outros ensaios** – Aldous Huxley
1152.**Poesias inéditas & Poemas dramáticos** – Fernando Pessoa
1153.**Peanuts: Felicidade é...** – Charles M. Schulz
1154.**Mate-me por favor** – Legs McNeil e Gillian McCain
1155.**Assassinato no Expresso Oriente** – Agatha Christie
1156.**Um punhado de centeio** – Agatha Christie
1157.**A interpretação dos sonhos (Mangá)** – Freud
1158.**Peanuts: Você não entende o sentido da vida** – Charles M. Schulz
1159.**A dinastia Rothschild** – Herbert R. Lottman
1160.**A Mansão Hollow** – Agatha Christie
1161.**Nas montanhas da loucura** – H.P. Lovecraft
1162(28).**Napoleão Bonaparte** – Pascale Fautrier
1163.**Um corpo na biblioteca** – Agatha Christie
1164.**Inovação** – Mark Dodgson e David Gann
1165.**O que toda mulher deve saber sobre os homens: a afetividade masculina** – Walter Riso
1166.**O amor está no ar** – Mauricio de Sousa
1167.**Testemunha de acusação & outras histórias** – Agatha Christie
1168.**Etiqueta de bolso** – Celia Ribeiro
1169.**Poesia reunida (volume 3)** – Affonso Romano de Sant'Anna
1170.**Emma** – Jane Austen
1171.**Que seja em segredo** – Ana Miranda
1172.**Garfield sem apetite** – Jim Davis
1173.**Garfield: Foi mal...** – Jim Davis
1174.**Os irmãos Karamázov (Mangá)** – Dostoiévski
1175.**O Pequeno Príncipe** – Antoine de Saint-Exupéry
1176.**Peanuts: Ninguém mais tem o espírito aventureiro** – Charles M. Schulz
1177.**Assim falou Zaratustra** – Nietzsche
1178.**Morte no Nilo** – Agatha Christie
1179.**Ê, soneca boa** – Mauricio de Sousa
1180.**Garfield a todo o vapor** – Jim Davis
1181.**Em busca do tempo perdido (Mangá)** – Proust
1182.**Cai o pano: o último caso de Poirot** – Agatha Christie
1183.**Livro para colorir e relaxar** – Livro 1
1184.**Para colorir sem parar**
1185.**Os elefantes não esquecem** – Agatha Christie
1186.**Teoria da relatividade** – Albert Einstein
1187.**Compêndio da psicanálise** – Freud
1188.**Visões de Gerard** – Jack Kerouac
1189.**Fim de verão** – Mohiro Kitoh
1190.**Procurando diversão** – Mauricio de Sousa
1191.**E não sobrou nenhum e outras peças** – Agatha Christie
1192.**Ansiedade** – Daniel Freeman & Jason Freeman

1193.**Garfield: pausa para o almoço** – Jim Davis
1194.**Contos do dia e da noite** – Guy de Maupassant
1195.**O melhor de Hagar 7** – Dik Browne
1196(29).**Lou Andreas-Salomé** – Dorian Astor
1197(30).**Pasolini** – René de Ceccatty
1198.**O caso do Hotel Bertram** – Agatha Christie
1199.**Crônicas de motel** – Sam Shepard
1200.**Pequena filosofia da paz interior** – Catherine Rambert
1201.**Os sertões** – Euclides da Cunha
1202.**Treze à mesa** – Agatha Christie
1203.**Bíblia** – John Riches
1204.**Anjos** – David Albert Jones
1205.**As tirinhas do Guri de Uruguaiana 1** – Jair Kobe
1206.**Entre aspas (vol.1)** – Fernando Eichenberg
1207.**Escrita** – Andrew Robinson
1208.**O spleen de Paris: pequenos poemas em prosa** – Charles Baudelaire
1209.**Satíricon** – Petrônio
1210.**O avarento** – Molière
1211.**Queimando na água, afogando-se na chama** – Bukowski
1212.**Miscelânea septuagenária: contos e poemas** – Bukowski
1213.**Que filosofar é aprender a morrer e outros ensaios** – Montaigne
1214.**Da amizade e outros ensaios** – Montaigne
1215.**O medo à espreita e outras histórias** – H.P. Lovecraft
1216.**A obra de arte na era de sua reprodutibilidade técnica** – Walter Benjamin
1217.**Sobre a liberdade** – John Stuart Mill
1218.**O segredo de Chimneys** – Agatha Christie
1219.**Morte na rua Hickory** – Agatha Christie
1220.**Ulisses (Mangá)** – James Joyce
1221.**Ateísmo** – Julian Baggini
1222.**Os melhores contos de Katherine Mansfield** – Katherine Mansfield
1223(31).**Martin Luther King** – Alain Foix
1224.**Millôr Definitivo: uma antologia de *A Bíblia do Caos*** – Millôr Fernandes
1225.**O Clube das Terças-Feiras e outras histórias** – Agatha Christie
1226.**Por que sou tão sábio** – Nietzsche
1227.**Sobre a mentira** – Platão
1228.**Sobre a leitura** *seguido do* **Depoimento de Céleste Albaret** – Proust
1229.**O homem do terno marrom** – Agatha Christie
1230(32).**Jimi Hendrix** – Franck Médioni
1231.**Amor e amizade e outras histórias** – Jane Austen
1232.**Lady Susan, Os Watson e Sanditon** – Jane Austen
1233.**Uma breve história da ciência** – William Bynum
1234.**Macunaíma: o herói sem nenhum caráter** – Mário de Andrade
1235.**A máquina do tempo** – H.G. Wells
1236.**O homem invisível** – H.G. Wells
1237.**Os 36 estratagemas: manual secreto da arte da guerra** – Anônimo
1238.**A mina de ouro e outras histórias** – Agatha Christie
1239.**Pic** – Jack Kerouac
1240.**O habitante da escuridão e outros contos** – H.P. Lovecraft
1241.**O chamado de Cthulhu e outros contos** – H.P. Lovecraft
1242.**O melhor de Meu reino por um cavalo!** – Edição de Ivan Pinheiro Machado
1243.**A guerra dos mundos** – H.G. Wells
1244.**O caso da criada perfeita e outras histórias** – Agatha Christie
1245.**Morte por afogamento e outras histórias** – Agatha Christie
1246.**Assassinato no Comitê Central** – Manuel Vázquez Montalbán
1247.**O papai é pop** – Marcos Piangers
1248.**O papai é pop 2** – Marcos Piangers
1249.**A mamãe é rock** – Ana Cardoso
1250.**Paris boêmia** – Dan Franck
1251.**Paris libertária** – Dan Franck
1252.**Paris ocupada** – Dan Franck
1253.**Uma anedota infame** – Dostoiévski
1254.**O último dia de um condenado** – Victor Hugo
1255.**Nem só de caviar vive o homem** – J.M. Simmel
1256.**Amanhã é outro dia** – J.M. Simmel
1257.**Mulherzinhas** – Louisa May Alcott
1258.**Reforma Protestante** – Peter Marshall
1259.**História econômica global** – Robert C. Allen
1260(33).**Che Guevara** – Alain Foix
1261.**Câncer** – Nicholas James
1262.**Akhenaton** – Agatha Christie
1263.**Aforismos para a sabedoria de vida** – Arthur Schopenhauer
1264.**Uma história do mundo** – David Coimbra
1265.**Ame e não sofra** – Walter Riso
1266.**Desapegue-se!** – Walter Riso
1267.**Os Sousa: Uma famíla do barulho** – Mauricio de Sousa
1268.**Nico Demo: O rei da travessura** – Mauricio de Sousa
1269.**Testemunha de acusação e outras peças** – Agatha Christie
1270(34).**Dostoiévski** – Virgil Tanase
1271.**O melhor de Hagar 8** – Dik Browne
1272.**O melhor de Hagar 9** – Dik Browne
1273.**O melhor de Hagar 10** – Dik e Chris Browne
1274.**Considerações sobre o governo representativo** – John Stuart Mill
1275.**O homem Moisés e a religião monoteísta** – Freud
1276.**Inibição, sintoma e medo** – Freud
1277.**Além do princípio de prazer** – Freud
1278.**O direito de dizer não!** – Walter Riso

1279.**A arte de ser flexível** – Walter Riso
1280.**Casados e descasados** – August Strindberg
1281.**Da Terra à Lua** – Júlio Verne
1282.**Minhas galerias e meus pintores** – Kahnweiler
1283.**A arte do romance** – Virginia Woolf
1284.**Teatro completo v. 1: As aves da noite** ***seguido de*** **O visitante** – Hilda Hilst
1285.**Teatro completo v. 2: O verdugo** ***seguido de*** **A morte do patriarca** – Hilda Hilst
1286.**Teatro completo v. 3: O rato no muro** ***seguido de*** **Auto da barca de Camiri** – Hilda Hilst
1287.**Teatro completo v. 4: A empresa** ***seguido de*** **O novo sistema** – Hilda Hilst
1289.**Fora de mim** – Martha Medeiros
1290.**Divã** – Martha Medeiros
1291.**Sobre a genealogia da moral: um escrito polêmico** – Nietzsche
1292.**A consciência de Zeno** – Italo Svevo
1293.**Células-tronco** – Jonathan Slack
1294.**O fim do ciúme e outros contos** – Proust
1295.**A jangada** – Júlio Verne
1296.**A ilha do dr. Moreau** – H.G. Wells
1297.**Ninho de fidalgos** – Ivan Turguêniev
1298.**Jane Eyre** – Charlotte Brontë
1299.**Sobre gatos** – Bukowski
1300.**Sobre o amor** – Bukowski
1301.**Escrever para não enlouquecer** – Bukowski
1302.**222 receitas** – J. A. Pinheiro Machado
1303.**Reinações de Narizinho** – Monteiro Lobato
1304.**O Saci** – Monteiro Lobato
1305.**Memórias da Emília** – Monteiro Lobato
1306.**O Picapau Amarelo** – Monteiro Lobato
1307.**A reforma da Natureza** – Monteiro Lobato
1308.**Fábulas** ***seguido de*** **Histórias diversas** – Monteiro Lobato
1309.**Aventuras de Hans Staden** – Monteiro Lobato
1310.**Peter Pan** – Monteiro Lobato
1311.**Dom Quixote das crianças** – Monteiro Lobato
1312.**O Minotauro** – Monteiro Lobato
1313.**Um quarto só seu** – Virginia Woolf
1314.**Sonetos** – Shakespeare
1315(35).**Thoreau** – Marie Berthoumieu e Laura El Makki
1316.**Teoria da arte** – Cynthia Freeland
1317.**A arte da prudência** – Baltasar Gracián
1318.**O louco** ***seguido de*** **Areia e espuma** – Khalil Gibran
1319.**O profeta** ***seguido de*** **O jardim do profeta** – Khalil Gibran
1320.**Jesus, o Filho do Homem** – Khalil Gibran
1321.**A luta** – Norman Mailer
1322.**Sobre o sofrimento do mundo e outros ensaios** – Schopenhauer
1323.**Epidemiologia** – Rodolfo Saracci
1324.**Japão moderno** – Christopher Goto-Jones
1325.**A arte da meditação** – Matthieu Ricard
1326.**O adversário secreto** – Agatha Christie
1327.**Pollyanna** – Eleanor H. Porter
1328.**Espelhos** – Eduardo Galeano
1329.**A Vênus das peles** – Sacher-Masoch
1330.**O 18 de brumário de Luís Bonaparte** – Karl Marx
1331.**Um jogo para os vivos** – Patricia Highsmith
1332.**A tristeza pode esperar** – J.J. Camargo
1333.**Vinte poemas de amor e uma canção desesperada** – Pablo Neruda
1334.**Judaísmo** – Norman Solomon
1335.**Esquizofrenia** – Christopher Frith & Eve Johnstone
1336.**Seis personagens em busca de um autor** – Luigi Pirandello
1337.**A Fazenda dos Animais** – George Orwell
1338.**1984** – George Orwell
1339.**Ubu Rei** – Alfred Jarry
1340.**Sobre bêbados e bebidas** – Bukowski
1341.**Tempestade para os vivos e para os mortos** – Bukowski
1342.**Complicado** – Natsume Ono
1343.**Sobre o livre-arbítrio** – Schopenhauer
1344.**Uma breve história da literatura** – John Sutherland
1345.**Você fica tão sozinho às vezes que até faz sentido** – Bukowski
1346.**Um apartamento em Paris** – Guillaume Musso
1347.**Receitas fáceis e saborosas** – José Antonio Pinheiro Machado
1348.**Por que engordamos** – Gary Taubes
1349.**A fabulosa história do hospital** – Jean-Noël Fabiani
1350.**Voo noturno** ***seguido de*** **Terra dos homens** – Antoine de Saint-Exupéry
1351.**Doutor Sax** – Jack Kerouac
1352.**O livro do Tao e da virtude** – Lao-Tsé
1353.**Pista negra** – Antonio Manzini
1354.**A chave de vidro** – Dashiell Hammett
1355.**Martin Eden** – Jack London
1356.**Já te disse adeus, e agora, como te esqueço?** – Walter Riso
1357.**A viagem do descobrimento** – Eduardo Bueno
1358.**Náufragos, traficantes e degredados** – Eduardo Bueno
1359.**Retrato do Brasil** – Paulo Prado
1360.**Maravilhosamente imperfeito, escandalosamente feliz** – Walter Riso
1361.**É...** – Millôr Fernandes
1362.**Duas tábuas e uma paixão** – Millôr Fernandes
1363.**Selma e Sinatra** – Martha Medeiros
1364.**Tudo que eu queria te dizer** – Martha Medeiros
1365.**Várias histórias** – Machado de Assis
1366.**A sabedoria do Padre Brown** – G. K. Chesterton
1367.**Capitães do Brasil** – Eduardo Bueno
1368.**O falcão maltês** – Dashiell Hammett
1369.**A arte de estar com a razão** – Arthur Schopenhauer
1370.**A visão dos vencidos** – Miguel León-Portilla

IMPRESSÃO:
PALLOTTI
GRÁFICA
Santa Maria - RS | Fone: (55) 3220.4500
www.graficapallotti.com.br